中國典籍日本注釋叢書

五經卷

1

周易訓點
尚書訓點
詩經訓點
春秋訓點

[日]林羅山 等撰
張培華 編

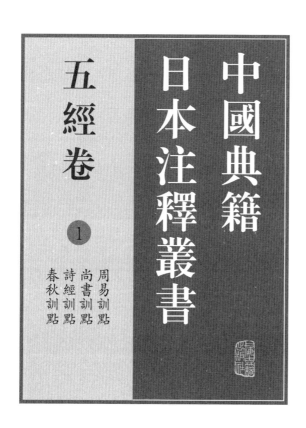

圖書在版編目(CIP)數據

中國典籍日本注釋叢書·五經卷 / 張培華編；（日）林羅山等撰. — 上海：上海古籍出版社，2021.5
ISBN 978-7-5325-9957-8

Ⅰ.①中… Ⅱ.①張… ②林… Ⅲ.①古籍-注釋-中國②五經-注釋 Ⅳ.①Z422②Z126.1

中國版本圖書館 CIP 數據核字(2021)第068210號

本書影印底本爲日本早稻田大學圖書館所藏

中國典籍日本注釋叢書·五經卷
（全十二册）
張培華　編
[日]林羅山　等撰
上海古籍出版社出版發行
（上海瑞金二路272號　郵政編碼200020）
（1）網址：www.guji.com.cn
（2）E-mail：gujil@guji.com.cn
（3）易文網網址：www.ewen.co
常州市金壇古籍印刷廠有限公司
開本 890×1240　1/32　印張 179.25　插頁 60
2021年5月第1版　2021年5月第1次印刷
ISBN 978-7-5325-9957-8
B·1207　定價：880.00元

「五經」與日本

——代前言

一

顧名思義「五經」包含了五種中國經典，日本《國史大辭典》也解釋，五經乃是儒教最基本的五種文獻，即《周易》(《易經》)、《尚書》(《書經》)、《毛詩》(《詩經》)、《禮記》和《春秋》(一般稱《春秋左氏傳》)五種經典。按《漢書》藝文志的先後排列，爲《易》《書》《詩》《禮》《樂》《春秋》。這種排列順序，到《新唐書》藝文志也是如此，没有改變。顯然中國正史的五經排列，對日本是有影響的。中國漢代設立的五經博士傳入朝鮮半島，再由朝鮮半島傳入日本以後，日本對五經的前後排列，基本上是按照以上順序的。

在古代日本，五經也鮮明地刻印在學令裏：

凡經，《周易》《尚書》《周禮》《儀禮》《禮記》《毛詩》《春秋左氏傳》各爲一經，《孝經》《論語》，學者兼習之。

（《新訂增補國史大系》第二二卷《律·令義解》，吉川弘文館，一九六六，一三〇頁）

五經的排列與《漢書》藝文志一致，而且《禮》爲三禮，如此算來，再加上《孝經》和《論語》，實際上是九部中國經典。這九部經典乃是當時大學生的專業教科書，而且九部經典的版本，學令也注明得很清楚：

周易，鄭玄、王弼注。尚書，孔安國、鄭玄注。三禮、毛詩，鄭玄注。左傳，服虔、杜預注。孝經，孔安國、鄭玄注。論語，鄭玄、何晏注。

（同上）

按日本古代學令，以上九部經典，還分爲大、中、小三級，而且對學生攻讀經書的數量也有比較詳細的規定。諸如通兩經、三經、五經的話，得掌握哪些經書等問題，學令裡也有比較明確的説明，詳見如下：

凡《禮記》、《左傳》，各爲大經。《毛詩》、《周禮》、《儀禮》，各爲中經。《周易》、《尚書》，各爲小經。通二經者，大經内通一經，小經内通一經。若中經，即並通兩經。其通三經者，大經、中經、小經，各通一經。通五經者，大經並通，《孝經》、《論語》須兼通。

（同上）

如上所知，在古代日本，《孝經》和《論語》乃是大學生必修科。其次是《禮記》與《左傳》，因爲通五經者，首先得通大經，所謂大經也就是《禮記》和《左傳》。

日本古代的大學寮相當於大學級別，是專門培養國家政府官員而設的高等教育機構。平安時代的大學生，一般爲皇室子孫或貴族子弟。大學寮的學習與考試也是比較嚴格的。按學令規定的九部中國經典，通常由音博士或助教按照漢語讀音指導學生閲讀，每隔十天有旬試，年度有歲試。只有畢業考試和國家考試都合格後才授予官職。如果連續三次歲試都通不過，或者在校九年以上的大學生，都作退學處理。大學寮的教官，一般稱爲大學博士，學科不同，叫法也不一樣，比如紀傳道科稱文章博士，明法道科稱明經博士，算道科稱算博士，音道科稱音博士，書道稱書博士等等。

二

除了大學寮五經教科書以外，古代日本有關五經的書目，藤原佐世（八四七—八九七）的《日本國見在書目録》裡，有比較詳細的記載現抄録如下。有關書目的編纂者不明確的予以省略，只録書名；個別漢字不明之處，以「口」代替。需要説明的是，其中有些書目，從書名上看，並非屬於五經，但是爲了保持各家所存書目的全貌，也順便予以抄録。書名前的數位爲原書標識，但便於閲讀，數位記號一律變更爲中文格式。

一、易家　百七十七［卷］

（一）歸藏四卷　晉大尉參軍（薩）［薛］貞注。（二）周易十卷　後漢鄭玄注。（三）周易十卷　漢魏郡太守京房章句。（四）周易十卷　魏尚書郎王弼注。（五）周易十二卷　東晉秘書郎張（播）［璠］集廿二家解。（六）周易八卷　陸善經注。（七）周易三卷。（八）周易副象三卷　萬叔撰注。（九）周易六十四卦卷贊一卷。（一〇）周易講疏十卷（陣）［陳］諮議參軍張（機）［譏］撰。（一一）周易講疏十二卷　國子祭酒何（晏）［妥］注。（一二）周易異義十卷　弘農劉遵字修禮撰。（一三）周易通義十卷。（一四）周易正義十四卷　唐國子祭酒孔穎達撰。（一五）周易私記十四卷（元）［无］名先生撰。（一六）周易私記一卷　古豐師撰。（一七）周易論二卷　晉馮翊太守阮渾撰。（一八）周易流演一卷。（一九）周易義記九卷　劢氏撰。（二〇）周易新論十卷　蜀郡博士正議太夫武威陰弘道撰。（二一）周易略例一卷　武守節注。（二二）周易許氏扶（柳）［抑］一卷　徐珮孔時解。（二三）周易略例一卷　唐刑（瑋）［璹］注。（二四）周易通問一卷　韋元晨。（二五）周易難問一卷。（二六）周易譔論一卷。（二七）周易搜藏決一卷。（二八）周易譯名十二卷。（二九）周易音一卷　徐仙（氏）［民］撰。（三〇）周易判卦略例一卷。(三一)周易贊一卷。(三二)周易精微賦一卷 劉遵撰。(三三)周易集音一卷。

二、尚書家 百十三卷。

(三四)古文尚書十三卷 漢臨(准)[淮]太守孔安國注。(三五)古文尚書十卷 陸善經注。(三六)今文尚書十卷 王肅注。(三七)尚書大傳三卷 鄭玄注,或本伏生注。(三八)尚書鴻範五行傳論十卷 漢光(録)[禄]大夫劉向撰。(三九)尚書百釋三卷 梁國子助教巢(椅)[猗]撰。(四〇)尚書義疏二卷。(四一)尚書疏抄七卷。(四二)尚書述議廿卷 隋國子祭酒劉炫撰。(四三)尚書正義廿卷 唐國子祭酒孔穎達撰。(四四)尚書義疏十卷 費甝撰。(四五)尚書發題義一卷。(四六)尚書音一卷 徐仙(氏)[民]撰。(四七)尚書私記一卷。

三、詩家 百六十八卷

(四八)韓詩外傳十卷 韓嬰撰。(四九)毛詩廿卷 漢河間(大傳)[太傅]毛萇傳,鄭氏箋。(五〇)釋注毛詩廿卷。(五一)周詩十卷 陸善經注。(五二)毛詩譜序一卷 鄭玄撰,太叔求撰。(五三)毛詩序略議一卷。(五四)毛詩周南邵南篇決一卷。(五五)毛詩義疏十四卷 一卷《問答》。(五六)毛詩義疏二卷。(五七)毛詩草木魚蟲疏二卷 晉陸機撰。(五八)毛詩正義四十卷 孔穎達撰。(五九)毛詩述議卌卷 劉炫撰。(六〇)毛詩不忘記六卷。(六一) 毛詩私記十卷。(六二) 毛詩音義一卷 徐仙(氏)[民]撰。

四、禮家 千百九卷

(六三) 周官禮十二卷 鄭玄注。(六四) 周禮義疏十四卷。(六五) 周官禮抄二卷。(六六) 周禮義疏六卷。(六七) 周官禮義疏卌卷 (沐)[沈]重撰。(六八) 周官禮義疏十卷。(六九) 周官禮義疏十九卷。(七〇) 周官禮義疏九卷。(七一) 周禮疏五十卷 唐賈公彥撰。(七二) 周禮音一卷。(七三) 周禮圖十五卷。(七四) 周禮圖十卷。(七五) 儀禮十七卷 鄭玄注。(七六) 儀禮疏五十卷 唐賈(玄)[公]彥撰。(七七) 禮記廿卷 漢九江太守戴聖撰，鄭玄注。(七八) 禮記廿卷 魏衛[將]軍王肅注。(七九) 禮記抄一卷 鄭氏注。(八〇) 禮記子本義疏百卷 梁國子助教皇侃撰。(八一) 禮記鄭(議)[義]七十卷 孔穎達撰。(八二) 御刪定禮記月令一卷。(八三) 月令圖讚一卷 何楚之撰。(八四) 禮記音二卷 徐爰撰。(八五) 三禮卌卷 陸善經注。(八六) 次禮廿卷 唐鄭國公魏徵撰。(八七) 三禮義宗廿卷 崔靈恩撰。(八八) 三禮大義卅卷 梁武帝撰。(八九) 五服圖二卷。(九〇) 周禮圖十卷 鄭玄、(院)[阮]湛等撰。(九一) 三禮開題義帙 崔通意撰。(九二) 禮論條牒二卷 第四、第七，任預撰。(九三) 明堂月令論一卷。(九四) 吉凶禮一卷 孟(說)[詵]撰。(九五) 喪服九族圖一卷。(九六) 古今喪服要記一卷。(九七) 喪服譜一卷。(九八) 喪服經一卷。(九九) 喪服要略一卷。(一〇〇) 江都集禮百廿六卷。（一〇一）唐禮百五十卷。（一〇二）唐永徽禮百卅卷。（一〇三）唐開元（令）［禮］百五十卷。（一〇四）古今沿（草）［革］十卷。（一〇五）郊祀録十卷。（一〇六）雜禮要用一卷。（一〇七）投壺經一卷。（一〇八）新删投壺經二卷　又在兵家。

五、樂家　二百七卷（略）

六、春秋家

（一三二）春秋左氏傳解誼卅卷　漢九江太守服虔注。（一三三）春秋左氏傳集解卅卷　晉杜預注。（一三四）春秋左氏傳注略記一卷。（一三五）注春秋序一卷。（一三六）左氏膏（盲）［肓］詩卷　何休撰。（一三七）春秋釋例十五卷　杜預注。（一三八）春秋述議卅卷　劉炫撰。（一三九）春秋發題二卷。（一四〇）春秋正義卅卷　孔穎達撰。（一四一）春秋左氏音三卷　徐邈撰。（一四二）左氏傳文句疏一卷。（一四三）春秋刊例五卷。（一四四）春秋不盡義一卷　蘇德撰。（一四五）春秋策三卷。（一四六）春秋正名一卷。（一四七）春秋斷獄事十卷。（一四八）春秋公羊集詁十二卷　漢諫議大夫何休學。（一四九）春秋公羊傳十二卷　嚴（鼓）［彭］祖撰。（一五〇）春秋公羊傳十卷　王氏注。（一五一）春秋公羊解徽十二卷。（一五二）駁何氏漢議九卷　鄭玄注。（一五三）春秋漢議十卷　何休撰。（一五四）公羊音一卷。（一五五）春秋公羊文義集解一卷。（一五六）春

秋谷梁傳十一卷　范甯集解。（一五七）春秋谷梁傳疏十三卷　唐［四］門博士楊士勳撰。（一五八）春秋三傳卅卷　陸善經注。（一五九）三體春秋十卷。（一六〇）閫外春秋三卷。（一六一）春秋集傳廿卷（炎）［啖］氏注。（一六二）春秋辨疑十卷　陸淳纂注。（一六三）春秋纂例十卷　同注。（一六四）春秋十二公謚議一卷　刑（濤）［壽］撰。（一六五）春秋外傳國語廿一卷　韋昭注。（一六六）春秋文苑十卷。

（孫猛，《日本國見在書目録詳考》，上海古籍出版社，二〇一五，二七—二四四頁）

自平安時代以後，尤其是隨著宋代程朱學在日本的展開，新注五經迎來了新的氣象與讀者。比如鎌倉時代的世襲博士家族以及儒學深厚的禪門，對程朱學的關注進入一個新的階段；比如成立於室町初期以研修漢學的足利學校，至室町時代末期，「周易熱」達到了前所未有的高潮。新注五經也似乎令禪僧們廢寢忘食。比如在室町時代的禪僧萬里集九的詩集《梅花無盡藏》裡，萬里集九寫道：「儒教也者，四書五經，九流百家，一一説破。」從中不難窺見中世禪僧下心攻讀五經現象之一斑。

三

有關五經的漢文注釋著作，與《論語》一樣，只有到江户時代才能看到，代表性著作主要有江户時代初期的林羅山(一五八三—一六五七)的《五經訓點》,伊藤東涯(一六七〇—一七三六)的《周易經義通解》《周易傳義考異》,山崎暗齋(一六一八—一六八二)的《周易啟蒙》,岡田白駒(一六九二—一七六七)的《毛詩補義》,河田東岡(一七一四—一七九二)的《周易新疏》,岡澹齋(一七三七—一七八六)的《毛詩品物圖考》,太宰春台(一六八〇—一七四七)的《周易反正》,新井白娥(一七一五—一七九二)的《易學小荃》,皆川淇園(一七三四—一八〇七)的《周易繹解》,中井履軒(一七三二—一八一七)的《周易逢原》《春秋左傳雕題略》,龜井昭陽(一七七三—一八三六)的《毛詩考》,山縣太華(一七八一—一八六六)的《禮記備考》,海保漁村(一七九八—一八六六)的《周易古占法》,河田迪齋(一八〇六—一八五九)的《書經插解》,小池貞景(一八一〇—一八七九)的《周易便覽》等等。

本卷收録十四種,均爲日本注釋五經的重要文獻,具體如下:林羅山的《詩經訓點》《尚書訓點》《易經訓點》和《春秋訓點》,伊藤東涯的《周易傳義考異》,岡田白駒的《毛詩補義》,河田東岡的《周易新疏》,中井履軒《春秋左傳雕題略》,岡澹齋的《毛詩品物圖考》,龜井昭陽的《毛詩考》,山縣太華的《禮記備考》,海保漁村的《周易古占法》,河田迪齋《書經插解》和小池貞景的《周易便覽》。但需要説明的是其中有兩個欠缺,一是林羅山《五經訓點》中的《禮記訓點》缺失,二是缺失山縣太華《禮記備考》中的「第二卷」。山縣太華的《禮記備考》共四册,缺其中第二册。此書未找到其他版本,似爲天下孤本,十分珍貴,即使缺第二册，也不妨將餘三册予以出版，以饗讀者諸君。

本卷所選著作均爲國内讀者初次見面，相信這些著作會受到中國讀者的青睞。如能給研究中國文化、日本文化以及對中日古代文化比較研究的朋友們帶來方便和益處，那正是編者所期盼的且引以爲榮的。限於學識，不妥之處，還望海内外專家學者不吝賜教雅正。

文學博士　張培華

二〇二一年二月二十八日於東京

目録

周易訓點

[日] 林羅山 撰

道春訓點

文化新刻

保定五經

珂雪堂梓

易序

易之爲書卦爻彖象之義備而天地萬物之情見聖人之憂天下來世其至矣先天下而開其物後天下而成其務是故極其數以定天下之象著其象以定天下之吉凶六十四卦三百八十四爻皆所以順性命之理盡變化之道也散之在理則有萬殊統之在道則無二致所以易有太極是生兩儀太極者道也

兩儀者陰陽也陰陽一道也太極无極
也萬物之生負陰而抱陽莫不有太極
莫不有兩儀絪縕交感變化不窮形一
受其生神一發其智情僞出焉萬緒起
焉易所以定吉凶而生大業故易者陰
陽之道也卦者陰陽之物也爻者陰陽
之動也卦雖不同所同者奇偶爻雖不
同所同者九六是以六十四卦爲其體
三百八十四爻互爲其用遠在六合之

外近在一身之中暫於瞬息微於動靜莫不有卦之象焉莫不有爻之義焉至哉易乎其道至大而无不包其用至神而无不存時固未始有一而卦未始有定象事固未始有窮而爻亦未始有定位以一時而索卦則拘於无變非易也以一事而明爻則窒而不通非易也知所謂卦爻彖象之義而不知有卦爻彖象之用亦非易也故得之於精神之運

心術之動與天地合其德與日月合其明與四時合其序與鬼神合其吉凶然後可以謂之知易也雖然易之有卦易之已形者也卦之有爻卦之已見者也已形已見者可以言知未形未見者不可以名求則所謂易者果何如哉此學者所當知也

易傳序

易變易也隨時變易以從道也其爲書也廣大悉備將以順性命之理通幽明之故盡事物之情而示開物成務之道也聖人之憂患後世可謂至矣去古雖遠遺經尚存然而前儒失意以傳言後學誦言而忘味自秦而下蓋无傳矣予生千載之後悼斯文之湮晦將俾後人沿流而求源此傳所以作也易有聖人

之道四焉以言者尚其辭以動者尚其變以制器者尚其象以卜筮者尚其占吉凶消長之理進退存亡之道備於辭推辭考卦可以知變象與占在其中矣君子居則觀其象而玩其辭動則觀其變而玩其占得於辭不達其意者有矣未有不得於辭而能通其意者也至微者理也至著者象也體用一源顯微无閒觀會通以行其典禮則辭无所不備

故善學者求言必自近易於近者非知言者也予所傳者辭也由辭以得其意則在乎人焉有宋元符二年已卯正月庚申河南程頤正叔序

周易篇目

周易卦名

乾　坤　屯　蒙　需

訟　師　比　小畜　履

泰　否　同人　大有　謙

豫　隨　蠱　臨　觀

噬嗑　賁　剝　復　无妄

大畜　頤　大過　坎　離

咸　恒　遯　大壯　晉

明夷　家人　睽　蹇　解

損　益　夬　姤　萃

升　困　井　革　鼎

震　艮　漸　歸妹　豐

旅　巽　兌　渙　節

中孚　小過　既濟　未濟

乾爲天　天風姤　天山遯　天地否

風地觀　山地剝　火地晉　火天大有

坎爲水　水澤節　水雷屯　水火既濟

澤火革　雷火豐　地火明夷　地水師

艮爲山　山火賁　山天太畜　山澤損

火澤睽　天澤履　風澤中孚　風山漸

震爲雷　雷地豫　雷水解　雷風恒

地風升　水風井　澤風大過　澤雷隨

巽爲風　風天小畜　風火家人　風雷益

天雷无妄　火雷噬嗑　山雷頤　山風蠱

離爲火　火山旅　火風鼎　火水未濟

山水蒙　風水渙　天水訟　天火同人

坤爲地　地雷復　地澤臨　地天泰

雷天大壯　澤天夬　水天需　水地比
兌爲澤　澤水困　澤地萃　澤山咸
水山蹇　地山謙　雷山小過　雷澤歸妹

右卦象

訟自遯變泰歸妹　否從漸來隨三位
首困噬嗑未濟兼　蠱三變賁井既濟
噬嗑六五本益生　賁原於損既濟會
无妄訟來大畜需　咸旅恒豐皆疑似
震從觀更睽有三　離與中孚家人係

蹇利西南小過來　解升二卦相爲賁
鼎由巽變漸渙旅　渙自漸來終於是

右卦變

乾坤屯蒙需訟師　比小畜兮履泰否
同人大有謙豫隨　蠱臨觀兮噬嗑賁
剝復无妄大畜頤　大過坎離三十備
咸恒遯兮及大壯　晉與明夷家人睽
蹇解損益夬姤萃　升因井革鼎震繼
艮漸歸妹豐旅巽　兑渙節兮中孚至

小過既濟兼未濟　是爲下經三十四

右卦歌

☰乾三連　☷坤六斷

☳震仰盂　☶艮覆碗

☲離中虛　☵坎中滿

☱兌上缺　☴巽下斷

右八卦取象

目錄終

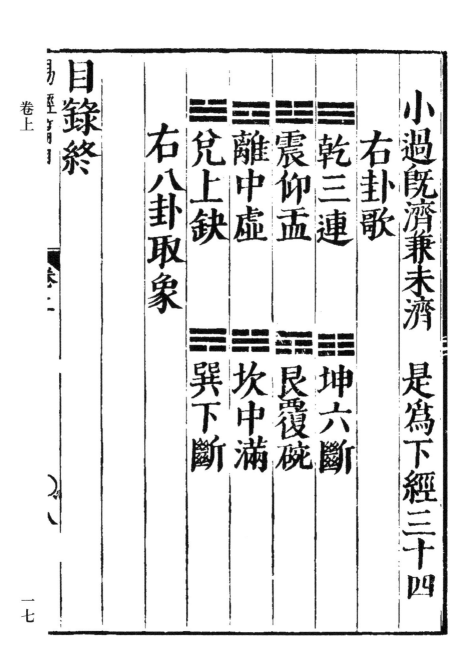

周易

上經

乾健也

䷀ 乾下 乾上

乾元亨利貞○初九潛龍勿用○九二見龍在田利見大人○九三君子終日乾乾夕惕若厲无咎○九四或躍在淵无咎○九五飛龍在天利見大人○上九亢龍有悔○用九見群龍无首吉

坤順也

䷁ 坤下 坤上

坤元亨利牝馬之貞君子有攸往先迷後得主利

括嚢結

屯難也其馬字衆也穿地始出未申也

即鹿逐鹿也

西南得朋東北喪朋安貞吉○初六履霜堅冰至○六二直方大不習无不利○六三含章可貞或從王事无成有終○六四括囊无咎无譽○六五黃裳元吉○上六龍戰于野其血玄黃○用六利永貞

䷂ 震下坎上

屯元亨利貞勿用有攸往利建侯○初九磐桓利居貞利建侯○六二屯如邅如乘馬班如匪寇婚媾女子貞不字十年乃字○六三即鹿无虞惟入

幾機也

蒙微昧弱之稱

金夫蓋金賂而者之

于林中君子幾不如舍往吝○六四乘馬班如求
婚媾往吉无不利○九五屯其膏小貞吉大貞凶
○上六乘馬班如泣血漣如

☶☵ 坎下艮上

蒙亨匪我求童蒙童蒙求我初筮告再三瀆瀆則
不告利貞○初六發蒙利用刑人用説桎梏以往
吝○九二包蒙吉納婦吉子克家○六三勿用取
女見金夫不有躬无攸利○六四困蒙吝○六五
童蒙吉○上九擊蒙不利爲寇利禦寇

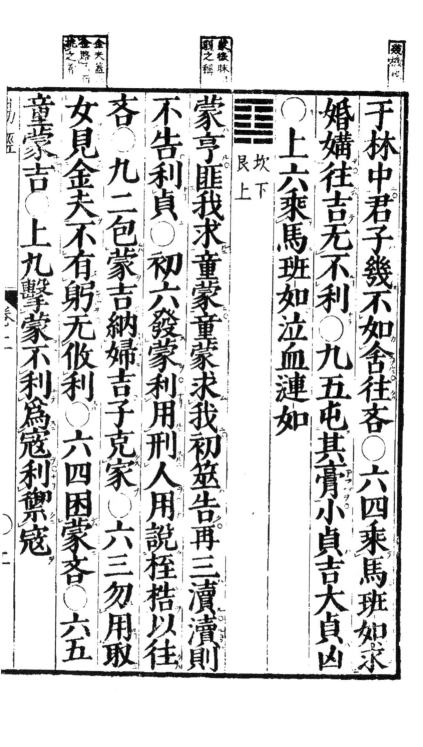

需待也

䷄ 乾下 坎上

需有孚光亨貞吉利涉大川○初九需于郊利用恒无咎○九二需于沙小有言終吉○九三需于泥致寇至○六四需于血出自穴○九五需于酒食貞吉○上六入于穴有不速之客三人來敬之終吉

訟爭辯也

䷅ 坎下 乾上

訟有孚窒惕中吉終凶利見大人不利涉大川○初六不永所事小有言終吉○九二不克訟歸而

逋其邑人三百戶无眚○六三食舊德貞厲終吉
或從王事无成○九四不克訟復卽命渝安貞吉
○九五訟元吉○上九或錫之鞶帶終朝三褫之

䷆ 坎下坤上

師貞丈人吉无咎○初六師出以律否臧凶○九
二在師中吉无咎王三錫命○六三師或輿尸凶
○六四師左次无咎○六五田有禽利執言无咎
長子帥師弟子輿尸貞凶○上六大君有命開國
承家小人勿用

䷇ 坤下 坎上

比吉原筮元永貞无咎不寧方來後夫凶○初六有孚比之无咎有孚盈缶終來有他吉○六二比之自內貞吉○六三比之匪人○六四外比之貞吉○九五顯比王用三驅失前禽邑人不誡吉○上六比之无首凶

䷈ 乾下 巽上

小畜亨密雲不雨自我西郊○初九復自道何其咎吉○九二牽復吉○九三輿說輻夫妻反目○

凡稱血者陰陽相傷也

素

六四有孚血去惕出无咎○九五有孚攣如富以
其鄰○上九既雨既處尚德載婦貞厲月幾望君
子征凶

䷉ 兌下乾上

履虎尾不咥人亨○初九素履往无咎○九二履
道坦坦幽人貞吉○六三眇能視跛能履履虎尾
咥人凶武人爲于大君○九四履虎尾愬愬終吉
○九五夬履貞厲○上九視履考祥其旋元吉

䷊ 乾下坤上

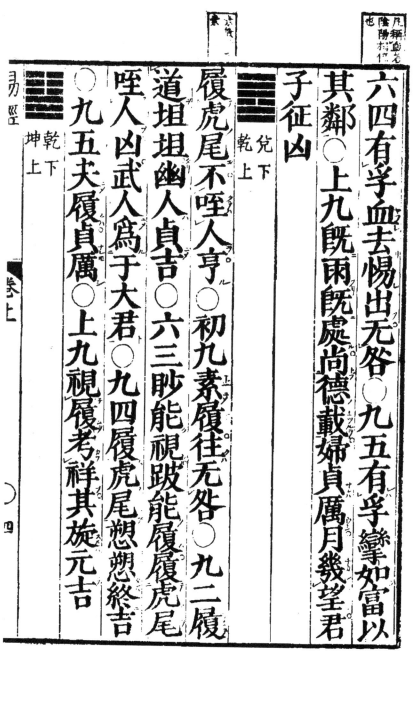

泰通也茹相牽引之貌

泰小往大來吉亨○初九拔茅茹以其彙征吉○九二包荒用馮河不遐遺朋亡得尚于中行○九三无平不陂无往不復艱貞无咎勿恤其孚于食有福○六四翩翩不富以其鄰不戒以孚○六五帝乙歸妹以祉元吉○上六城復于隍勿用師自邑告命貞吝

䷋ 坤下 乾上

否之匪人不利君子貞大往小來○初六拔茅茹以其彙貞吉亨○六二包承小人吉大人否亨○

六三包羞○九四有命无咎疇離祉○九五休否大人吉○其亡其亡繫于苞桑○上九傾否先否後喜

離下
乾上

同人于野亨利涉大川利君子貞○初九同人于門无咎○六二同人于宗吝○九三伏戎于莽升其高陵三歲不興○九四乘其墉弗克攻吉○九五同人先號咷而後笑大師克相遇○上九同人于郊无悔

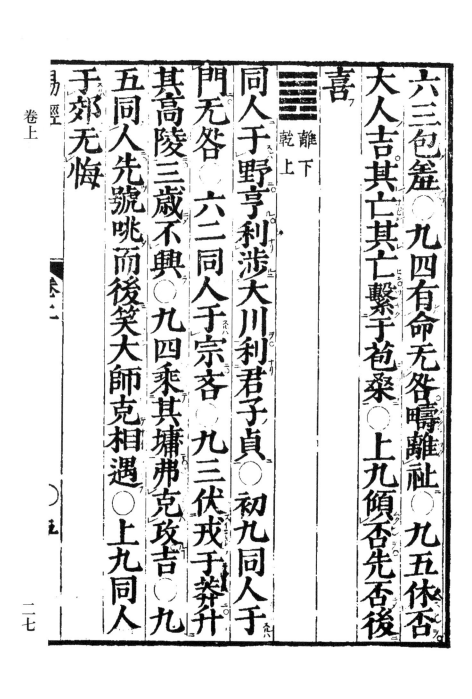

䷍ 乾下 離上

大有元亨○初九无交害匪咎艱則无咎○九二大車以載有攸往无咎○九三公用亨于天子小人弗克○九四匪其彭无咎○六五厥孚交如威如吉○上九自天祐之吉无不利

䷎ 艮下 坤上

謙亨君子有終○初六謙謙君子用涉大川吉○六二鳴謙貞吉○九三勞謙君子有終吉○六四无不利撝謙○六五不富以其鄰利用侵伐无不

利○上六鳴謙利用行師征邑國

䷏ 坤下震上

豫利建侯行師○初六鳴豫凶○六二介于石不終日貞吉○六三盱豫悔遲有悔○九四由豫大有得勿疑朋盍簪○六五貞疾恒不死○上六冥豫成有渝无咎

䷐ 震下兌上

隨元亨利貞无咎○初九官有渝貞吉出門交有功○六二係小子失丈夫○六三係丈夫失小子。

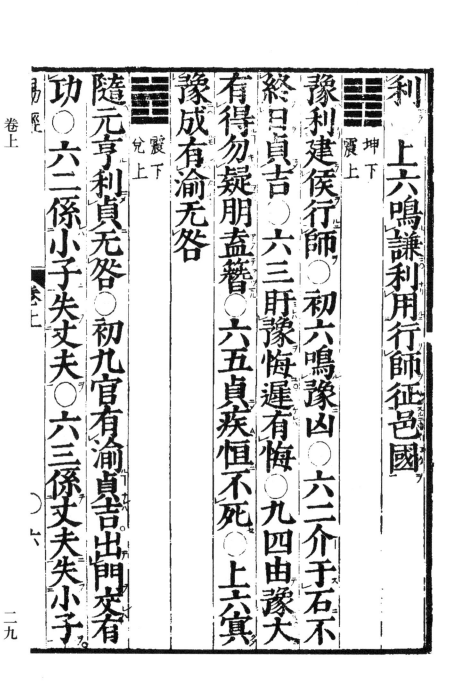

隨有求得。利居貞。○九四。隨有獲。貞凶。有孚在道。以明何咎。○九五。孚于嘉。吉。○上六。拘係之。乃從維之。王用亨于西山。

☶☴ 巽下艮上

蠱。元亨。利涉大川。先甲三日。後甲三日。○初六。幹父之蠱。有子考无咎。厲終吉。○九二。幹母之蠱。不可貞。○九三。幹父之蠱。小有悔。无大咎。○六四。裕父之蠱。往見吝。○六五。幹父之蠱。用譽。○上九。不事王侯。高尚其事。

䷒ 兌下坤上

臨元亨利貞至于八月有凶○初九咸臨貞吉○九二咸臨吉无不利○六三甘臨无攸利既憂之无咎○六四至臨无咎○六五知臨大君之宜吉○上六敦臨吉无咎

䷓ 坤下巽上

觀盥而不薦有孚顒若○初六童觀小人无咎君子吝○六二闚觀利女貞○六三觀我生進退○六四觀國之光利用賓于王○九五觀我生君子

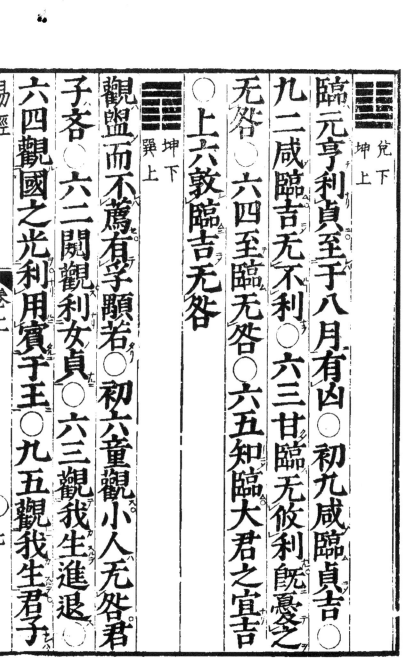

无咎○上九觀其生君子无咎

䷔ 震下離上

噬嗑亨利用獄○初九屨校滅趾无咎○六二噬膚滅鼻无咎○六三噬腊肉遇毒小吝无咎○九四噬乾胏得金矢利艱貞吉○六五噬乾肉得黃金貞厲无咎○上九何校滅耳凶

䷕ 離下艮上

賁亨小利有攸往○初九賁其趾舍車而徒○六二賁其須○九三賁如濡如永貞吉○六四賁如

剝落也

辨牀幹也

貫魚駢頭相次似貫魚也

皤如白馬翰如匪寇婚媾○六五賁于丘園束帛戔戔吝終吉○上九白賁无咎

䷖ 坤下艮上

剝不利有攸往○初六剝牀以足蔑貞凶○六二剝牀以辨蔑貞凶○六三剝之无咎○六四剝牀以膚凶○六五貫魚以宮人寵无不利○上九碩果不食君子得輿小人剝廬

䷗ 震下坤上

復亨出入无疾朋來无咎反復其道七日來復利

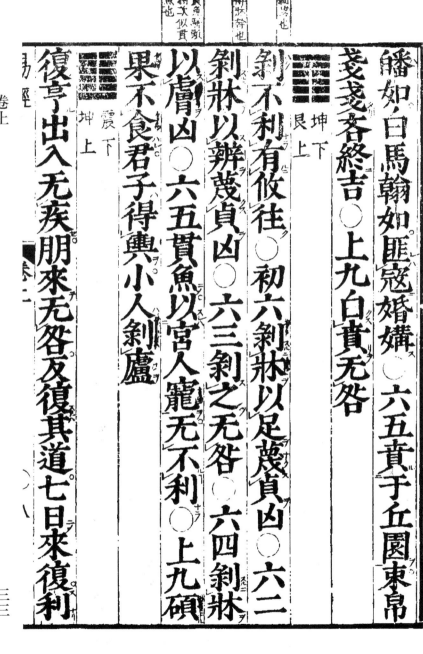

有攸往○初九不遠復无祇悔元吉○六二休復吉○六三頻復厲无咎○六四中行獨復○六五敦復无悔○上六迷復凶有災眚用行師終有大敗以其國君凶至于十年不克征

䷘ 震下乾上

无妄元亨利貞其匪正有眚不利有攸往○初九无妄往吉○六二不耕穫不菑畬則利有攸往○六三无妄之災或繫之牛行人之得邑人之災○九四可貞无咎○九五无妄之疾勿藥有喜○上

[illegible]讀如[illegible]又去也

[illegible]爲發[illegible][illegible]壅也

九无妄行有眚无攸利

䷙ 乾下艮上

大畜利貞不家食吉利涉大川○初九有厲利已○九二輿說輹○九三良馬逐利艱貞曰閑輿衛利有攸往○六四童牛之牿元吉○六五豶豕之牙吉○上九何天之衢亨

䷚ 震下艮上

頤貞吉觀頤自求口實○初九舍爾靈龜觀我朶頤凶○六二顚頤拂經于丘頤征凶○六三拂頤

貞凶十年勿用无攸利○六四顛頤吉虎視耽耽
其欲逐逐无咎○六五拂經居貞吉不可涉大川
○上九由頤厲吉利涉大川

䷛ 巽下兌上

大過棟橈利有攸往亨○初六藉用白茅无咎○
九二枯楊生稊老夫得其女妻无不利○九三棟
橈凶○九四棟隆吉有它吝○九五枯楊生華老
婦得其士夫无咎无譽○上六過涉滅頂凶无咎

䷜ 坎下坎上

習坎有孚維心亨行有尚○初六習坎入于坎窞凶○九二坎有險求小得○六三來之坎坎險且枕入于坎窞勿用○六四樽酒簋貳用缶納約自牖終无咎○九五坎不盈祗既平无咎○上六係用徽纆寘于叢棘三歲不得凶

離下
離上

離利貞亨畜牝牛吉○初九履錯然敬之无咎○六二黃離元吉○九三日昃之離不鼓缶而歌則大耋之嗟凶○九四突如其來如焚如死如棄如

拇大指也 腓足肚也

脢背肉也

○六五出涕沱若戚嗟若吉○上九王用出征有嘉折首獲匪其醜无咎

下經

艮下 兌上

咸亨利貞取女吉○初六咸其拇○六二咸其腓凶居吉○九三咸其股執其隨往吝○九四貞吉悔亡憧憧往來朋從爾思○九五咸其脢无悔○上六咸其輔頰舌

巽下 震上

恒亨无咎利貞利有攸往○初六浚恒貞凶无攸利○九二悔亡○九三不恒其德或承之羞貞吝○九四田无禽○六五恒其德貞婦人吉夫子凶○上六振恒凶

䷠ 艮下乾上

遯亨小利貞○初六遯尾厲勿用有攸往○六二執之用黄牛之革莫之勝說○九三係遯有疾厲畜臣妾吉○九四好遯君子吉小人否○九五嘉遯貞吉○上九肥遯无不利

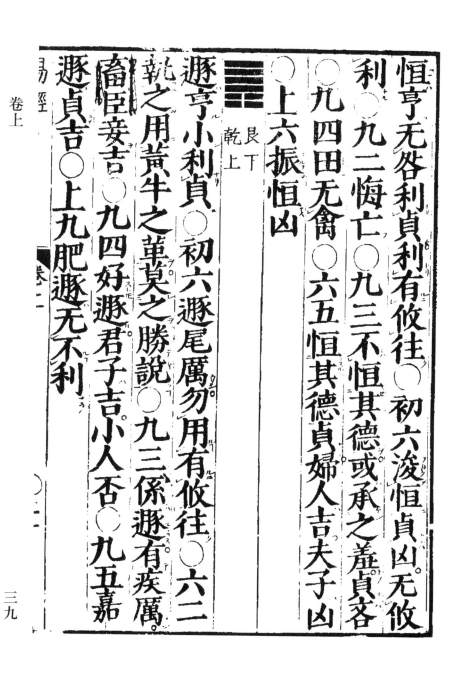

乾下
震上

大壯利貞○初九壯于趾征凶有孚○九二貞吉○九三小人用壯君子用罔貞厲羝羊觸藩羸其角○九四貞吉悔亡藩決不羸壯于大輿之輹○六五喪羊于易无悔○上六羝羊觸藩不能退不能遂无攸利艱則吉

坤下
離上

晉康侯用錫馬蕃庶晝日三接○初六晉如摧如貞吉罔孚裕无咎○六二晉如愁如貞吉受茲介

福于其王母○六三衆允悔亡○九四晉如鼫鼠。
貞厲○六五悔亡失得勿恤往吉无不利○上九
晉其角維用伐邑厲吉无咎。貞吝

䷣ 離下坤上

明夷利艱貞○初九明夷于飛垂其翼君子于行
三日不食有攸往主人有言○六二明夷夷于左
股用拯馬壯吉○九三明夷于南狩得其大首不
可疾貞○六四入于左腹獲明夷之心于出門庭
○六五箕子之明夷利貞○上六不明晦初登于

天後入于地

䷤ 離下巽上

家人利女貞〇初九閑有家悔亡〇六二无攸遂在中饋貞吉〇九三家人嗃嗃悔厲吉婦子嘻嘻終吝〇六四富家大吉〇九五王假有家勿恤〇上九有孚威如終吉

䷥ 兌下離上

睽小事吉〇初九悔亡喪馬勿逐自復見惡人无咎〇九二遇主于巷无咎〇六三見輿曳其牛掣

其人天且劓。无初有終○九四。睽孤遇元夫交孚厲无咎○六五。悔亡厥宗噬膚往何咎○上九。睽孤見豕負塗載鬼一車先張之弧後說之弧匪寇婚媾往遇雨則吉

艮下
坎上

蹇利西南。不利東北。利見大人貞吉○初六。往蹇。來譽○六二。王臣蹇蹇匪躬之故○九三。往蹇來反○六四。往蹇來連○九五。大蹇朋來○上六。往蹇來碩。吉利見大人

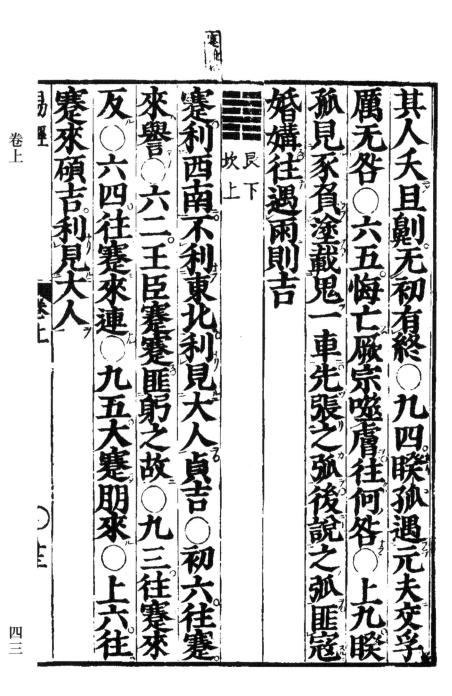

䷧ 坎下震上

解利西南无所往其來復吉有攸往夙吉○初六无咎○九二田獲三狐得黃矢貞吉○六三負且乘致寇至貞吝○九四解而拇朋至斯孚○六五君子維有解吉有孚于小人○上六公用射隼于高墉之上獲之无不利

䷨ 兌下艮上

損有孚元吉无咎可貞利有攸往曷之用二簋可用享○初九已事遄往无咎酌損之○九二利貞

征凶弗損益之○六三三人行則損一人一人行則得其友○六四損其疾使遄有喜无咎○六五或益之十朋之龜弗克違元吉○上九弗損益之无咎貞吉利有攸往得臣无家

䷩ 震下巽上

益利有攸往利涉大川○初九利用爲大作元吉无咎○六二或益之十朋之龜弗克違永貞吉王用享于帝吉○六三益之用凶事无咎有孚中行告公用圭○六四中行告公從利用爲依遷國○

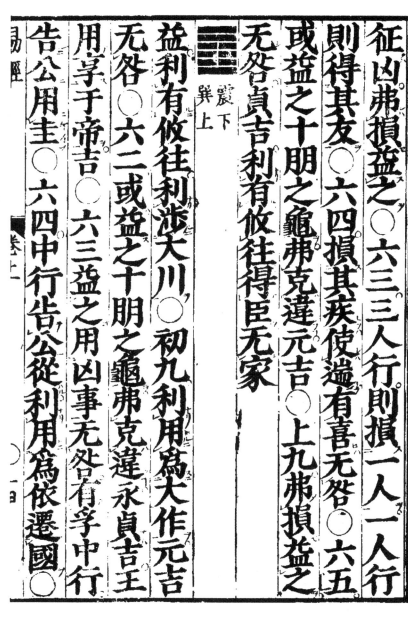

九五有孚惠心勿問元吉有孚惠我德○上九莫益之或擊之立心勿恒凶

䷪ 乾下兌上

夬揚于王庭孚號有厲告自邑不利即戎利有攸往○初九壯于前趾往不勝為咎○九二惕號莫夜有戎勿恤○九三壯于頄有凶君子夬夬獨行遇雨若濡有慍无咎○九四臀无膚其行次且牽羊悔亡聞言不信○九五莧陸夬夬中行无咎○上六无號終有凶

☰☴ 巽下乾上

姤女壯勿用取女○初六繫于金柅貞吉有攸往見凶羸豕孚蹢躅○九二包有魚无咎不利賓○九三臀无膚其行次且厲无大咎○九四包无魚起凶○九五以杞包瓜含章有隕自天○上九姤其角吝无咎

☱☷ 坤下兌上

萃亨王假有廟利見大人亨利貞用大牲吉利有攸往○初六有孚不終乃亂乃萃若號一握爲笑

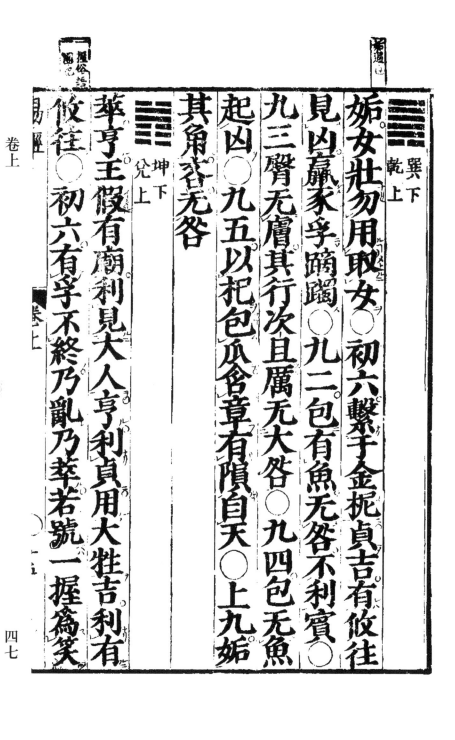

勿恤往无咎○六二引吉无咎孚乃利用禴○六三萃如嗟如无攸利往无咎小吝○九四大吉无咎○九五萃有位无咎匪孚元永貞悔亡○上六齎咨涕洟无咎

䷭ 巽下 坤上

升元亨用見大人勿恤南征吉○初六允升大吉○九二孚乃利用禴无咎○九三升虚邑○六四王用亨于岐山吉无咎○六五貞吉升階○上六冥升利于不息之貞

臲卼動搖不安之貌

䷮ 坎下兌上

困亨貞大人吉无咎有言不信○初六臀困于株木入于幽谷三歲不覿○九二困于酒食朱紱方來利用亨祀征凶无咎○六三困于石據于蒺蔾入于其宮不見其妻凶○九四來徐徐困于金車吝有終○九五劓刖困于赤紱乃徐有說利用祭祀○上六困于葛藟于臲卼曰動悔有悔征吉

䷯ 巽下坎上

井改邑不改井无喪无得往來井井汔至亦未繘

井中蝦[illegible]呼為鮒魚渫[illegible]也

井羸其瓶凶○初六井泥不食舊井无禽○九二
井谷射鮒甕敝漏○九三井渫不食為我心惻可
用汲王明並受其福○六四井甃无咎○九五井
洌寒泉食○上六井收勿幕有孚元吉

䷰ 離下兌上

革巳日乃孚元亨利貞悔亡○初九鞏用黃牛之
革○六二巳日乃革之征吉无咎○九三征凶貞
厲革言三就有孚○九四悔亡有孚改命吉○九
五大人虎變未占有孚○上六君子豹變小人革

面征凶居貞吉

䷱ 巽下 離上

鼎元吉亨○初六鼎顛趾利出否得妾以其子无咎○九二鼎有實我仇有疾不我能即吉○九三鼎耳革其行塞雉膏不食方雨虧悔終吉○九四鼎折足覆公餗其形渥凶○六五鼎黄耳金鉉利貞○上九鼎玉鉉大吉无不利

䷲ 震下 震上

震亨震來虩虩笑言啞啞震驚百里不喪匕鬯○

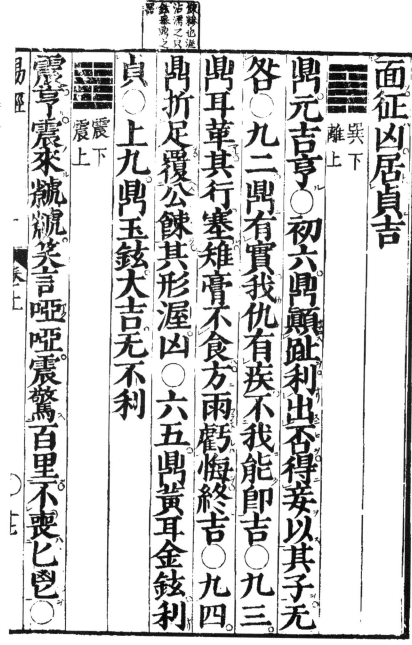

初九震來虩虩後笑言啞啞吉○六二震來厲億
喪貝躋于九陵勿逐七日得○六三震蘇蘇震行
无眚○九四震遂泥○六五震往來厲億无喪有
事○上六震索索視矍矍征凶震不于其躬于其
鄰无咎婚媾有言

艮下
艮上

艮其背不獲其身行其庭不見其人无咎○初六
艮其趾无咎利永貞○六二艮其腓不拯其隨其
心不快○九三艮其限列其夤厲薰心○六四艮

桷橫平之柯

其身无咎○六五艮其輔言有序悔亡○上九敦艮吉

䷴ 艮下巽上

漸女歸吉利貞○初六鴻漸于干小子厲有言无咎○六二鴻漸于磐飲食衎衎吉○九三鴻漸于陸夫征不復婦孕不育凶利禦寇○六四鴻漸于木或得其桷无咎○九五鴻漸于陵婦三歲不孕終莫之勝吉○上九鴻漸于陸其羽可用爲儀吉

䷵ 兌下震上

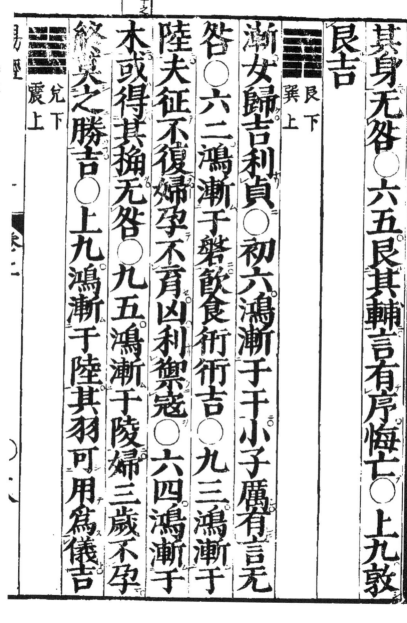

歸妹征凶无攸利○初九歸妹以娣跛能履征吉
○九二眇能視利幽人之貞○六三歸妹以須反
歸以娣○九四歸妹愆期遲歸有時○六五帝乙
歸妹其君之袂不如其娣之袂良月幾望吉○上
六女承筐无實士刲羊无血无攸利

䷶ 離下震上

豐亨王假之勿憂宜日中○初九遇其配主雖旬
无咎往有尚○六二豐其蔀日中見斗往得疑疾
有孚發若吉○九三豐其沛日中見沫折其右肱

无咎○九四豐其蔀日中見斗遇其夷主吉○六
五來章有慶譽吉○上六豐其屋蔀其家闚其戶
闃其无人三歲不覿凶

䷷ 艮下離上

旅小亨旅貞吉○初六旅瑣瑣斯其所取災○六
二旅即次懷其資得童僕貞○九三旅焚其次喪
其童僕貞厲○九四旅于處得其資斧我心不快
○六五射雉一矢亡終以譽命○上九鳥焚其巢
旅人先笑後號咷喪牛于易凶

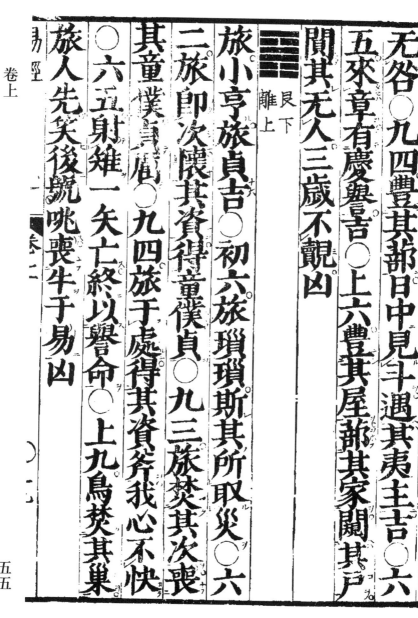

兌說也

巽下
巽上

巽小亨利有攸往利見大人○初六進退利武人之貞○九二巽在牀下用史巫紛若吉无咎○九三頻巽吝○六四悔亡田獲三品○九五貞吉悔亡无不利无初有終先庚三日後庚三日吉○上九巽在牀下喪其資斧貞凶

兌下
兌上

兌亨利貞○初九和兌吉○九二孚兌吉悔亡○六三來兌凶○九四商兌未寧介疾有喜○九五

孚于剝有厲○上六引兌

䷺ 坎下巽上

渙亨王假有廟利涉大川利貞○初六用拯馬壯吉○九二渙奔其机悔亡○六三渙其躬无悔○六四渙其群元吉渙有丘匪夷所思○九五渙汗其大號渙王居无咎○上九渙其血去逖出无咎

䷻ 兌下坎上

節亨苦節不可貞○初九不出戶庭无咎○九二不出門庭凶○六三不節若則嗟若无咎○六四

安節亨○九五甘節吉往有尚○上六苦節貞凶
悔亡

䷼ 兌下巽上

中孚豚魚吉利涉大川利貞○初九虞吉有它不
燕○九二鳴鶴在陰其子和之我有好爵吾與爾
靡之○六三得敵或鼓或罷或泣或歌○六四月
幾望馬匹亡无咎○九五有孚攣如无咎○上九
翰音登于天貞凶

䷽ 艮下震上

小過亨。利貞可小事不可大事飛鳥遺之音不宜上宜下大吉○初六飛鳥以凶○六二過其祖遇其妣不及其君遇其臣无咎○九三弗過防之從或戕之凶○九四无咎弗過遇之往厲必戒勿用永貞○六五密雲不雨自我西郊公弋取彼在穴○上六弗遇過之飛鳥離之凶是謂災眚

䷾ 離下坎上

既濟亨小利貞初吉終亂○初九曳其輪濡其尾无咎○六二婦喪其茀勿逐七日得○九三高宗

伐鬼方三年克之小人勿用○六四繻有衣袽終日戒○九五東鄰殺牛不如西鄰之禴祭實受其福○上六濡其首厲

䷿ 坎下離上

未濟亨小狐汔濟濡其尾无攸利○初六濡其尾吝○九二曳其輪貞吉○六三未濟征凶利涉大川○九四貞吉悔亡震用伐鬼方三年有賞于大國○六五貞吉无悔君子之光有孚吉○上九有孚于飲酒无咎濡其首有孚失是

卷上終

上彖傳

大哉乾元萬物資始乃統天雲行雨施品物流形大明終始六位時成時乘六龍以御天乾道變化各正性命保合大和乃利貞首出庶物萬國咸寧

○至哉坤元萬物資生乃順承天坤厚載物德合无疆含弘光大品物咸亨牝馬地類行地无疆柔順利貞君子攸行先迷失道後順得常西南得朋乃與類行東北喪朋乃終有慶安貞之吉應地无疆

○屯剛柔始交而難生動乎險中大亨貞雷雨

之動滿盈天造草昧宜建侯而不寧○蒙山下有
險險而止蒙蒙亨以亨行時中也匪我求童蒙童
蒙求我志應也初筮告以剛中也再三瀆瀆則不
告瀆蒙也蒙以養正聖功也○需須也險在前也
剛健而不陷其義不困窮矣需有孚光亨貞吉位
乎天位以正中也利涉大川往有功也○訟上剛
下險險而健訟訟有孚窒惕中吉剛來而得中也
終凶訟不可成也利見大人尚中正也不利涉大
川入于淵也○師衆也貞正也能以衆正可以王

矣剛中而應行險而順以此毒天下而民從之吉又何咎矣○比吉也比輔也下順從也原筮元永貞无咎以剛中也不寧方來上下應也後夫凶其道窮也○小畜柔得位而上下應之曰小畜健而巽剛中而志行乃亨密雲不雨尚往也自我西郊施未行也○履柔履剛也說而應乎乾是以履虎尾不咥人亨剛中正履帝位而不疚光明也○泰小往大來吉亨則是天地交而萬物通也上下交而其志同也內陽而外陰內健而外順內君子而

外小人君子道長小人道消也○否之匪人不利
君子貞大往小來則是天地不交而萬物不通也
上下不交而天下无邦也内陰而外陽内柔而外
剛内小人而外君子小人道長君子道消也○同
人柔得位得中而應乎乾曰同人同人曰同人于
野亨利涉大川乾行也文明以健中正而應君子
正也唯君子爲能通天下之志○大有柔得尊位
大中而上下應之曰大有其德剛健而文明應乎
天而時行是以元亨○謙亨天道下濟而光明地

道卑而上行天道虧盈而益謙地道變盈而流謙鬼神害盈而福謙人道惡盈而好謙謙尊而光卑而不可踰君子之終也○豫剛應而志行順以動豫豫順以動故天地如之而況建侯行師乎天地以順動故日月不過而四時不忒聖人以順動則刑罰清而民服豫之時義大矣哉○隨剛來而下柔動而說隨大亨貞无咎而天下隨時隨時之義大矣哉○蠱剛上而柔下巽而止蠱蠱元亨而天下治也利涉大川往有事也先甲三日後甲三日

終則有始。天行也。○臨剛浸而長說而順剛中而
應大亨以正天之道也至于八月有凶消不久也
○大觀在上順而巽中正以觀天下觀盥而不薦。
有孚顒若下觀而化也觀天之神道而四時不忒
聖人以神道設教而天下服矣○頤中有物曰噬
嗑噬嗑而亨剛柔分動而明雷電合而章柔得中
而上行雖不當位利用獄也○賁亨柔來而文剛
故亨分剛上而文柔故小利有攸往天文也文明
以止人文也觀乎天文以察時變觀乎人文以化

成天下○剝剝也柔變剛也不利有攸往小人長
也順而止之觀象也君子尚消息盈虛天行也○
復亨剛反動而以順行是以出入无疾朋來无咎○
反復其道七日來復天行也利有攸往剛長也復
其見天地之心乎○无妄剛自外來而爲主於内○
動而健剛中而應大亨以正天之命也其匪正有
眚不利有攸往无妄之往何之矣天命不祐行矣
哉○大畜剛健篤實輝光日新其德剛上而尚賢○
能止健大正也不家食吉養賢也利涉大川應乎

天也○頤貞吉養正則吉也觀頤觀其所養也自
求口實觀其自養也天地養萬物聖人養賢以及
萬民頤之時大矣哉○大過大者過也棟撓本末
弱也剛過而中巽而說行利有攸往乃亨大過之
時大矣哉○習坎重險也水流而不盈行險而不
失其信維心亨乃以剛中也行有尚往有功也天
險不可升也地險山川丘陵也王公設險以守其
國險之時用大矣哉○離麗也日月麗乎天百穀
草木麗乎土重明以麗乎正乃化成天下柔麗乎

中正故亨是以畜牝牛吉也

下彖傳

咸感也柔上而剛下二氣感應以相與止而說男下女是以亨利貞取女吉也天地感而萬物化生聖人感人心而天下和平觀其所感而天地萬物之情可見矣○恒久也剛上而柔下雷風相與巽而動剛柔皆應恒恒亨无咎利貞久於其道也天地之道恒久而不已也利有攸往終則有始也日月得天而能久照四時變化而能久成聖人久於

其道而天下化成觀其所恒而天地萬物之情可
見矣○遯亨遯而亨也剛當位而應與時行也小
利貞浸而長也遯之時義大矣哉○大壯大者壯
也剛以動故壯大壯利貞大者正也正大而天地
之情可見矣○晉進也明出地上順而麗乎大明
柔進而上行是以康侯用錫馬蕃庶晝日三接也
○明入地中明夷内文明而外柔順以蒙大難文
王以之利艱貞晦其明也内難而能正其志箕子
以之○家人女正位乎内男正位乎外男女正天

地之大義也家人有嚴君焉父母之謂也父父子子兄兄弟弟夫夫婦婦而家道正正家而天下定矣○睽火動而上澤動而下二女同居其志不同行説而麗乎明柔進而上行得中而應乎剛是以小事吉天地睽而其事同也男女睽而其志通也萬物睽而其事類也睽之時用大矣哉○蹇難也險在前也見險而能止知矣哉蹇利西南往得中也不利東北其道窮也利見大人往有功也當位貞吉以正邦也蹇之時用大矣哉○解險以動動

而免乎險解解利西南往得衆也其來復吉乃得
中也有攸往夙吉往有功也天地解而雷雨作雷
雨作而百果草木皆甲拆解之時大矣哉○損損
下益上其道上行損而有孚元吉无咎可貞利有
攸往曷之用二簋可用享二簋應有時損剛益柔
有時損益盈虛與時偕行○益損上益下民說无
疆自上下下其道大光利有攸往中正有慶利涉
大川木道乃行益動而巽日進无疆天施地生其
益无方凡益之道與時偕行○夬決也剛決柔也

健而說決而和揚于王庭柔乘五剛也孚號有厲其危乃光也告自邑不利即戎所尚乃窮也利有攸往剛長乃終也○姤遇也柔遇剛也勿用取女不可與長也天地相遇品物咸章也剛遇中正天下大行也姤之時義大矣哉○萃聚也順以說剛中而應故聚也王假有廟致孝享也利見大人亨聚以正也用大牲吉利有攸往順天命也觀其所聚而天地萬物之情可見矣○柔以時升巽而順剛中而應是以大亨用見大人勿恤有慶也南征

吉志行也○困剛揜也險以説困而不失其所亨
其唯君子乎貞大人吉以剛中也有言不信尚口
乃窮也○巽乎水而上水井井養而不窮也改邑
不改井乃以剛中也汔至亦未繘井未有功也羸
其瓶是以凶也○革水火相息二女同居其志不
相得曰革已日乃孚革而信之文明以説大亨以
正革而當其悔乃亡天地革而四時成湯武革命
順乎天而應乎人革之時大矣哉○鼎象也以木
巽火亨飪也聖人亨以享上帝而大亨以養聖賢

巽而耳目聰明。柔進而上行，得中而應乎剛，是以元亨。○震亨，震來虩虩，恐致福也。笑言啞啞，後有則也。震驚百里，驚遠而懼邇也。出可以守宗廟社稷，以爲祭主也。○艮止也。時止則止，時行則行，動靜不失其時，其道光明。艮其止，止其所也。上下敵應，不相與也。是以不獲其身，行其庭不見其人，无咎也。○漸之進也，女歸吉也。進得位，往有功也。進以正，可以正邦也。其位剛得中也。止而巽，動不窮也。○歸妹，天地之大義也。天地不交而萬物不興。

歸妹人之終始也說以動所歸妹也征凶位不當
也无攸利柔乘剛也○豐大也明以動故豐王假
之尚大也勿憂宜日中宜照天下也日中則昃月
盈則食天地盈虛與時消息而況於人乎況於鬼
神乎○旅小亨柔得中乎外而順乎剛止而麗乎
明是以小亨旅貞吉也旅之時義大矣哉○重巽
以申命剛巽乎中正而志行柔皆順乎剛是以小
亨利有攸往利見大人○兌說也剛中而柔外說
以利貞是以順乎天而應乎人說以先民民忘其

勞說以犯難民忘其死說之大民勸矣哉○渙亨
剛來而不窮柔得位乎外而上同王假有廟王乃
在中也利涉大川乘木有功也○節亨剛柔分而
剛得中苦節不可貞其道窮也說以行險當位以
節中正以通天地節而四時成節以制度不傷財
不害民○中孚柔在內而剛得中說而巽孚乃化
邦也豚魚吉信及豚魚也利涉大川乘木舟虛也
中孚以利貞乃應乎天也○小過小者過而亨也
過以利貞與時行也柔得中是以小事吉也剛失

位而不中是以不可大事也有飛鳥之象焉飛鳥遺之音不宜上宜下大吉上逆而下順也○既濟亨小者亨也利貞剛柔正而位當也初吉柔得中也終止則亂其道窮也○未濟亨柔得中也小狐汔濟未出中也濡其尾无攸利不續終也雖不當位剛柔應也

上象傳

天行健君子以自彊不息○潛龍勿用陽在下也○見龍在田德施普也○終日乾乾反復道也○

或躍在淵進無咎也○飛龍在天大人造也○亢龍有悔盈不可久也○用九天德不可為首也○地勢坤君子以厚德載物○履霜堅冰陰始凝也馴致其道至堅冰也○六二之動直以方也不習无不利地道光也○含章可貞以時發也或從王事知光大也○括囊无咎慎不害也○黃裳元吉文在中也○龍戰于野其道窮也○用六永貞以大終也○雲雷屯君子以經綸○雖磐桓志行正也以貴下賤大得民也○六二之難乘剛也十年

乃字反常也○即鹿无虞以從禽也君子舍之往吝窮也○求而往明也○屯其膏施未光也○泣血漣如何可長也○山下出泉蒙君子以果行育德○利用刑人以正法也○子克家剛柔接也○勿用取女行不順也○困蒙之吝獨遠實也○童蒙之吉順以巽也○利用禦寇上下順也○雲上於天需君子以飲食宴樂○需于郊不犯難行也利用恒无咎未失常也○需于沙衍在中也雖小有言以吉終也○需于泥災在外也自我致寇敬

愼不敗也○需于血順以聽也○酒食貞吉以中
正也○不速之客來敬之終吉雖不當位未大失
也○天與水違行訟君子以作事謀始○不永所
事訟不可長也雖小有言其辯明也○不克訟歸
逋竄也自下訟上患至掇也○食舊德從上吉也
○復即命渝安貞不失也○訟元吉以中正也○
以訟受服亦不足敬也○地中有水師君子以容
民畜衆○師出以律失律凶也○在師中吉承天
寵也王三錫命懷萬邦也○師或輿尸大无功也

○左次无咎。未失常也○長子帥師以中行也。弟子輿尸使不當也○大君有命以正功也。小人勿用必亂邦也○地上有水比。先王以建萬國親諸侯○比之初六有他吉也○比之自内不自失也○比之匪人不亦傷乎○外比於賢以從上也○顯比之吉位正中也。舍逆取順失前禽也邑人不誡上使中也○比之无首无所終也○風行天上小畜君子以懿文德○復自道其義吉也○牽復在中亦不自失也○夫妻反目不能正室也○有

孚惕出上合志也○有孚攣如不獨富也○既雨
既處德積載也君子征凶有所疑也○上天下澤
履君子以辯上下定民志○素履之往獨行願也
○幽人貞吉中不自亂也○眇能視不足以有明
也跛能履不足以與行也咥人之凶位不當也武
人爲于大君志剛也○愬愬終吉志行也○夬履
貞厲位正當也○元吉在上大有慶也○天地交
泰后以財成天地之道輔相天地之宜以左右民
○拔茅征吉志在外也○包荒得尚于中行以光

大也○无平不陂天地際也○翩翩不富皆失實
也○不戒以孚中心願也○以祉元吉中以行願也
○城復于隍其命亂也○天地不交否君子以儉
德辟難不可榮以祿○拔茅貞吉志在君也○大
人否亨不亂羣也○包羞位不當也○有命无咎
志行也○大人之吉位正當也○否終則傾何可
長也○天與火同人君子以類族辨物○出門同
人又誰咎也○同人于宗吝道也○伏戎于莽敵
剛也○三歲不興安行也○乘其墉義弗克也其吉

則困而反則也○同人之先以中直也大師相遇言相克也○同人于郊志未得也○火在天上大有君子以遏惡揚善順天休命○大有初九无交害也○大車以載積中不敗也○公用亨于天子小人害也○匪其彭无咎明辯晢也○厥孚交如信以發志也○威如之吉易而无備也○大有上吉自天祐也○地中有山謙君子以裒多益寡稱物平施○謙謙君子卑以自牧也○鳴謙貞吉中心得也○勞謙君子萬民服也○无不利撝謙不違

則也○利用侵伐征不服也○鳴謙志未得也可
用行師征邑國也○雷出地奮豫先王以作樂崇
德殷薦之上帝以配祖考○初六鳴豫志窮凶也
○不終日貞吉以中正也○盱豫有悔位不當也
○由豫大有得志大行也○六五貞疾乘剛也恒
不死中未亡也○冥豫在上何可長也○澤中有
雷隨君子以嚮晦入宴息○官有渝從正吉也出
門交有功不失也○係小子弗兼與也○係丈夫
志舍下也○隨有獲其義凶也有孚在道明功也

○孚于嘉吉位正中也○拘係之上窮也○山下有風蠱君子以振民育德○幹父之蠱意承考也○幹母之蠱得中道也○幹父之蠱終无咎也○裕父之蠱往未得也○幹父用譽承以德也○不事王侯志可則也○澤上有地臨君子以教思无窮容保民无疆○咸臨貞吉志行正也○咸臨吉无不利未順命也○甘臨位不當也既憂之咎不長也○至臨无咎位當也○大君之宜行中之謂也○敦臨之吉志在內也○風行地上觀先王以

省方觀民設敎○初六童觀小人道也○闚觀女
貞亦可醜也○觀我生進退未失道也○觀國之
光尚賓也○觀我生觀民也○觀其生志未平也
○雷電噬嗑先王以明罰勑法○屨校滅趾不行
也○噬膚滅鼻乘剛也○遇毒位不當也○利艱
貞吉未光也○貞厲无咎得當也○何校滅耳聰
不明也○山下有火賁君子以明庶政无敢折獄
○舍車而徒義弗乘也○賁其須與上興也○永
貞之吉終莫之陵也○六四當位疑也匪寇婚媾

終无尤也○六五之吉有喜也○白賁无咎上得志也○山附於地剝上以厚下安宅○剝牀以足以滅下也○剝牀以辯未有與也○剝之无咎失上下也○剝牀以膚切近災也○以宮人寵終无尤也○君子得輿民所載也小人剝廬終不可用也○雷在地中復先王以至日閉關商旅不行后不省方○不遠之復以修身也○休復之吉以下仁也○頻復之厲義无咎也○中行獨復以從道也○敦復无悔中以自考也○迷復之凶反君道

也○天下雷行物與无妄先王以茂對時育萬物
○无妄之往得志也○不耕穫未富也○行人得
牛邑人災也○可貞无咎固有之也○无妄之藥
不可試也○无妄之行窮之災也○天在山中大
畜君子以多識前言往行以畜其德○有厲利已
不犯災也○輿說輹中无尤也○利有攸往上合
志也○六四元吉有喜也○六五之吉有慶也○
何天之衢道大行也○山下有雷頤君子以愼言
語節飲食○觀我朶頤亦不足貴也○六二征凶

行失類也○十年勿用道大悖也○顛頤之吉上施光也○居貞之吉順以從上也○由頤厲吉大有慶也○澤滅木大過君子以獨立不懼遯世无悶○藉用白茅柔在下也○老夫女妻過以相與也○棟橈之凶不可以有輔也○棟隆之吉不橈乎下也○枯楊生華何可久也老婦士夫亦可醜也○過涉之凶不可咎也○水洊至習坎君子以常德行習教事○習坎入坎失道凶也○求小得未出中也○來之坎坎終无功也○樽酒簋貳剛

柔際也○坎不盈中未大也○上六失道凶三歲
也○明兩作離大人以繼明照于四方○履錯之
敬以辟咎也○黃離元吉得中道也○日昃之離
何可久也○突如其來如无所容也○六五之吉
離王公也○王用出征以正邦也

下象傳

山上有澤咸君子以虛受人○咸其拇志在外也
○雖凶居吉順不害也○咸其股亦不處也志在
隨人所執下也○貞吉悔亡未感害也○憧憧往來

未光大也○咸其脢志末也○咸其輔頰舌滕口
說也○雷風恒君子以立不易方○浚恒之凶始
求深也○九二悔亡能久中也○不恒其德无所
容也○久非其位安得禽也○婦人貞吉從一而
終也夫子制義從婦凶也○振恒在上大无功也
○天下有山遯君子以遠小人不惡而嚴○遯尾
之厲不往何災也○執用黃牛固志也○係遯之
厲有疾憊也畜臣妾吉不可大事也○君子好遯
小人否也○嘉遯貞吉以正志也○肥遯无不利

无所疑也○雷在天上大壯君子以非禮弗履○
壯于趾其孚窮也○九二貞吉以中也○小人用
壯君子罔也○藩決不羸尚往也○喪羊于易位
不當也○不能退不能遂不詳也艱則吉咎不長
也○明出地上晉君子以自昭明德○晉如摧如
獨行正也裕无咎未受命也○受茲介福以中正
也○衆允之志上行也○鼫鼠貞厲位不當也○
失得勿恤往有慶也○維用伐邑道未光也○明
入地中明夷君子以莅衆用晦而明○君子于行

義不食也○六二之吉順以則也○南狩之志乃大得也○入于左腹獲心意也○箕子之貞明不可息也○初登于天照四國也後入于地失則也○風自火出家人君子以言有物而行有恒○閑有家志未變也○六二之吉順以巽也○家人嗃嗃未失也婦子嘻嘻失家節也○富家大吉順在位也○王假有家交相愛也○威如之吉反身之謂也○上火下澤睽君子以同而異○見惡人以辟咎也○遇主于巷未失道也○見輿曳位不當

也无初有終遇剛也○交孚无咎志行也○厥宗
噬膚往有慶也○遇雨之吉羣疑亡也○山上有
水蹇君子以反身修德○往蹇來譽宜待也○王
臣蹇蹇終无咎也○往蹇來反內喜之也○往蹇
來連當位實也○大蹇朋來以中節也○往蹇來
碩志在內也利見大人以從貴也○雷雨作解君
子以赦過宥罪○剛柔之際義无咎也○九二貞
吉得中道也○負且乘亦可醜也自我致戎又誰
咎也○解而拇未當位也○君子有解小人退也

○公用射隼以解悖也○山下有澤損君子以懲忿窒欲○已事遄往尚合志也○九二利貞中以爲志也○一人行三則疑也○損其疾亦可喜也○六五元吉自上祐也○弗損益之大得志也○風雷益君子以見善則遷有過則改○元吉无咎下不厚事也○或益之自外來也○益用凶事固有之也○告公從以益志也○有孚惠心勿問之矣惠我德大得志也○莫益之偏辭也或擊之自外來也○澤上於天夬君子以施祿及下居德則

忌○不勝而往咎也○有戎勿恤得中道也○君子夬夬終无咎也○其行次且位不當也聞言不信聰不明也○中行无咎中未光也○无號之凶終不可長也○天下有風姤后以施命誥四方○繫于金柅柔道牽也○包有魚義不及賓也○其行次且行未牽也○无魚之凶遠民也○九五含章中正也有隕自天志不舍命也○姤其角上窮吝也○澤上於地萃君子以除戎器戒不虞○乃亂乃萃其志亂也○引吉无咎中未變也○往无

咎上巽也○大吉无咎位不當也○萃有位志未
光也○齎咨涕洟未安上也○地中生木升君子
以順德積小以高大○允升大吉上合志也○九
二之孚有喜也○升虛邑无所疑也○王用亨于
岐山順事也○貞吉升階大得志也○冥升在上
消不富也○澤无水困君子以致命遂志○入于
幽谷幽不明也○困于酒食中有慶也○據于蒺
藜乘剛也入于其宮不見其妻不祥也○來徐徐
志在下也雖不當位有與也○劓刖志未得也乃

徐有說以中直也利用祭祀受福也○困于葛藟
未當也動悔有悔吉行也○木上有水井君子以
勞民勸相○井泥不食下也舊井无禽時舍也○
井谷射鮒无與也○井渫不食行惻也求王明受
福也○井甃无咎修井也○寒泉之食中正也○
元吉在上大成也○澤中有火革君子以治曆明
時○鞏用黃牛不可以有爲也○巳日革之行有
嘉也○革言三就又何之矣○改命之吉信志也
○大人虎變其文炳也○君子豹變其文蔚也小

人巽面順以從君也○木上有火鼎君子以正位
凝命○鼎顚趾未悖也利出否以從貴也○鼎有
實愼所之也我仇有疾終无尤也○鼎耳革失其
義也○覆公餗信如何也○鼎黄耳中以爲實也
○玉鉉在上剛柔節也○洊雷震君子以恐懼修
省○震來虩虩恐致福也笑言啞啞後有則也○
震來厲乘剛也○震蘇蘇位不當也○震遂泥未
光也○震往來厲危行也其事在中大无喪也○
震索索中未得也雖凶无咎畏鄰戒也○兼山艮

君子以思不出其位○艮其趾未失正也○不拯
其隨未退聽也○艮其限危薰心也○艮其身止
諸躬也○艮其輔以中正也○敦艮之吉以厚終
也○山上有木漸君子以居賢德善俗○小子之
厲義无咎也○飮食衎衎不素飽也○夫征不復
離群醜也婦孕不育失其道也利用禦寇順相保
也○或得其桷順以巽也○終莫之勝吉得所願
也○其羽可用爲儀吉不可亂也○澤上有雷歸
妹君子以永終知敝○歸妹以娣以恒也跛能履

吉相承也○利幽人之貞未變常也○歸妹以須
未當也○愆期之志有待而行也○帝乙歸妹不
如其娣之袂良也其位在中以貴行也○上六无
實承虛筐也○雷電皆至豐君子以折獄致刑○
雖旬无咎過旬災也○有孚發若信以發志也○
豐其沛不可大事也折其右肱終不可用也○豐
其蔀位不當也日中見斗幽不明也遇其夷主吉
行也○六五之吉有慶也○豐其屋天際翔也闚
其戶闃其无人自藏也○山上有火旅君子以明

愼用刑而不留獄○旅瑣瑣志窮災也○得童僕
貞終无尤也○旅焚其次亦以傷矣以旅與下其
義喪也○旅于處未得位也得其資斧心未快也
○終以譽命上逮也○以旅在上其義焚也喪牛
于易終莫之聞也○隨風巽君子以申命行事
○進退志疑也利武人之貞志治也○紛若之吉得
中也○頻巽之吝志窮也○田獲三品有功也○
九五之吉位正中也○巽在牀下上窮也喪其資
斧正乎凶也○麗澤兌君子以朋友講習○和兌

之吉行未疑也○孚兌之吉信志也○來兌之凶
位不當也○九四之喜有慶也○孚于剝位正當
也○上六引兌未光也○風行水上渙先王以享
于帝立廟○初六之吉順也○渙奔其机得願也
○渙其躬志在外也○渙其群元吉光大也○王
居无咎正位也○渙其血遠害也○澤上有水節
君子以制數度議德行○不出戶庭知通塞也
不出門庭凶失時極也○不節之嗟又誰咎也○
安節之亨承上道也○甘節之吉居位中也○苦

節貞凶其道窮也○澤上有風中孚君子以議獄
緩死○初九虞吉志未變也○其子和之中心願
也○或鼓或罷位不當也○馬匹亡絶類上也○
有孚攣如位正當也○翰音登于天何可長也○
山上有雷小過君子以行過乎恭喪過乎哀用過
乎儉○飛鳥以凶不可如何也○不及其君臣不
可過也○從或戕之凶如何也○弗過遇之位不
當也往厲必戒終不可長也○密雲不雨已上也
○弗遇過之已亢也○水在火上既濟君子以思

患而豫防之○曳其輪義无咎也○七日得以中道也○三年克之憊也○終日戒有所疑也○東鄰殺牛不如西鄰之時也實受其福吉大來也○濡其首厲何可久也○火在水上未濟君子以愼辨物居方○濡其尾亦不知極也○九二貞吉中以行正也○未濟征凶位不當也○貞吉悔亡志行也○君子之光其暉吉也○飲酒濡首亦不知節也

繫辭上傳

天尊地卑乾坤定矣卑高以陳貴賤位矣動靜有常剛柔斷矣方以類聚物以群分吉凶生矣在天成象在地成形變化見矣是故剛柔相摩八卦相盪鼓之以雷霆潤之以風雨日月運行一寒一暑乾道成男坤道成女乾知大始坤作成物乾以易知坤以簡能易則易知簡則易從易知則有親易從則有功有親則可久有功則可大可久則賢人之德可大則賢人之業易簡而天下之理得矣天下之理得而成位乎其中矣○聖人設卦觀象繫

辭焉而明吉凶剛柔相推而生變化是故吉凶者失得之象也悔吝者憂虞之象也變化者進退之象也剛柔者晝夜之象也六爻之動三極之道也是故君子所居而安者易之序也所樂而玩者爻之辭也是故君子居則觀其象而玩其辭動則觀其變而玩其占是以自天祐之吉无不利○彖者言乎象者也爻者言乎變者也吉凶者言乎其失得也悔吝者言乎其小疵也无咎者善補過也是故列貴賤者存乎位齊小大者存乎卦辯吉凶者

存乎辭憂悔吝者存乎介震无咎者存乎悔是故卦有小大辭有險易辭也者各指其所之○易與天地準故能彌綸天地之道仰以觀於天文俯以察於地理是故知幽明之故原始反終故知死生之說精氣爲物游魂爲變是故知鬼神之情狀與天地相似故不違知周乎萬物而道濟天下故不過旁行而不流樂天知命故不憂安土敦乎仁故能愛範圍天地之化而不過曲成萬物而不遺通乎晝夜之道而知故神无方而易无體○一陰一

陽之謂道繼之者善也成之者性也仁者見之謂之仁知者見之謂之知百姓日用而不知故君子之道鮮矣顯諸仁藏諸用鼓萬物而不與聖人同憂盛德大業至矣哉富有之謂大業日新之謂盛德生生之謂易成象之謂乾效法之謂坤極數知來之謂占通變之謂事陰陽不測之謂神○夫易廣矣大矣以言乎遠則不禦以言乎邇則靜而正以言乎天地之間則備矣夫乾其靜也專其動也直是以大生焉夫坤其靜也翕其動也闢是以廣

生焉廣大配天地變通配四時陰陽之義配日月
易簡之善配至德○子曰易其至矣乎夫易聖人
所以崇德而廣業也知崇禮卑崇效天卑法地天
地設位而易行乎其中矣成性存存道義之門○
聖人有以見天下之賾而擬諸其形容象其物宜
是故謂之象聖人有以見天下之動而觀其會通
以行其典禮繫辭焉以斷其吉凶是故謂之爻言
天下之至賾而不可惡也言天下之至動而不可
亂也擬之而後言議之而後動擬議以成其變化

鳴鶴在陰其子和之我有好爵吾與爾靡之子曰君子居其室出其言善則千里之外應之況其邇者乎居其室出其言不善則千里之外違之況其邇者乎言出乎身加乎民行發乎邇見乎遠言行君子之樞機樞機之發榮辱之主也言行君子之所以動天地也可不愼乎同人先號咷而後笑子曰君子之道或出或處或默或語二人同心其利斷金同心之言其臭如蘭初六藉用白茅无咎子曰苟錯諸地而可矣藉之用茅何咎之有愼之至

也夫茅之爲物薄而用可重也愼斯術也以往其无所失矣勞謙君子有終吉子曰勞而不伐有功而不德厚之至也語以其功下人者也德言盛禮言恭謙也者致恭以存其位者也亢龍有悔子曰貴而无位高而无民賢人在下位而无輔是以動而有悔也不出戶庭无咎子曰亂之所生也則言語以爲階君不密則失臣臣不密則失身幾事不密則害成是以君子愼密而不出也子曰作易者其知盜乎易曰負且乘致寇至負也者小人之事

也乘也者君子之器也小人而乘君子之器盜思奪之矣上慢下暴盜思伐之矣慢藏誨盜冶容誨淫易曰負且乘致寇至盜之招也○天一地二天三地四天五地六天七地八天九地十天數五地數五五位相得而各有合天數二十有五地數三十凡天地之數五十有五此所以成變化而行鬼神也大衍之數五十其用四十有九分而爲二以象兩掛一以象三揲之以四以象四時歸奇於扐以象閏五歲再閏故再扐而後掛乾之策二百一

十有六坤之策百四十有四凡三百有六十當期之日二篇之策萬有一千五百二十當萬物之數也是故四營而成易十有八變而成卦八卦而小成引而伸之觸類而長之天下之能事畢矣顯道神德行是故可與酬酢可與祐神矣子曰知變化之道者其知神之所爲乎

◯易有聖人之道四焉以言者尚其辭以動者尚其變以制器者尚其象以卜筮者尚其占是以君子將有爲也將有行也問焉而以言其受命也如嚮无有遠近幽深遂知

來物非天下之至精其孰能與於此參伍以變錯綜其數通其變遂成天地之文極其數遂定天下之象非天下之至變其孰能與於此易无思也无爲也寂然不動感而遂通天下之故非天下之至神其孰能與於此夫易聖人之所以極深而研幾也唯深也故能通天下之志唯幾也故能成天下之務唯神也故不疾而速不行而至子曰易有聖人之道四焉者此之謂也○子曰夫易何爲者也夫易開物成務冒天下之道如斯而已者也是故

聖人以通天下之志以定天下之業以斷天下之疑是故蓍之德圓而神卦之德方以知六爻之義易以貢聖人以此洗心退藏於密吉凶與民同患神以知來知以藏往其孰能與於此哉古之聰明叡知神武而不殺者夫是以明於天之道而察於民之故是興神物以前民用聖人以此齋戒以神明其德夫是故闔戶謂之坤闢戶謂之乾一闔一闢謂之變往來不窮謂之通見乃謂之象形乃謂之器制而用之謂之法利用出入民咸用之謂之

神是故易有大極是生兩儀兩儀生四象四象生八卦八卦定吉凶吉凶生大業是故法象莫大乎天地變通莫大乎四時縣象著明莫大乎日月崇高莫大乎富貴備物致用立成器以爲天下利莫大乎聖人探賾索隱鉤深致遠以定天下之吉凶成天下之亹亹者莫大乎蓍龜是故天生神物聖人則之天地變化聖人效之天垂象見吉凶聖人象之河出圖洛出書聖人則之易有四象所以示也繫辭焉所以告也定之以吉凶所以斷也○易

曰自天祐之吉无不利子曰祐者助也。天之所助者順也。人之所助者信也。履信思乎順又以尚賢也。是以自天祐之吉无不利也。子曰書不盡言言不盡意然則聖人之意其不可見乎。子曰聖人立象以盡意設卦以盡情僞繫辭焉以盡其言。變而通之以盡利鼓之舞之以盡神。乾坤其易之緼邪。乾坤成列而易立乎其中矣。乾坤毀則无以見易易不可見則乾坤或幾乎息矣。是故形而上者謂之道形而下者謂之器化而裁之謂之變推而行之謂之通擧而措之天下之民謂之事業是故夫象聖人有以見天下之賾而擬諸其形容象其物宜是故謂之象聖人有以見天下之動而觀其會通以行其典禮繫辭焉以斷其吉凶是故謂之爻極天下之賾者存乎卦鼓天下之動者存乎辭化而裁之存乎變推而行之存乎通神而明之存乎其人默而成之不言而信存乎德行

繫辭下傳

八卦成列象在其中矣因而重之爻在其中矣剛

曰自天祐之吉无不利子曰祐者助也天之所助
者順也人之所助者信也履信思乎順又以尚賢
也是以自天祐之吉无不利也子曰書不盡言言
不盡意然則聖人之意其不可見乎子曰聖人立
象以盡意設卦以盡情僞繫辭焉以盡其言變而
通之以盡利鼓之舞之以盡神乾坤其易之緼邪
乾坤成列而易立乎其中矣乾坤毁則无以見易
易不可見則乾坤或幾乎息矣是故形而上者謂
之道形而下者謂之器化而裁之謂之變推而行

之謂之通舉而措之天下之民謂之事業是故夫象聖人有以見天下之賾而擬諸其形容象其物宜是故謂之象聖人有以見天下之動而觀其會通以行其典禮繫辭焉以斷其吉凶是故謂之爻極天下之賾者存乎卦鼓天下之動者存乎辭化而裁之存乎變推而行之存乎通神而明之存乎其人默而成之不言而信存乎德行

繫辭下傳

八卦成列象在其中矣因而重之爻在其中矣剛

繫辭下

柔相推變在其中矣。繫辭焉而命之動在其中矣。吉凶悔吝者生乎動者也。剛柔者立本者也。變通者趣時者也。吉凶者貞勝者也。天地之道貞觀者也。日月之道貞明者也。天下之動貞夫一者也。夫乾確然示人易矣。夫坤隤然示人簡矣。爻也者效此者也。象也者像此者也。爻象動乎内吉凶見乎外。功業見乎變。聖人之情見乎辭。天地之大德曰生。聖人之大寶曰位。何以守位曰人。何以聚人曰財。理財正辭禁民爲非曰義。◯古者包犧氏之王

天下也仰則觀象於天俯則觀法於地觀鳥獸之
文與地之宜近取諸身遠取諸物於是始作八卦
以通神明之德以類萬物之情作結繩而爲網罟
以佃以漁蓋取諸離包犧氏沒神農氏作斲木爲
耜揉木爲耒耒耨之利以教天下蓋取諸益日中
爲市致天下之民聚天下之貨交易而退各得其
所蓋取諸噬嗑神農氏沒黃帝堯舜氏作通其變
使民不倦神而化之使民宜之易窮則變變則通
通則久是以自天祐之吉无不利黃帝堯舜垂衣

裳而天下治蓋取諸乾坤刳木爲舟剡木爲楫舟
楫之利以濟不通致遠以利天下蓋取諸渙服牛
乘馬引重致遠以利天下蓋取諸隨重門擊柝以
待暴客蓋取諸豫斷木爲杵掘地爲臼臼杵之利
萬民以濟蓋取諸小過弦木爲弧剡木爲矢弧矢
之利以威天下蓋取諸睽上古穴居而野處後世
聖人易之以宮室上棟下宇以待風雨蓋取諸大
壯古之葬者厚衣之以薪葬之中野不封不樹喪
期无數後世聖人易之以棺椁蓋取諸大過上古

結繩而治後世聖人易之以書契百官以治萬民以察蓋取諸夬○是故易者象也象也者像也彖者材也爻也者效天下之動者也是故吉凶生而悔吝著也○陽卦多陰陰卦多陽其故何也陽卦奇陰卦耦其德行何也陽一君而二民君子之道也陰二君而一民小人之道也○易曰憧憧往來朋從爾思子曰天下何思何慮天下同歸而殊塗一致而百慮天下何思何慮日往則月來月往則日來日月相推而明生焉寒往則暑來暑往則寒

來寒暑相推而歲成焉。往者屈也。來者信也。屈信相感而利生焉。尺蠖之屈以求信也。龍蛇之蟄以存身也。精義入神以致用也。利用安身以崇德也。過此以往未之或知也。窮神知化德之盛也。易曰困于石據于蒺藜入于其宮不見其妻凶。子曰非所困而困焉名必辱。非所據而據焉身必危。既辱且危死期將至妻其可得見邪。易曰公用射隼于高墉之上獲之无不利。子曰隼者禽也。弓矢者器也。射之者人也。君子藏器於身待時而動何不利

之有動而不括是以出而有獲語成器而動者也
子曰小人不恥不仁不畏不義不見利不勸不威
不懲小懲而大誡此小人之福也易曰履校滅趾
无咎此之謂也善不積不足以成名惡不積不足
以滅身小人以小善爲无益而弗爲也以小惡爲
无傷而弗去也故惡積而不可掩罪大而不可解
易曰何校滅耳凶子曰危者安其位者也亡者保
其存者也亂者有其治者也是故君子安而不忘
危存而不忘亡治而不忘亂是以身安而國家可

保也易曰其亡其亡繫于包桑子曰德薄而位尊知小而謀大力小而任重鮮不及矣易曰鼎折足覆公餗其形渥凶言不勝其任也子曰知幾其神乎君子上交不諂下交不瀆其知幾乎幾者動之微吉之先見者也君子見幾而作不俟終日易曰介于石不終日貞吉介如石焉寧用終日斷可識矣君子知微知彰知柔知剛萬夫之望子曰顏氏之子其殆庶幾乎有不善未嘗不知知之未嘗復行也易曰不遠復无祇悔元吉天地絪縕萬物化

醇男女構精萬物化生易曰三人行則損一人一
人行則得其友言致一也子曰君子安其身而後
動易其心而後語定其交而後求君子修此三者
故全也危以動則民不與也懼以語則民不應也
无交而求則民不與也莫之與則傷之者至矣易
曰莫益之或擊之立心勿恒凶○子曰乾坤其易
之門邪乾陽物也坤陰物也陰陽合德而剛柔有
體以體天地之撰以通神明之德其稱名也雜而
不越於稽其類其衰世之意邪夫易彰往而察來

而微顯闡幽開而當名辨物正言斷辭則備矣其
稱名也小其取類也大其旨遠其辭文其言曲而
中其事肆而隱因貳以濟民行以明得失之報○
易之興也其於中古乎作易者其有憂患乎是故
履德之基也謙德之柄也復德之本也恒德之固
也損德之修也益德之裕也困德之辨也井德之
地也巽德之制也履和而至謙尊而光復小而辨
於物恒雜而不厭損先難而後易益長裕而不設
困窮而通井居其所而遷巽稱而隱履以和行謙

以制禮復以自知恒以一德損以遠害益以興利
困以寡怨井以辨義巽以行權○易之爲書也不
可遠爲道也屢遷變動不居周流六虚上下无常
剛柔相易不可爲典要唯變所適其出入以度外
内使知懼又明於憂患與故无有師保如臨父母
初率其辭而揆其方既有典常苟非其人道不虚
行○易之爲書也原始要終以爲質也六爻相雜
唯其時物也其初難知其上易知本末也初辭擬
之卒成之終若夫雜物撰德辯是與非則非其中

爻不備噫亦要存亡吉凶則居可知矣知者觀其彖辭則思過半矣二與四同功而異位其善不同二多譽四多懼近也柔之爲道不利遠者其要无咎其用柔中也三與五同功而異位三多凶五多功貴賤之等也其柔危其剛勝邪○易之爲書也廣大悉備有天道焉有人道焉有地道焉兼三才而兩之故六六者非他也三才之道也道有變動故曰爻爻有等故曰物物相雜故曰文文不當故吉凶生焉○易之興也其當殷之末世周之盛德

邪當文王與紂之事邪是故其辭危危者使平易
者使傾其道甚大百物不廢懼以終始其要无咎
此之謂易之道也○夫乾天下之至健也德行恒
易以知險夫坤天下之至順也德行恒簡以知阻
能說諸心能研諸侯之慮定天下之吉凶成天下
之亹亹者是故變化云爲吉事有祥象事知器占
事知來天地設位聖人成能人謀鬼謀百姓與能
八卦以象告爻彖以情言剛柔雜居而吉凶可見
矣變動以利言吉凶以情遷是故愛惡相攻而吉

凶生遠近相取而悔吝生情僞相感而利害生凡
易之情近而不相得則凶或害之悔且吝將叛者
其辭慙中心疑者其辭枝吉人之辭寡躁人之辭
多誣善之人其辭游失其守者其辭屈

文言

元者善之長也亨者嘉之會也利者義之和也貞
者事之幹也君子體仁足以長人嘉會足以合禮
利物足以和義貞固足以幹事君子行此四德者
故曰乾元亨利貞初九曰潛龍勿用何謂也子曰

龍德而隱者也。不易乎世，不成乎名，遯世无悶，不見是而无悶，樂則行之，憂則違之，確乎其不可拔，潛龍也。九二曰：見龍在田，利見大人。何謂也。子曰：龍德而正中者也。庸言之信，庸行之謹，閑邪存其誠，善世而不伐，德博而化。易曰：見龍在田，利見大人，君德也。九三曰：君子終日乾乾，夕惕若，厲，无咎。何謂也。子曰：君子進德修業。忠信所以進德也，修辭立其誠所以居業也。知至至之，可與幾也。知終終之，可與存義也。是故居上位而不驕，在下位而不憂故乾乾因其時而惕雖危无咎矣九四曰或躍在淵无咎何謂也子曰上下无常非爲邪也進退无恒非離群也君子進德修業欲及時也故无咎九五曰飛龍在天利見大人何謂也子曰同聲相應同氣相求水流濕火就燥雲從龍風從虎聖人作而萬物覩本乎天者親上本乎地者親下則各從其類也上九曰亢龍有悔何謂也子曰貴而无位高而无民賢人在下位而无輔是以動而有悔也潛龍勿用下也見龍在田時舍也終日乾乾

行事也。或躍在淵自試也。飛龍在天上治也。亢龍有悔窮之災也。乾元用九天下治也。潛龍勿用陽氣潛藏。見龍在田天下文明。終日乾乾與時偕行。或躍在淵乾道乃革。飛龍在天乃位乎天德。亢龍有悔與時偕極。乾元用九乃見天則。乾元者始而亨者也。利貞者性情也。乾始能以美利利天下。不言所利大矣哉。大哉乾乎剛健中正。純粹精也。六爻發揮旁通情也。時乘六龍以御天也。雲行雨施天下平也。君子以成德爲行。日可見之行也。潛之爲言也隱而未見行而未成是以君子弗用也君子學以聚之問以辯之寬以居之仁以行之易曰見龍在田利見大人君德也九三重剛而不中上不在天下不在田故乾乾因其時而惕雖危无咎矣九四重剛而不中上不在天下不在田中不在人故或之或之者疑之也故无咎夫大人者與天地合其德與日月合其明與四時合其序與鬼神合其吉凶先天而天弗違後天而奉天時天且弗違而況於人乎況於鬼神乎亢之爲言也知進而

不知退知存而不知亡知得而不知喪其唯聖人乎知進退存亡而不失其正者其唯聖人乎○坤至柔而動也剛至靜而德方後得主而有常含萬物而化光坤道其順乎承天而時行積善之家必有餘慶積不善之家必有餘殃臣弑其君子弑其父非一朝一夕之故其所由來者漸矣由辯之不早辯也易曰履霜堅冰至蓋言順也直其正也方其義也君子敬以直内義以方外敬義立而德不孤直方大不習无不利則不疑其所行也陰雖有

美含之以從王事弗敢成也地道也妻道也臣道也地道无成而代有終也天地變化草木蕃天地閉賢人隱易曰括囊无咎无譽蓋言謹也君子黃中通理正位居體美在其中而暢於四支發於事業美之至也陰疑於陽必戰爲其嫌於无陽也故稱龍焉猶未離其類也故稱血焉夫玄黃者天地之雜也天玄而地黃

說卦傳

昔者聖人之作易也幽贊於神明而生蓍參天兩

地而倚數觀變於陰陽而立卦發揮於剛柔而生爻和順於道德而理於義窮理盡性以至於命○昔者聖人之作易也將以順性命之理是以立天之道曰陰與陽立地之道曰柔與剛立人之道曰仁與義兼三才而兩之故易六畫而成卦分陰分陽迭用柔剛故易六位而成章○天地定位山澤通氣雷風相薄水火不相射八卦相錯數往者順知來者逆是故易逆數也○雷以動之風以散之雨以潤之日以晅之艮以止之兌以說之乾以君

之坤以藏之○帝出乎震齊乎巽相見乎離致役乎坤說言乎兌戰乎乾勞乎坎成言乎艮萬物出乎震震東方也齊乎巽巽東南也齊也者言萬物之潔齊也離也者明也萬物皆相見南方之卦也聖人南面而聽天下嚮明而治蓋取諸此也坤也者地也萬物皆致養焉故曰致役乎坤兌正秋也萬物之所說也故曰說言乎兌戰乎乾乾西北之卦也言陰陽相薄也坎者水也正北方之卦也勞卦也萬物之所歸也故曰勞乎坎艮東北之卦也

萬物之所成終而所成始也故曰成言乎艮○神
也者妙萬物而爲言者也動萬物者莫疾乎雷撓
萬物者莫疾乎風燥萬物者莫熯乎火說萬物者
莫說乎澤潤萬物者莫潤乎水終萬物始萬物者
莫盛乎艮故水火相逮雷風不相悖山澤通氣然
後能變化既成萬物也○乾健也坤順也震動也
巽入也坎陷也離麗也艮止也兌說也○乾爲馬
坤爲牛震爲龍巽爲雞坎爲豕離爲雉艮爲狗兌
爲羊○乾爲首坤爲腹震爲足巽爲股坎爲耳離

爲目艮爲手兌爲口○乾天也故稱乎父坤地也故稱乎母震一索而得男故謂之長男巽一索而得女故謂之長女坎再索而得男故謂之中男離再索而得女故謂之中女艮三索而得男故謂之少男兌三索而得女故謂之少女○乾爲天爲圜爲君爲父爲玉爲金爲寒爲冰爲大赤爲良馬爲老馬爲瘠馬爲駁馬爲木果坤爲地爲母爲布爲釜爲吝嗇爲均爲子母牛爲大輿爲文爲衆爲柄其於地也爲黑震爲雷爲龍爲玄黃爲旉爲大塗

爲長子爲決躁爲蒼筤竹爲萑葦其於馬也爲善
鳴爲馵足爲作足爲的顙其於稼也爲反生其究
爲健爲蕃鮮巽爲木爲風爲長女爲繩直爲工爲
白爲長爲高爲進退爲不果爲臭其於人也爲寡
髮爲廣顙爲多白眼爲近利市三倍其究爲躁卦
坎爲水爲溝瀆爲隱伏爲矯輮爲弓輪其於人也
爲加憂爲心病爲耳痛爲血卦爲赤其於馬也爲
美脊爲亟心爲下首爲薄蹄爲曳其於輿也爲多
眚爲通爲月爲盜其於木也爲堅多心離爲火爲

日爲電爲中女爲甲胄爲戈兵其於人也爲大腹爲乾卦爲鼈爲蟹爲蠃爲蚌爲龜其於木也爲科上槁艮爲山爲徑路爲小石爲門闕爲果蓏爲閽寺爲指爲狗爲鼠爲黔喙之屬其於木也爲堅多節兌爲澤爲少女爲巫爲口舌爲毀折爲附決其於地也爲剛鹵爲妾爲羊

序卦傳

有天地然後萬物生焉盈天地之閒者唯萬物故受之以屯屯者盈也屯者物之始生也物生必蒙

故受之以蒙蒙者蒙也物之穉也。物穉不可不養也。故受之以需需者飲食之道也飲食必有訟故受之以訟訟必有衆起故受之以師師者衆也衆必有所比故受之以比比者比也比必有所畜故受之以小畜物畜然後有禮故受之以履履而泰然後安故受之以泰泰者通也。物不可以終通故受之以否物不可以終否。故受之以同人與人同者物必歸焉。故受之以大有有大者不可以盈故受之以謙有大而能謙必豫故受之以豫豫必有隨故受之以隨以喜隨人者必有事故受之以蠱。蠱者事也。有事而後可大故受之以臨臨者大也。物大然後可觀。故受之以觀可觀而後有所合故受之以噬嗑。嗑者合也物不可以苟合而已故受之以賁賁者飾也致飾然後亨則盡矣。故受之以剝剝者剝也物不可以終盡剝窮上反下故受之以復。復則不妄矣故受之以无妄有无妄然後可畜。故受之以大畜物畜然後可養故受之以頤頤者養也。不養則不可動故受之以大過物不可以終過故受之以坎坎者陷也陷必有所麗故受之以離離者麗也○有天地然後有萬物有萬物然後有男女有男女然後有夫婦有夫婦然後有父子有父子然後有君臣有君臣然後有上下有上下然後禮義有所錯夫婦之道不可以不久也故受之以恒恒者久也物不可以久居其所故受之以遯遯者退也物不可以終遯故受之以大壯物不可以終壯故受之以晉晉者進也進必有所傷故受之以明夷夷者傷也傷於外者必反其家故

受之以家人家道窮必乖故受之以睽睽者乖也乖必有難故受之以蹇蹇者難也物不可以終難故受之以解解者緩也緩必有所失故受之以損損而不已必益故受之以益益而不已必決故受之以夬夬者決也決必有所遇故受之以姤姤者遇也物相遇而後聚故受之以萃萃者聚也聚而上者謂之升故受之以升升而不已必困故受之以困困乎上者必反下故受之以井井道不可不革故受之以革革物者莫若鼎故受之以鼎主器

者莫若長子故受之以震震者動也。物不可以終
動止之。故受之以艮艮者止也。物不可以終止故
受之以漸漸者進也進必有所歸故受之以歸妹
得其所歸者必大故受之以豐豐者大也。窮大者
必失其居故受之以旅旅而无所容。故受之以巽。
巽者入也。入而後說之故受之以兌兌者說也說
而後散之故受之以渙渙者離也。物不可以終離。
故受之以節節而信之故受之以中孚有其信者
必行之故受之以小過有過物者必濟故受之以

既濟物不可窮也。故受之以未濟終焉

雜卦傳

乾剛坤柔。比樂師憂。臨觀之義。或與或求。屯見而不失其居。蒙雜而著。震起也。艮止也。損益盛衰之始也。大畜時也。无妄災也。萃聚而升不來也。謙輕而豫怠也。噬嗑食也。賁无色也。兌見而巽伏也。隨无故也。蠱則飭也。剝爛也。復反也。晉晝也。明夷誅也。井通而困相遇也。咸速也。恒久也。渙離也。節止也。解緩也。蹇難也。睽外也。家人內也。否泰反其類也大壯則止遯則退也大有衆也同人親也革去故也鼎取新也小過過也中孚信也豐多故親寡旅也離上而坎下也小畜寡也履不處也需不進也訟不親也大過顚也姤遇也柔遇剛也漸女歸待男行也頤養正也既濟定也歸妹女之終也未濟男之窮也夬決也剛決柔也君子道長小人道憂也

易經卷下終

尚書訓點

[日] 林羅山 撰

書集傳序

慶元己未冬先生文公令沈作書集傳明年先生歿又十年始克成編總若干萬言嗚呼書豈易言哉二帝三王治天下之大經大法皆載此書而淺見薄識豈足以盡發蘊奥且生於數千載之下而欲講明於數千載之前亦已難矣然二帝三王之治本於道二帝三王之道本於心得其心則道與治固可得而言

矣何者精一執中堯舜禹相授之心法也建中建極商湯周武相傳之心法也曰德曰仁曰敬曰誠言雖殊而理則一無非所以明此心之妙也至於言天則嚴其心之所自出言民則謹其心之所由施禮樂教化心之發也典章文物心之著也家齊國治而天下平心之推也心之德其盛矣乎二帝三王存此心者也夏桀商受亡此心者也太甲成王困

而存此心者也存則治亡則亂治亂之分顧其心之存不存如何耳後世人主有志於二帝三王之治不可不求其道有志於二帝三王之道不可不求其心求心之要舍是書何以哉沉自受讀以來沉潛其義參攷衆說融會貫通迺敢折衷微辭奧旨多述舊聞二典禹謨先生蓋嘗是正手澤尚新嗚呼惜哉集傳本先生所命故凡引用師說不復識別

四代之書分爲六卷文以時異治以道同聖人之心見於書猶化工之妙著於物非精深不能識也是傳也於堯舜禹湯文武周公之心雖未必能造其微於堯舜禹湯文武周公之書因是訓詁亦可得其指意之大略矣嘉定已己三月既望武夷蔡沉序

尚書

虞書

堯典

曰若稽古帝堯曰放勳欽明文思安安允恭克讓
光被四表格于上下克明俊德以親九族九族旣
睦平章百姓百姓昭明協和萬邦黎民於變時雍
○乃命羲和欽若昊天曆象日月星辰敬授人時
分命羲仲宅嵎夷曰暘谷寅賓出日平秩東作日
中星鳥以殷仲春厥民析鳥獸孶尾申命羲叔宅

希革毛希而革易也夷平毛毨毛落更生也

隩煖也氄毛生細毛以自溫也

釐治也

熙廣也疇誰咨訪問也

嚚口不道忠信之言也

鳩聚僝見也

南交平秩南訛敬致日永星火以正仲夏厥民因鳥獸希革分命和仲宅西曰昧谷寅餞納日平秩西成宵中星虛以殷仲秋厥民夷鳥獸毛毨申命和叔宅朔方曰幽都平在朔易日短星昴以正仲冬厥民隩鳥獸氄毛帝曰咨汝羲暨和朞三百有六旬有六日以閏月定四時成歲允釐百工庶績咸熙○帝曰疇咨若時登庸放齊曰胤子朱啓明帝曰吁嚚訟可乎○帝曰疇咨若予采驩兜曰都共工方鳩僝功帝曰吁靜言庸違象恭滔天○帝

割害懷包襄上也

乂治僉衆共之辭咈不然之辭

方命逆命圮敗

巽遜通錫與也

俞應許之辭

頑心不則德義之經也女以女妻人也刑法也水北曰汭嬪婦也

曰咨四岳湯湯洪水方割蕩蕩懷山襄陵浩浩滔天下民其咨有能俾乂僉曰於鯀哉帝曰吁咈哉方命圮族岳曰异哉試可乃已帝曰往欽哉九載績用弗成○帝曰咨四岳朕在位七十載汝能庸命巽朕位岳曰否德忝帝位曰明明揚側陋師錫帝曰有鰥在下曰虞舜帝曰俞予聞如何岳曰瞽子父頑母嚚象傲克諧以孝烝烝乂不格姦帝曰我其試哉女于時觀厥刑于二女釐降二女于嬀汭嬪于虞帝曰欽哉

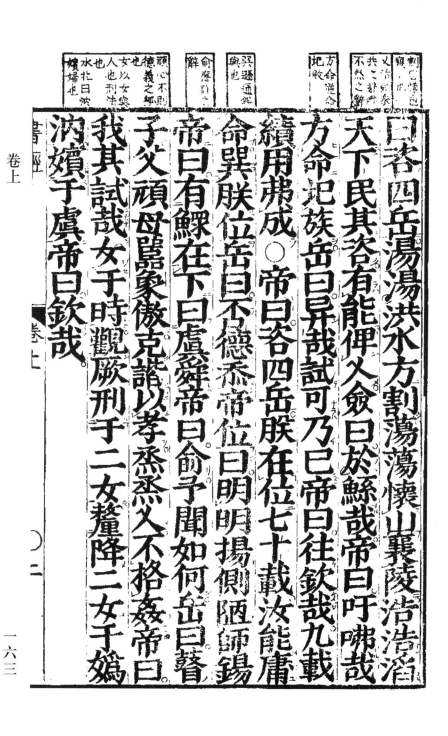

徽美也
麓山足也
格來厎致也
肆遂也
徧[illegible]盡

舜典

曰若稽古帝舜曰重華協于帝濬哲文明溫恭允塞玄德升聞乃命以位愼徽五典五典克從納于百揆百揆時敘賓于四門四門穆穆納于大麓烈風雷雨弗迷○帝曰格汝舜詢事考言乃言厎可績三載汝陟帝位舜讓于德弗嗣正月上日受終于文祖在璿璣玉衡以齊七政肆類于上帝禋于六宗望于山川徧于羣神輯五瑞既月乃日覲四岳羣牧班瑞于羣后歲二月東巡守至于岱宗柴

如五器
五禮之器也

望秩于山川肆覲東后協時月正日同律度量衡修五禮五玉三帛二生一死贄如五器卒乃復五月南巡守至于南岳如岱禮八月西巡守至于西岳如初十有一月朔巡守至于北岳如西禮歸格于藝祖用特五載一巡守羣后四朝敷奏以言明試以功車服以庸肇十有二州封十有二山濬川象以典刑流宥五刑鞭作官刑扑作教刑金作贖刑眚災肆赦怙終賊刑欽哉欽哉惟刑之恤哉流共工于幽洲放驩兜于崇山竄三苗于三危殛鯀

殂落死也　遏絶密静也　奮起也　載事亮明采事惠順疇類也　懋勉也　阻厄也　播布也

于羽山四罪而天下咸服二十有八載帝乃殂落
百姓如喪考妣三載四海遏密八音○月正元日
舜格于文祖詢于四岳闢四門明四目達四聰咨
十有二牧曰食哉惟時柔遠能邇惇德允元而難
任人蠻夷率服○舜曰咨四岳有能奮庸熙帝之
載使宅百揆亮采惠疇僉曰伯禹作司空帝曰俞
咨禹汝平水土惟時懋哉禹拜稽首讓于稷契暨
皐陶帝曰俞汝往哉○帝曰棄黎民阻饑汝后稷
播時百穀○帝曰契百姓不親五品不遜汝作司

猾亂也

典主也

徒敬敷五教在寬○帝曰皋陶蠻夷猾夏寇賊姦宄汝作士五刑有服五服三就五流有宅五宅三居惟明克允○帝曰疇若予工僉曰垂哉帝曰俞咨垂汝共工垂拜稽首讓于殳斨暨伯與帝曰俞往哉汝諧○帝曰疇若予上下草木鳥獸僉曰益哉帝曰俞咨益汝作朕虞益拜稽首讓于朱虎熊羆帝曰俞往哉汝諧○帝曰咨四岳有能典朕三禮僉曰伯夷帝曰俞咨伯汝作秩宗夙夜惟寅直哉惟清伯拜稽首讓于夔龍帝曰俞往欽哉○帝

堲 疾殄絶 也

曰夔命汝典樂教冑子直而溫寬而栗剛而無虐簡而無傲詩言志歌永言聲依永律和聲八音克諧無相奪倫神人以和夔曰於予擊石拊石百獸率舞○帝曰龍朕堲讒說殄行震驚朕師命汝作納言夙夜出納朕命惟允○帝曰咨汝二十有二人欽哉惟時亮天功三載考績三考黜陟幽明庶績咸熙分北三苗○舜生三十徵庸三十在位五十載陟方乃死

大禹謨

祗敬也

眷顧奄盡也

迪道也

咈逆也

曰若稽古大禹曰文命敷于四海祗承于帝曰后
克艱厥后臣克艱厥臣政乃乂黎民敏德帝曰俞
允若茲嘉言罔攸伏野無遺賢萬邦咸寧稽于衆
舍己從人不虐無告不廢困窮惟帝時克○益曰
都帝德廣運乃聖乃神乃武乃文皇天眷命奄有
四海為天下君○禹曰惠迪吉從逆凶惟影響○
益曰吁戒哉儆戒無虞罔失法度罔遊于逸罔淫
于樂任賢勿貳去邪勿疑疑謀勿成百志惟熙罔
違道以干百姓之譽罔咈百姓以從己之欲無怠

董督也

干犯也

無荒四夷來王禹曰於帝念哉德惟善政政在養
民水火金木土穀惟修正德利用厚生惟和九功
惟敘九敘惟歌戒之用休董之用威勸之以九歌
俾勿壞帝曰俞地平天成六府三事允治萬世永
賴時乃功○帝曰格汝禹朕宅帝位三十有三載
耄期倦于勤汝惟不怠總朕師禹曰朕德罔克民
不依皋陶邁種德德乃降黎民懷之帝念哉念茲在
茲釋茲在茲名言茲在茲允出茲在茲惟帝念功
○帝曰皋陶惟茲臣庶罔或干予正汝作士明于

懋盛大之意

五刑以弼五教期于予治刑期于無刑民協于中。
時乃功懋哉皐陶曰帝德罔愆臨下以簡御衆以
寬罰弗及嗣賞延于世宥過無大刑故無小罪疑
惟輕功疑惟重與其殺不辜寧失不經好生之德。
洽于民心兹用不犯于有司帝曰俾予從欲以治
四方風動惟乃之休。帝曰來禹洚水儆予成允
成功惟汝賢克勤于邦克儉于家不自滿假惟汝
賢汝惟不矜天下莫與汝爭能汝惟不伐天下莫
與汝爭功予懋乃德嘉乃丕績天之曆數在汝躬。

枚卜歷卜之也

蔽斷昆後也

汝終陟元后人心惟危道心惟微惟精惟一允執
厥中無稽之言勿聽弗詢之謀勿庸可愛非君可
畏非民衆非元后何戴后非衆罔與守邦欽哉愼
乃有位敬修其可願四海困窮天祿永終惟口出
好興戎朕言不再禹曰枚卜功臣惟吉之從帝曰
禹官占惟先蔽志昆命于元龜朕志先定詢謀僉
同鬼神其依龜筮協從卜不習吉禹拜稽首固辭
帝曰毋惟汝諧正月朔旦受命于神宗率百官若
帝之初○帝曰咨禹惟時有苗弗率汝徂征禹乃

贊佐也

屆至也

誕大也

會群后誓于師曰濟濟有衆咸聽朕命蠢茲有苗昏迷不恭侮慢自賢反道敗德君子在野小人在位民棄不保天降之咎肆予以爾衆士奉辭伐罪爾尚一乃心力其克有勳三旬苗民逆命益贊于禹曰惟德動天無遠弗屆滿招損謙受益時乃天道帝初于歷山往于田日號泣于旻天于父母負罪引慝祗載見瞽瞍夔夔齊慄瞽亦允若至諴感神矧茲有苗禹拜昌言曰俞班師振旅帝乃誕敷文德舞干羽于兩階七旬有苗格

謨謀也

孔壬大包藏凶惡之人也亦總也

皋陶謨

曰若稽古皋陶曰允迪厥德謨明弼諧禹曰俞如何皋陶曰都愼厥身修思永惇叙九族庶明勵翼邇可遠在茲禹拜昌言曰俞皋陶曰都在知人在安民禹曰吁咸若時惟帝其難之知人則哲能官人安民則惠黎民懷之能哲而惠何憂乎驩兜何遷乎有苗何畏乎巧言令色孔壬○皋陶曰都亦行有九德亦言其人有德乃言曰載采采禹曰何皋陶曰寬而栗柔而立愿而恭亂而敬擾而毅直

撫順也凝成也

曠廢也

勑正也

而溫簡而廉剛而塞彊而義彰厥有常吉哉日宣三德夙夜浚明有家日嚴祗敬六德亮采有邦翕受敷施九德咸事俊乂在官百僚師師百工惟時撫于五辰庶績其凝無教逸欲有邦兢兢業業一日二日萬幾無曠庶官天工人其代之天敘有典勑我五典五惇哉天秩有禮自我五禮有庸哉同寅協恭和衷哉天命有德五服五章哉天討有罪五刑五用哉政事懋哉懋哉天聰明自我民聰明天明畏自我民明威達于上下敬哉有土○皐陶

襄成也

昏昏瞀墊都念反溺也奏進也

曰朕言惠可厎行禹曰俞乃言厎可績皐陶曰予未有知思曰贊贊襄哉

益稷

帝曰來禹汝亦昌言禹拜曰都帝予何言予思日孜孜皐陶曰吁如何禹曰洪水滔天浩浩懷山襄陵下民昏墊予乘四載隨山刊木暨益奏庶鮮食予決九川距四海濬畎澮距川暨稷播奏庶艱食鮮食懋遷有無化居烝民乃粒萬邦作乂皐陶曰俞師汝昌言○禹曰都帝愼乃在位帝曰俞禹曰

颺音揚

在察忽治之反也

安汝止惟幾惟康其弼直惟動丕應徯志以昭受上帝天其申命用休帝曰吁臣哉鄰哉鄰哉臣哉禹曰俞帝曰臣作朕股肱耳目予欲左右有民汝翼予欲宣力四方汝爲予欲觀古人之象日月星辰山龍華蟲作會宗彝藻火粉米黼黻絺繡以五采彰施于五色作服汝明予欲聞六律五聲八音在治忽以出納五言汝聽予違汝弼汝無面從退有後言欽四鄰庶頑讒說若不在時侯以明之撻以記之書用識哉欲並生哉工以納言時而颺之

[illegible]近也

格則承之庸之否則威之禹曰。俞哉帝光天之下。至于海隅蒼生萬邦黎獻共惟帝臣惟帝時舉敷納以言明庶以功車服以庸誰敢不讓敢不敬應帝不時敷同日奏罔功無若丹朱傲惟慢遊是好傲虐是作罔晝夜額額罔水行舟朋淫于家用殄厥世予創若時娶于塗山辛壬癸甲啓呱呱而泣予弗子惟荒度土功弼成五服至于五千州十有二師外薄四海咸建五長各迪有功苗頑弗即工。帝其念哉帝曰。迪朕德時乃功惟敘皋陶方祗厥

戛擊考擊也搏至拊循也

勑戒也

賡續也

叢脞煩碎也

叙方施象刑惟明。夔曰戛擊鳴球搏拊琴瑟以詠祖考來格虞賓在位羣后德讓下管鼗鼓合止柷敔笙鏞以間鳥獸蹌蹌簫韶九成鳳凰來儀夔曰於予擊石拊石百獸率舞庶尹允諧。帝庸作歌曰勑天之命惟時惟幾乃歌曰股肱喜哉元首起哉百工熙哉皐陶拜手稽首颺言曰念哉率作興事愼乃憲欽哉屢省乃成欽哉乃賡載歌曰元首明哉股肱良哉庶事康哉又歌曰元首叢脞哉股肱惰哉萬事墮哉帝拜曰俞往欽哉

數分冀定載始治之也

無塊曰壤

墳土脉墳起也繇茂條長也

夏書

禹貢

禹敷土隨山刊木奠高山大川冀州既載壺口治梁及岐既修太原至于岳陽覃懷底績至于衡漳厥土惟白壤厥賦惟上上錯厥田惟中中恒衛既從大陸既作島夷皮服夾右碣石入于河○濟河惟兗州九河既道雷夏既澤灉沮會同桑土既蠶是降丘宅土厥土黑墳厥草惟繇厥木惟條厥田惟中下厥賦貞作十有三載乃同厥貢漆絲厥篚

蓺可種蓺也

埴膩也黏泥如脂之膩也

織文浮于濟漯達于河○海岱惟青州嵎夷既略濰淄其道厥土白墳海濱廣斥厥田惟上下厥賦中上厥貢鹽絺海物惟錯岱畎絲枲鉛松怪石萊夷作牧厥篚檿絲浮于汶達于濟○海岱及淮惟徐州淮沂其乂蒙羽其藝大野既豬東原底平厥土赤埴墳草木漸包厥田惟上中厥賦中中厥貢惟土五色羽畎夏翟嶧陽孤桐泗濱浮磬淮夷蠙珠暨魚厥篚玄纖縞浮于淮泗達于河○淮海惟揚州彭蠡既豬陽鳥攸居三江既入震澤底定篠

般水道得正也

簜既敷厥草惟夭厥木惟喬厥土惟塗泥厥田惟下下厥賦下上上錯厥貢惟金三品瑤琨篠簜齒革羽毛惟木島夷卉服厥篚織貝厥包橘柚錫貢沿于江海達于淮泗○荊及衡陽惟荊州江漢朝宗于海九江孔殷沱潛既道雲土夢作乂厥土惟塗泥厥田惟下中厥賦上下厥貢羽毛齒革惟金三品杶榦栝柏礪砥砮丹惟箘簵楛三邦厎貢厥名包匭菁茅厥篚玄纁璣組九江納錫大龜浮于江沱潛漢逾于洛至于南河○荊河惟豫州伊洛

疏而脈者謂之壚

瀍澗既入于河滎波既豬導菏澤被孟豬厥土惟壤下土墳壚厥田惟中上厥賦錯上中厥貢漆枲絺紵厥篚纖纊錫貢磬錯浮于洛達于河〇華陽黑水惟梁州岷嶓既藝沱潛既道蔡蒙旅平和夷底績厥土青黎厥田惟下上厥賦下中三錯厥貢璆鐵銀鏤砮磬熊羆狐狸織皮西傾因桓是來浮于潛逾于沔入于渭亂于河〇黑水西河惟雍州弱水既西涇屬渭汭漆沮既從灃水攸同荊岐既旅終南惇物至于鳥鼠原隰底績至于豬野三危

既宅三苗丕叙厥土惟黃壤厥田惟上上厥賦中下厥貢惟球琳琅玕浮于積石至于龍門西河會于渭汭○織皮崑崙析支渠搜西戎卽叙○導岍及岐至于荆山逾于河壺口雷首至于太岳厎柱析城至于王屋太行恒山至于碣石入于海西傾朱圉鳥鼠至于太華熊耳外方桐柏至于陪尾導嶓冢至于荆山内方至于大別岷山之陽至于衡山過九江至于敷淺原○導弱水至于合黎餘波入于流沙導黑水至于三危入于南海導河積石

至于龍門南至于華陰東至于底柱又東至于孟
津東過洛汭至于大伾北過洚水至于大陸又北
播爲九河同爲逆河入于海嶓冢導漾東流爲漢
又東爲滄浪之水過三澨至于大別南入于江東
匯澤爲彭蠡東爲北江入于海岷山導江東別爲
沱又東至于澧過九江至于東陵東迆北會爲匯
東爲中江入于海導沇水東流爲濟入于河溢爲
滎東出于陶丘北又東至于菏又東北會于汶又
北東入于海導淮自桐柏東會于泗沂東入于海

導渭自鳥鼠同穴東會于灃又東會于涇又東過
漆沮入于河導洛自熊耳東北會于澗瀍又東會
于伊又東北入于河○九州攸同四隩既宅九山
刊旅九川滌源九澤既陂四海會同六府孔修庶
土交正底慎財賦咸則三壤成賦中邦錫土姓祗
台德先不距朕行五百里甸服百里賦納總二百
里納銍三百里納秸服四百里粟五百里米五百
里侯服百里采二百里男邦三百里諸侯五百里
綏服三百里揆文教二百里奮武衛五百里要服

三百里夷二百里蔡五百里荒服三百里蠻二百
里流東漸于海西被于流沙朔南曁聲教訖于四
海禹錫玄圭告厥成功

甘誓

大戰于甘乃召六卿王曰嗟六事之人予誓告汝
有扈氏威侮五行怠棄三正天用勦絕其命今予
惟恭行天之罰左不攻于左汝不恭命右不攻于
右汝不恭命御非其馬之正汝不恭命用命賞于
祖不用命戮于社予則孥戮汝

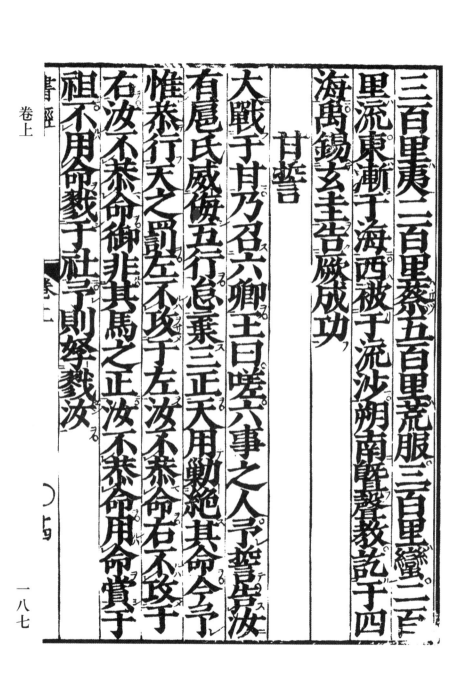

五子之歌

太康尸位以逸豫滅厥德黎民咸貳乃盤遊無度畋于有洛之表十旬弗反有窮后羿因民弗忍距于河厥弟五人御其母以從徯于洛之汭五子咸怨述大禹之戒以作歌○其一曰皇祖有訓民可近不可下民惟邦本本固邦寧予視天下愚夫愚婦一能勝予一人三失怨豈在明不見是圖予臨兆民懍乎若朽索之馭六馬為人上者奈何不敬

○其二曰訓有之內作色荒外作禽荒甘酒嗜音

關通和平也。石百二十斤、鈞三十斤。

峻宇彫牆。有一於此、未或不亡。○其三曰、惟彼陶唐有此冀方。今失厥道、亂其紀綱、乃底滅亡。○其四曰、明明我祖、萬邦之君。有典有則、貽厥子孫。關石和鈞、王府則有。荒墜厥緒、覆宗絕祀。○其五曰、嗚呼曷歸。予懷之悲。萬姓仇予、予將疇依。鬱陶乎予心、顏厚有忸怩。弗慎厥德、雖悔可追。

胤征

惟仲康肇位四海、胤侯命掌六師。羲和廢厥職、酒荒于厥邑。胤后承王命徂征、告于衆曰、嗟予有衆。

俶始也

擾亂也

聖有謨訓明徵定保先王克謹天戒臣人克有常
憲百官修輔厥后惟明明每歲孟春遒人以木鐸
徇于路官師相規工執藝事以諫其或不恭邦有
常刑惟時羲和顛覆厥德沈亂于酒畔官離次俶
擾天紀遐棄厥司乃季秋月朔辰弗集于房瞽奏
鼓嗇夫馳庶人走羲和尸厥官罔聞知昏迷于天
象以干先王之誅政典曰先時者殺無赦不及時
者殺無赦今予以爾有衆奉將天罰爾衆士同力
王室尚弼予欽承天子威命火炎崑岡玉石俱焚

天吏逸德烈于猛火殲厥渠魁脅從罔治舊染汙俗咸與惟新嗚呼威克厥愛允濟愛克厥威允罔功其爾衆士懋戒哉

商書

湯誓

王曰格爾衆庶悉聽朕言非台小子敢行稱亂有夏多罪天命殛之今爾有衆汝曰我后不恤我衆舍我穡事而割正夏予惟聞汝衆言夏氏有罪予畏上帝不敢不正今汝其曰夏罪其如台夏王率

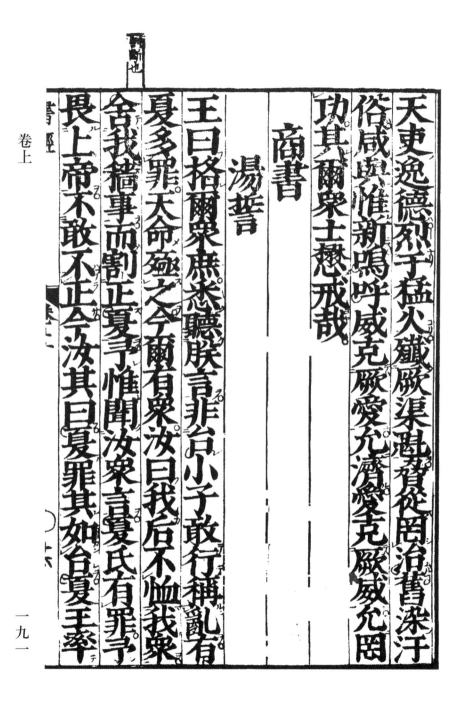

遏衆力率割夏邑有衆率怠弗協曰時日曷喪予及汝皆亡夏德若茲今朕必往爾尚輔予一人致天之罰予其大賚汝爾無不信朕不食言爾不從誓言予則孥戮汝罔有攸赦

仲虺之誥

成湯放桀于南巢惟有慙德曰予恐來世以台爲口實仲虺乃作誥曰嗚呼惟天生民有欲無主乃亂惟天生聰明時乂有夏昏德民墜塗炭天乃錫王勇智表正萬邦纘禹舊服茲率厥典奉若天命

爽明也

懋茂同

蘇復生也

夏王有罪矯誣上天以布命于下帝用不臧式商受命用爽厥師簡賢附勢寔繁有徒肇我邦于有夏若苗之有莠若粟之有秕小大戰戰罔不懼于非辜矧予之德言足聽聞惟王不邇聲色不殖貨利德懋懋官功懋懋賞用人惟已改過不吝克寬克仁彰信兆民乃葛伯仇餉初征自葛東征西夷怨南征北狄怨曰奚獨後予攸徂之民室家相慶曰徯予后后來其蘇民之戴商厥惟舊哉佑賢輔德顯忠遂良兼弱攻昧取亂侮亡推亡固存邦乃

其昌德日新萬邦惟懷志自滿九族乃離王懋昭
大德建中于民以義制事以禮制心垂裕後昆予
聞曰能自得師者王謂人莫己若者亡好問則裕
自用則小嗚呼愼厥終惟其始殖有禮覆昏暴欽
崇天道永保天命

湯誥

誕大也　皇大也　猷道也

王歸自克夏至于亳誕告萬方王曰嗟爾萬方有
衆明聽予一人誥惟皇上帝降衷于下民若有恒
性克綏厥猷惟后夏王滅德作威以敷虐于爾萬

方百姓爾萬方百姓罹其凶害弗忍荼毒並告無
辜于上下神祇天道福善禍淫降災于夏以彰厥
罪肆台小子將天命明威不敢赦敢用玄牡敢昭
告于上天神后請罪有夏聿求元聖與之戮力以
與爾有衆請命上天孚佑下民罪人黜伏天命弗
僭賁若草木兆民允殖俾予一人輯寧爾邦家茲
朕未知獲戾于上下慄慄危懼若將隕于深淵凡
我造邦無從匪彝無即慆淫各守爾典以承天休
爾有善朕弗敢蔽罪當朕躬弗敢自赦惟簡在上

忱信也

帝之心。其爾萬方有罪。在予一人。予一人有罪。無
以爾萬方。嗚呼。尚克時忱。乃亦有終。

伊訓

惟元祀十有二月乙丑。伊尹祠于先王。奉嗣王祇
見厥祖。侯甸羣后咸在。百官總己以聽冢宰。伊尹
乃明言烈祖之成德。以訓于王。曰。嗚呼。古有夏先
后。方懋厥德。罔有天災。山川鬼神。亦莫不寧。暨鳥
獸魚鼈咸若。于其子孫弗率。皇天降災。假手于我
有命。造攻自鳴條。朕哉自亳。惟我商王。布昭聖武

代虐以寬兆民允懷今王嗣厥德罔不在初立愛惟親立敬惟長始于家邦終于四海嗚呼先王肇修人紀從諫弗咈先民時若居上克明爲下克忠與人不求備檢身若不及以至于有萬邦玆惟艱哉敷求哲人俾輔于爾後嗣制官刑儆于有位曰敢有恒舞于宮酣歌于室時謂巫風敢有殉于貨色恒于遊畋時謂淫風敢有侮聖言逆忠直遠耆德比頑童時謂亂風惟玆三風十愆卿士有一于身家必喪邦君有一于身國必亡臣下不匡其刑

墨具訓于蒙士。嗚呼嗣王祗厥身念哉聖謨洋洋。嘉言孔彰。惟上帝不常作善降之百祥作不善降之百殃。爾惟德罔小萬邦惟慶爾惟不德罔大墜厥宗。

太甲上

惠順也諟古是字

周忠信也

惟嗣王不惠于阿衡伊尹作書曰。先王顧諟天之明命以承上下神祇社稷宗廟罔不祗肅天監厥德用集大命撫綏萬方惟尹躬克左右厥辟宅師。肆嗣王丕承基緒惟尹躬先見于西邑夏自周有

機弩牙括矢括也

終相亦惟終其後嗣王罔克有終相亦罔終嗣王戒哉祗爾厥辟辟不辟忝厥祖王惟庸罔念聞伊尹乃言曰先王昧爽丕顯坐以待旦旁求俊彥啓迪後人無越厥命以自覆愼乃儉德惟懷永圖若虞機張往省括于度則釋欽厥止率乃祖攸行惟朕以懌萬世有辭王未克變伊尹曰玆乃不義習與性成予弗狎于弗順營于桐宮密邇先王其訓無俾世迷王徂桐宮居憂克終允德

太甲中

戾罪也孽災逭逃也

惟三祀十有二月朔伊尹以冕服奉嗣王歸于亳作書曰民非后罔克胥匡以生后非民罔以辟四方皇天眷佑有商俾嗣王克終厥德實萬世無疆之休王拜手稽首曰予小子不明于德自底不類欲敗度縱敗禮以速戾于厥躬天作孽猶可違自作孽不可逭既往背師保之訓弗克于厥初尚賴匡救之德圖惟厥終伊尹拜手稽首曰修厥身允德協于下惟明后先王子惠困窮民服厥命罔有不悅並其有邦厥鄰乃曰徯我后后來無罰王懋

乃德。視乃烈祖。無時豫怠。奉先思孝。接下思恭。視遠惟明。聽德惟聰。朕承王之休無斁。

太甲下

伊尹申誥于王曰。嗚呼。惟天無親。克敬惟親。民罔常懷。懷于有仁。鬼神無常享。享于克誠。天位艱哉。德惟治。否德亂。與治同道罔不興。與亂同事罔不亡。終始慎厥與。惟明明后。先王惟時懋敬厥德。克配上帝。今王嗣有令緒。尚監茲哉。若升高必自下。若陟遐必自邇。無輕民事惟難。無安厥位惟危。慎

諶信也

終于始有言逆于汝心必求諸道有言遜于汝志必求諸非道嗚呼弗慮胡獲弗爲胡成一人元良萬邦以貞君罔以辯言亂舊政臣罔以寵利居成功邦其永孚于休

咸有一德

伊尹既復政厥辟將告歸乃陳戒于德曰嗚呼天難諶命靡常常厥德保厥位厥德靡常九有以亡夏王弗克庸德慢神虐民皇天弗保監于萬方啓迪有命眷求一德俾作神主惟尹躬暨湯咸有一

德。克享天心受天明命以有九有之師爰革夏正
非天私我有商惟天佑于一德非商求于下民惟
民歸于一德。德惟一動罔不吉德二三動罔不凶
惟吉凶不僭在人惟天降災祥在德今嗣王新服
厥命惟新厥德終始惟一時乃日新任官惟賢才。
左右惟其人。臣為上為德為下為民其難其慎惟
和惟一德無常師主善為師善無常主協于克一
俾萬姓咸曰大哉王言又曰一哉王心克綏先王
之祿永底烝民之生嗚呼七世之廟可以觀德萬

籲呼矢誓也

劉殺也

夫之長可以觀政后非民罔使民非后罔事無自廣以狹人匹夫匹婦不獲自盡民主罔與成厥功

盤庚上

盤庚遷于殷民不適有居率籲衆慼出矢言曰我王來既爰宅于茲重我民無盡劉不能胥匡以生卜稽曰其如台先王有服恪謹天命茲猶不常寧不常厥邑于今五邦今不承于古罔知天之斷命矧曰其克從先王之烈若顛木之有由蘖天其永我命于茲新邑紹復先王之大業底綏四方盤庚

斆教也

紊亂也

戎大也

斆于民由乃在位以常舊服正法度曰無或敢伏
小人之攸箴王命衆悉至于庭王若曰格汝衆予
告汝訓汝猷黜乃心無傲從康古我先王亦惟圖
任舊人共政王播告之修不匿厥指王用丕欽罔
有逸言民用丕變今汝聒聒起信險膚予弗知乃
所訟非予自荒茲德惟汝含德不惕予一人予若
觀火予亦拙謀作乃逸若網在綱有條而不紊若
農服田力穡乃亦有秋汝克黜乃心施實德于民
至于婚友丕乃敢大言汝有積德乃不畏戎毒于

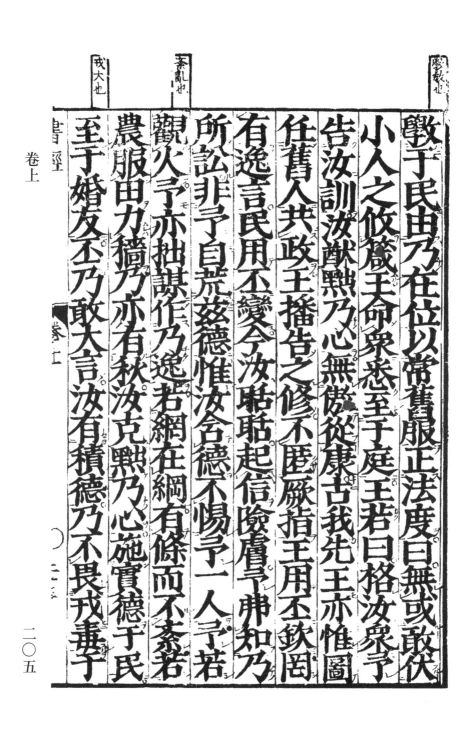

昬强也

奉承恫痛也

憸民小民也

靖安也

遠邇惰農自安不昬作勞不服田畝越其罔有黍稷汝不和吉言于百姓惟汝自生毒乃敗禍姦宄以自災于厥身乃既先惡于民乃奉其恫汝悔身何及相時憸民猶胥顧于箴言其發有逸口矧予制乃短長之命汝曷弗告朕而胥動以浮言恐沈于衆若火之燎于原不可嚮邇其猶可撲滅則惟爾衆自作弗靖非予有咎遲任有言曰人惟求舊器非求舊惟新古我先王暨乃祖乃父胥及逸勤予敢動用非罰世選爾勞予不掩爾善茲予大享

于先王爾祖其從與享之作福作災予亦不敢動用非德予告汝于難若射之有志汝無侮老成人無弱孤有幼各長于厥居勉出乃力聽予一人之作猷無有遠邇用罪伐厥死用德彰厥善邦之臧惟汝衆邦之不臧惟予一人有佚罰凡爾衆其惟致告自今至于後日各恭爾事齊乃位度乃口罰及爾身弗可悔

盤庚中

盤庚作惟涉河以民遷乃話民之弗率誕告用亶

承敬也浮之言勝也

其有衆咸造勿褻在王庭盤庚乃登進厥民曰明聽朕言無荒失朕命嗚呼古我前后罔不惟民之承保后胥慼鮮以不浮于天時殷降大虐先王不懷厥攸作視民利用遷汝曷弗念我古后之聞承汝俾汝惟喜康共非汝有咎比于罰予若籲懷茲新邑亦惟汝故以丕從厥志今予將試以汝遷安定厥邦汝不憂朕心之攸困乃咸大不宣乃心欽念以忱動予一人爾惟自鞠自苦若乘舟汝不濟臭厥載爾忱不屬惟胥以沈不其或稽自怒曷瘳

汝不謀長以思乃災汝誕勸憂今其有今罔後汝
何生在上今予命汝一無起穢以自臭恐人倚乃
身迂乃心予迓續乃命于天予豈汝威用奉畜汝
衆予念我先神后之勞爾先予丕克羞爾用懷爾
然失于政陳于茲高后丕乃崇降罪疾曰曷虐朕
民汝萬民乃不生生暨予一人猷同心先后丕降
與汝罪疾曰曷不暨朕幼孫有比故有爽德自上
其罰汝汝罔能迪古我先后既勞乃祖乃父汝共
作我畜民汝有戕則在乃心我先后綏乃祖乃父

亂治也

恤憂也

乃祖乃父乃斷棄汝不救乃死茲予有亂政同位具乃貝玉乃祖乃父丕乃告我高后曰作丕刑于朕孫迪高后丕乃崇降弗祥嗚呼今予告汝不易永敬大恤無胥絶遠汝分猷念以相從各設中于乃心乃有不吉不迪顛越不恭暫遇姦宄我乃劓殄滅之無遺育無俾易種于茲新邑往哉生生今予將試以汝遷永建乃家

盤庚下

盤庚既遷奠厥攸居乃正厥位綏爰有衆曰無戲

歷盡也

弔至也

宏賁皆大也

隱痛也

肩任也

怠懋建大命今予其敷心腹腎腸歷告爾百姓于朕志罔罪爾衆爾無共怒協比讒言予一人古我先王將多于前功適于山用降我凶德嘉績于朕邦今我民用蕩析離居罔有定極爾謂朕曷震動萬民以遷肆上帝將復我高祖之德亂越我家朕及篤敬恭承民命用永地于新邑肆予沖人非廢厥謀弔由靈各非敢違卜用宏茲賁嗚呼邦伯師長百執事之人尚皆隱哉予其懋簡相爾念敬我衆朕不肩好貨敢恭生生鞠人謀人之保居敘欽

羞進總聚

築居也

今我既羞告爾于朕志若否罔有弗欽無總于貨
寶生生自庸式敷民德永肩一心

說命上

王宅憂亮陰三祀既免喪其惟弗言羣臣咸諫于
王曰嗚呼知之曰明哲明哲實作則天子惟君萬
邦百官承式王言惟作命不言臣下罔攸稟令王
庸作書以誥曰以台正于四方台恐德弗類茲故
不言恭默思道夢帝賚予良弼其代予言乃審厥
象俾以形旁求于天下說築傅巖之野惟肖爰立

作相。王置諸其左右。命之曰。朝夕納誨。以輔台德。若金。用汝作礪。若濟巨川。用汝作舟楫。若歲大旱。用汝作霖雨。啓乃心。沃朕心。若藥弗瞑眩。厥疾弗瘳。若跣弗視地。厥足用傷。惟暨乃僚。罔不同心。以匡乃辟。俾率先王。迪我高后。以康兆民。嗚呼。欽予時命。其惟有終。說復于王曰。惟木從繩則正。后從諫則聖。后克聖。臣不命其承。疇敢不祗若王之休命。

說命中

惟說命總百官。乃進于王曰。嗚呼。明王奉若天道。

建邦設都樹后王君公承以大夫師長不惟逸豫惟以亂民惟天聰明惟聖時憲惟臣欽若惟民從乂惟口起羞惟甲冑起戎惟衣裳在笥惟干戈省厥躬王惟戒茲允茲克明乃罔不休惟治亂在庶官官不及私昵惟其能爵罔及惡德惟其賢慮善以動動惟厥時有其善喪厥善矜其能喪厥功惟事事乃其有備有備無患無啓寵納侮無恥過作非惟厥攸居政事惟醇黷于祭祀時謂弗欽禮煩則亂事神則難王曰旨哉說乃言惟服乃不良于

言予罔聞于行。說拜稽首曰。非知之艱。行之惟艱。王忱不艱。允協于先王成德。惟說不言有厥咎。

說命下

王曰。來汝說。台小子。舊學于甘盤。既乃遯于荒野。入宅于河。自河徂亳。暨厥終罔顯。爾惟訓于朕志。若作酒醴。爾惟麴糵。若作和羹。爾惟鹽梅。爾交修予。罔予棄。予惟克邁乃訓。說曰。王人。求多聞。時惟建事。學于古訓。乃有獲。事不師古。以克永世。匪說攸聞。惟學遜志。務時敏。厥修乃來。允懷于茲。道積

于厥躬惟斅學半念始終典于學厥德修罔覺監
于先王成憲其永無愆惟說式克欽承旁招俊乂
列于庶位王曰嗚呼說四海之內咸仰朕德時乃
風股肱惟人良臣惟聖昔先正保衡作我先王乃
曰予弗克俾厥后惟堯舜其心愧恥若撻于市一
夫不獲則曰時予之辜佑我烈祖格于皇天爾尚
明保予罔俾阿衡專美有商惟后非賢不乂惟賢
非后不食其爾克紹乃辟于先王永綏民說拜稽
首曰敢對揚天子之休命

肜音融

訖絶也

高宗肜日

高宗肜日越有雊雉。祖已曰。惟先格王正厥事乃訓于王曰。惟天監下民典厥義降年有永有不永。非天夭民民中絶命民有不若德不聽罪天既孚命正厥德乃曰其如台嗚呼。王司敬民罔非天胤典祀無豐于昵。

西伯戡黎

西伯既戡黎祖伊恐奔告于王曰。天子。天既訖我殷命格人元龜罔敢知吉非先王不相我後人惟

摯至也

王淫戲用自絶故天棄我不有康食不虞天性不
迪率典今我民罔弗欲喪曰天曷不降威大命不
摯今王其如台王曰嗚呼我生不有命在天祖伊
反曰嗚呼乃罪多參在上乃能責命于天殷之卽
喪指乃功不無戮于爾邦

微子

微子若曰父師少師殷其弗或亂正四方我祖底
遂陳于上我用沈酗于酒用亂敗厥德于下殷罔
不小大好草竊姦宄卿士師師非度凡有辜罪乃

刻害也

罔恒獲小民方興相爲敵讎今殷其淪喪若涉大
水其無津涯殷遂喪越至于今曰父師少師我其
發出狂吾家耄遜于荒今爾無指告予顛隮若之
何其父師若曰王子天毒降災荒殷邦方興沈酗
于酒乃罔畏畏咈其耇長舊有位人今殷民乃攘
竊神祇之犧牷牲用以容將食無災降監殷民用
乂讎斂召敵讎不怠罪合于一多瘠罔詔商今其
有災我興受其敗商其淪喪我罔爲臣僕詔王子
出迪我舊云刻子王子弗出我乃顛隮自靖人自

獻于先王我不顧行遯

書經卷上終

周書

泰誓上

惟十有三年。春大會于孟津。王曰嗟我友邦冢君。越我御事庶士明聽誓。惟天地萬物父母。惟人萬物之靈。亶聰明作元后。元后作民父母。今商王受。弗敬上天。降災下民。沈湎冒色。敢行暴虐。罪人以族。官人以世。惟宮室臺榭陂池侈服。以殘害于爾萬姓。焚炙忠良。刳剔孕婦。皇天震怒。命我文考。肅將天威。大勳未集。肆予小子發。以爾友邦冢君。觀

悛改也夷居倨也

貫盈通滿也

政于商惟受罔有悛心乃夷居弗事上帝神祇遺厥先宗廟弗祀犧牲粢盛既于凶盜乃曰吾有民有命罔懲其侮天佑下民作之君作之師惟其克相上帝寵綏四方有罪無罪予曷敢有越厥志同力度德同德度義受有臣億萬惟億萬心予有臣三千惟一心商罪貫盈天命誅之予弗順天厥罪惟鈞予小子夙夜祗懼受命文考類于上帝宜于冢土以爾有眾底天之罰天矜于民民之所欲天必從之爾尚弼予一人永清四海時哉弗可失

播放也犂黎通

浮過也

泰誓中

惟戊午王次于河朔羣后以師畢會王乃徇師而誓曰嗚呼西土有衆咸聽朕言我聞吉人爲善惟日不足凶人爲不善亦惟日不足今商王受力行無度播棄犂老昵比罪人淫酗肆虐臣下化之朋家作仇脅權相滅無辜籲天穢德彰聞惟天惠民惟辟奉天有夏桀弗克若天流毒下國天乃佑命成湯降黜夏命惟受罪浮于桀剝喪元良賊虐諫輔謂己有天命謂敬不足行謂祭無益謂暴無傷

厥鑒惟不遠在彼夏王天其以予乂民朕夢協朕卜襲于休祥戎商必克受有億兆夷人離心離德予有亂臣十人同心同德雖有周親不如仁人天視自我民視天聽自我民聽百姓有過在予一人今朕必往我武惟揚侵于之疆取彼凶殘我伐用張于湯有光勖哉夫子罔或無畏寧執非敵百姓懍懍若崩厥角嗚呼乃一德一心立定厥功惟克永世

泰誓下

祝斷也

時厥明王乃大巡六師明誓衆士王曰嗚呼我西
土君子天有顯道厥類惟彰今商王受狎侮五常
荒怠弗敬自絕于天結怨于民斮朝涉之脛剖賢
人之心作威殺戮毒痡四海崇信姦回放黜師保
屏棄典刑囚奴正士郊社不修宗廟不享作奇技
淫巧以悅婦人上帝弗順祝降時喪爾其孜孜奉
予一人恭行天罰古人有言曰撫我則后虐我則
讎獨夫受洪惟作威乃汝世讎樹德務滋除惡務
本肆予小子誕以爾衆士殄殲乃讎爾衆士其尚

迪果毅以登乃辟功多有厚賞不迪有顯戮嗚呼惟我文考若日月之照臨光于四方顯于西土惟我有周誕受多方予克受非予武惟朕文考無罪受克予非朕文考有罪惟予小子無良。

牧誓

時甲子昧爽王朝至于商郊牧野乃誓王左杖黃鉞右秉白旄以麾曰逖矣西土之人王曰嗟我友邦冢君御事司徒司馬司空亞旅師氏千夫長百夫長及庸蜀羌髳微盧彭濮人稱爾戈比爾干立

爾矛予其誓王曰古人有言曰牝雞無晨牝雞之晨惟家之索今商王受惟婦言是用昏棄厥肆祀弗答昏棄厥遺王父母弟不迪乃惟四方之多罪逋逃是崇是長是信是使是以爲大夫卿士俾暴虐于百姓以姦宄于商邑今予發惟恭行天之罰今日之事不愆于六步七步乃止齊焉夫子勗哉不愆于四伐五伐六伐七伐乃止齊焉勗哉夫子尚桓桓如虎如貔如熊如羆于商郊弗迓克奔以役西土勗哉夫子爾所弗勗其于爾躬有戮

駿速也

武成

惟一月壬辰旁死魄越翼日癸巳王朝步自周于征伐商厥四月哉生明王來自商至于豐乃偃武修文歸馬于華山之陽放牛于桃林之野示天下弗服丁未祀于周廟邦甸侯衛駿奔走執豆籩越三日庚戌柴望大告武成既生魄庶邦冢君暨百工受命于周王若曰嗚呼羣后惟先王建邦啓土公劉克篤前烈至于太王肇基王迹王季其勤王家我文考文王克成厥勳誕膺天命以撫方夏大

邦畏其力小邦懷其德惟九年大統未集予小子
其承厥志底商之罪告于皇天后土所過名山大
川曰惟有道曾孫周王發將有大正于商今商王
受無道暴殄天物害虐烝民為天下逋逃主萃淵
藪予小子既獲仁人敢祗承上帝以遏亂略華夏
蠻貊罔不率俾恭天成命肆予東征綏厥士女惟
其士女篚厥玄黃昭我周王天休震動用附我大
邑周惟爾有神尚克相予以濟兆民無作神羞既
戊午師渡孟津癸亥陳于商郊俟天休命甲子昧

爽受率其旅若林會于牧野罔有敵于我師前徒
倒戈攻于後以北血流漂杵一戎衣天下大定乃
反商政政由舊釋箕子囚封比干墓式商容閭散
鹿臺之財發鉅橋之粟大賚于四海而萬姓悅服
列爵惟五分土惟三建官惟賢位事惟能重民五
教惟食喪祭惇信明義崇德報功垂拱而天下治

今考定武成

惟一月壬辰旁死魄越翼日癸巳王朝步自周于
征伐商底商之罪告于皇天后土所過名山大川

曰惟有道曾孫周王發將有大正于商今商王受
無道暴殄天物害虐烝民為天下逋逃主萃淵藪
予小子既獲仁人敢祗承上帝以遏亂略華夏蠻
貊罔不率俾惟爾有神尚克相予以濟兆民無作
神羞既戊午師渡孟津癸亥陳于商郊俟天休命
甲子昧爽受率其旅若林會于牧野罔有敵于我
師前徒倒戈攻于後以北血流漂杵一戎衣天下
大定乃反商政政由舊釋箕子囚封比干墓式商
容閭散鹿臺之財發鉅橋之粟大賚于四海而萬

姓悅服厥四月哉生明王來自商至于豐乃偃武修文歸馬于華山之陽放牛于桃林之野示天下弗服既生魄庶邦冢君暨百工受命于周丁未祀于周廟邦甸侯衛駿奔走執豆籩越三日庚戌柴望大告武成王若曰嗚呼羣后惟先王建邦啓土公劉克篤前烈至于太王肇基王迹王季其勤王家我文考文王克成厥勳誕膺天命以撫方夏大邦畏其力小邦懷其德惟九年大統未集予小子其承厥志恭天成命肆予東征綏厥士女惟其士

騭職日反 定也 相去聲 陻塞也

女篚厥玄黃昭我周王天休震動用附我大邑周
列爵惟五分土惟三建官惟賢位事惟能重民五
教惟食喪祭惇信明義崇德報功垂拱而天下治

洪範

惟十有三祀王訪于箕子王乃言曰嗚呼箕子惟
天陰騭下民相協厥居我不知其彝倫攸敘箕子
乃言曰我聞在昔鯀陻洪水汨陳其五行帝乃震
怒不畀洪範九疇彝倫攸斁鯀則殛死禹乃嗣興
天乃錫禹洪範九疇彝倫攸敘○初一曰五行次

二曰敬用五事次三曰農用八政次四曰協用五
紀次五曰建用皇極次六曰乂用三德次七曰明
用稽疑次八曰念用庶徵次九曰嚮用五福威用
六極〇一五行一曰水二曰火三曰木四曰金五
曰土水曰潤下火曰炎上木曰曲直金曰從革土
爰稼穡潤下作鹹炎上作苦曲直作酸從革作辛
稼穡作甘〇二五事一曰貌二曰言三曰視四曰
聽五曰思貌曰恭言曰從視曰明聽曰聰思曰睿
恭作肅從作乂明作哲聰作謀睿作聖〇三八政

爲福也

一曰食二曰貨三曰祀四曰司空五曰司徒六曰
司寇七曰賓八曰師○四五紀一曰歲二曰月三
曰日四曰星辰五曰曆數○五皇極皇建其有極
斂時五福用敷錫厥庶民惟時厥庶民于汝極錫
汝保極凡厥庶民無有淫朋人無有比德惟皇作
極凡厥庶民有猷有爲有守汝則念之不協于極
不罹于咎皇則受之而康而色曰予攸好德汝則
錫之福時人斯其惟皇之極無虐煢獨而畏高明
人之有能有爲使羞其行而邦其昌凡厥正人既

富方穀汝弗能使有好于而家時人斯其辜于其無好德汝雖錫之福其作汝用咎無偏無陂遵王之義無有作好遵王之道無有作惡遵王之路無偏無黨王道蕩蕩無黨無偏王道平平無反無側王道正直會其有極歸其有極曰皇極之敷言是彝是訓于帝其訓凡厥庶民極之敷言是訓是行以近天子之光曰天子作民父母以爲天下王○六三德一曰正直二曰剛克三曰柔克平康正直彊弗友剛克燮友柔克沈潛剛克高明柔克惟辟

作福惟辟作威惟辟玉食臣無有作福作威玉食
臣之有作福作威玉食其害于而家凶于而國人
用側頗僻民用僭忒○七稽疑擇建立卜筮人乃
命卜筮曰雨曰霽曰蒙曰驛曰克曰貞曰悔凡七
卜五占用二衍忒立時人作卜筮三人占則從二
人之言汝則有大疑謀及乃心謀及卿士謀及庶
人謀及卜筮汝則從龜從筮從卿士從庶民從是
之謂大同身其康彊子孫其逢吉汝則從龜從筮
從卿士逆庶民逆吉卿士從龜從筮從汝則逆庶

民逆吉庶民從龜從筮從汝則逆卿士逆吉汝則
從龜從筮逆卿士逆庶民逆作內吉作外凶龜筮
共違于人用靜吉用作凶〇八庶徵曰雨曰暘曰
燠曰寒曰風曰時五者來備各以其叙庶草蕃廡
一極備凶一極無凶曰休徵曰肅時雨若曰乂時
暘若曰哲時燠若曰謀時寒若曰聖時風若曰咎
徵曰狂恒雨若曰僭恒暘若曰豫恒燠若曰急恒
寒若曰蒙恒風若曰王省惟歲卿士惟月師尹惟
日歲月日時無易百穀用成乂用明俊民用章家

用平康日月歲時旣易百穀用不成乂用昏不明
俊民用微家用不寧庶民惟星星有好風星有好
雨日月之行則有冬有夏月之從星則以風雨◯
九五福一曰壽二曰富三曰康寧四曰攸好德五
曰考終命六極一曰凶短折二曰疾三曰憂四曰
貧五曰惡六曰弱

旅獒

獒犬知人心可使者

惟克商遂通道于九夷八蠻西旅厎貢厥獒大保
乃作旅獒用訓于王曰嗚呼明王愼德四夷咸賓

無有遠邇畢獻方物惟服食器用王乃昭德之致
于異姓之邦無替厥服分寶玉于伯叔之國時庸
展親人不易物惟德其物德盛不狎侮狎侮君子
罔以盡人心狎侮小人罔以盡其力不役耳目百
度惟貞玩人喪德玩物喪志志以道寧言以道接
不作無益害有益功乃成不貴異物賤用物民乃
足犬馬非其土性不畜珍禽奇獸不育于國不寶
遠物則遠人格所寶惟賢則邇人安嗚呼夙夜罔
或不勤不矜細行終累大德爲山九仞功虧一簣

允迪茲生民保厥居維乃世王

金縢

既克商二年。王有疾弗豫。二公曰我其為王穆卜。周公曰未可以戚我先王。公乃自以為功。為三壇同墠。為壇於南方北面。周公立焉。植璧秉珪。乃告太王王季文王。史乃冊祝曰惟爾元孫某遘厲虐疾。若爾三王是有丕子之責于天。以旦代某之身。予仁若考能多材多藝能事鬼神乃元孫不若旦多材多藝不能事鬼神乃命于帝庭敷佑四方用

能定爾子孫于下地四方之民罔不祗畏嗚呼無
墜天之降寶命我先王亦永有依歸今我即命于
元龜爾之許我我其以璧與珪歸俟爾命爾不許
我我乃屏璧與珪乃卜三龜一習吉啓籥見書乃
并是吉公曰體王其罔害予小子新命于三王惟
永終是圖茲攸俟能念予一人公歸乃納册于金
縢之匱中王翼日乃瘳○武王既喪管叔及其羣
弟乃流言於國曰公將不利於孺子周公乃告二
公曰我之弗辟我無以告我先王周公居東二年

則罪人斯得。于後公乃為詩以貽王名之曰鴟鴞王亦未敢誚公。秋大熟未穫天大雷電以風禾盡偃大木斯拔邦人大恐王與大夫盡弁以啓金縢之書乃得周公所自以為功代武王之說二公及王乃問諸史與百執事對曰信噫公命我勿敢言王執書以泣曰其勿穆卜昔公勤勞王家惟予沖人弗及知今天動威以彰周公之德惟朕小子其新逆我國家禮亦宜之王出郊天乃雨反風禾則盡起二公命邦人凡大木所偃盡起而築之歲

敷布賁飾也

蠢動也

則大熟

大誥

王若曰猷大誥爾多邦越爾御事弗弔天降割于我家不少延洪惟我幼沖人嗣無疆大歷服弗造哲迪民康矧曰其有能格知天命已予惟小子若涉淵水予惟往求朕攸濟敷賁敷前人受命茲不忘大功予不敢閉于天降威用寧王遺我大寶龜紹天明即命曰有大艱于西土西土人亦不靜越茲蠢殷小腆誕敢紀其敘天降威知我國有疵民

敉撫也武繼也

毖勞也

不康曰予復反鄙我周邦今蠢今翼日民獻有十
夫予翼以于敉寧武圖功我有大事休朕卜并吉
肆予告我友邦君越尹氏庶士御事曰予得吉卜
予惟以爾庶邦于伐殷逋播臣爾庶邦君越庶士
御事罔不反曰艱大民不靜亦惟在王宮邦君室
越予小子考翼不可征王害不違卜肆予沖人永
思艱曰嗚呼允蠢鰥寡哀哉予造天役遺大投艱
于朕身越予沖人不卬自恤義爾邦君越爾多士
尹氏御事綏予曰無毖于恤不可不成乃寧考圖

棐輔也

功已予惟小子不敢替上帝命天休于寧王興我小邦周寧王惟卜用克綏受茲命今天其相民矧亦惟卜用嗚呼天明畏弼我丕丕基王曰爾惟舊人爾丕克遠省爾知寧王若勤哉天閟毖我成功所予不敢不極卒寧王圖事肆予大化誘我友邦君天棐忱辭其考我民予曷其不于前寧人圖功攸終天亦惟用勤毖我民若有疾予曷敢不于前寧人攸受休畢王曰若昔朕其逝朕言艱日思若考作室既厎法厥子乃弗肯堂矧肯構厥父菑厥

子乃弗肯播矧肯穫厥考翼其肯曰予有後弗棄
基肆予曷敢不越卬敉寧王大命若兄考乃有友
伐厥子民養其勸弗救王曰嗚呼肆哉爾庶邦君
越爾御事爽邦由哲亦惟十人迪知上帝命越天
棐忱爾時罔敢易法矧今天降戾于周邦惟大艱
人誕鄰胥伐于厥室爾亦不知天命不易予永念
曰天惟喪殷若穡夫予曷敢不終朕畝天亦惟休
于前寧人予曷其極卜敢弗于從率寧人有指疆
土矧今卜并吉肆朕誕以爾東征天命不僭卜陳

惟若茲。

微子之命

王若曰猷殷王元子惟稽古崇德象賢統承先王修其禮物作賓于王家與國咸休永世無窮嗚呼乃祖成湯克齊聖廣淵皇天眷佑誕受厥命撫民以寬除其邪虐功加于時德垂後裔爾惟踐修厥猷舊有令聞恪慎克孝肅恭神人予嘉乃德曰篤不忘上帝時歆下民祗協庸建爾于上公尹茲東夏欽哉往敷乃訓慎乃服命率由典常以蕃王室

弘乃烈祖律乃有民永綏厥位毗予一人世世享德萬邦作式俾我有周無斁嗚呼往哉惟休無替朕命

康誥

惟三月哉生魄周公初基作新大邑于東國洛四方民大和會侯甸男邦采衛百工播民和見士于周周公咸勤乃洪大誥治王若曰孟侯朕其弟小子封惟乃丕顯考文王克明德愼罰不敢侮鰥寡庸庸祗祗威威顯民用肇造我區夏越我一二邦

以修我西土惟時怙冒聞于上帝帝休天乃大命
文王殪戎殷誕受厥命越厥邦厥民惟時敘乃寡
兄勖肆汝小子封在茲東土王曰嗚呼封汝念哉
今民將在祗遹乃文考紹聞衣德言往敷求于殷
先哲王用保乂民汝丕遠惟商耇成人宅心知訓
別求聞由古先哲王用康保民弘于天若德裕乃
身不廢在王命王曰嗚呼小子封恫瘝乃身敬哉
天畏棐忱民情大可見小人難保往盡乃心無康
好逸豫乃其乂民我聞曰怨不在大亦不在小惠

不惠懋不懋已汝惟小子乃服惟弘王應保殷民
亦惟助王宅天命作新民王曰嗚呼封敬明乃罰
人有小罪非眚乃惟終自作不典式爾有厥罪小
乃不可不殺乃有大罪非終乃惟眚災適爾既道
極厥辜時乃不可殺王曰嗚呼封有敘時乃大明
服惟民其勑懋和若有疾惟民其畢棄咎若保赤
子惟民其康乂非汝封刑人殺人無或刑人殺人
非汝封又曰劓刵人無或劓刵人王曰外事汝陳
時臬司師茲殷罰有倫又曰要囚服念五六日至

于旬時丕蔽要囚王曰汝陳時臬事罰蔽殷彝用
其義刑義殺勿庸以次汝封乃汝盡遜曰時敘惟
曰未有遜事已汝惟小子未其有若汝封之心朕
心朕德惟乃知凡民自得罪寇攘姦宄殺越人于
貨暋不畏死罔弗憝王曰封元惡大憝矧惟不孝
不友子弗祗服厥父事大傷厥考心于父不能字
厥子乃疾厥子于弟弗念天顯乃弗克恭厥兄兄
亦不念鞠子哀大不友于弟惟弔茲不于我政人
得罪天惟與我民彝大泯亂曰乃其速由文王作

求等也

罰刑茲無赦不率大戛矧惟外庶子訓人惟厥正
人越小臣諸節乃別播敷造民大譽弗念弗庸瘝
厥君時乃引惡惟朕憝已汝乃其速由茲義率殺
亦惟君惟長不能厥家人越厥小臣外正惟威惟
虐大放王命乃非德用乂汝亦罔不克敬典乃由
裕民惟文王之敬忌乃裕民曰我惟有及則予一
人以懌王曰封爽惟民迪吉康我時其惟殷先哲
王德用康乂民作求矧今民罔迪不適不迪則罔
政在厥邦王曰封予惟不可不監告汝德之說于

罰之行今惟民不靜。未戾厥心迪屢未同爽惟天
其罰殛我我其不怨惟厥罪無在大亦無在多矧
曰其尚顯聞于天王曰嗚呼封敬哉無作怨勿用
非謀非彝蔽時忱。丕則敏德用康乃心顧乃德遠
乃猷裕乃以民寧不汝瑕殄。王曰嗚呼肆汝小子
封惟命不于常汝念哉無我殄享明乃服命高乃
聽用康乂民王若曰往哉封勿替敬典聽朕告汝。
乃以殷民世享。

酒誥

毖戒謹也

肇敏也

王若曰明大命于妹邦乃穆考文王肇國在西土厥誥毖庶邦庶士越少正御事朝夕曰祀茲酒惟天降命肇我民惟元祀天降威我民用大亂喪德亦罔非酒惟行越小大邦用喪亦罔非酒惟辜文王誥教小子有正有事無彝酒越庶國飲惟祀德將無醉惟曰我民迪小子惟土物愛厥心臧聰聽祖考之彝訓越小大德小子惟一妹土嗣爾股肱純其藝黍稷奔走事厥考厥長肇牽車牛遠服賈用孝養厥父母厥父母慶自洗腆致用酒庶士有

羞養也

正越庶伯君子。其爾典聽朕教。爾大克羞耇惟君
爾乃飲食醉飽。丕惟曰爾克永觀省作稽中德爾
尚克羞饋祀爾乃自介用逸茲乃允惟王正事之
臣茲亦惟天若元德。永不忘在王家王曰封我西
土棐徂邦君御事小子。尚克用文王教不腆于酒。
故我至于今克受殷之命。王曰封我聞惟曰在昔
殷先哲王。迪畏天顯小民經德秉哲自成湯咸至
于帝乙成王畏相惟御事厥棐有恭不敢自暇自
逸矧曰其敢崇飲越在外服侯甸男衛邦伯越在

內服百僚庶尹惟亞惟服宗工越百姓里居罔敢
湎于酒不惟不敢亦不暇惟助成王德顯越尹人
祗辟我聞亦惟曰在今後嗣王酣身厥命罔顯于
民祗保越怨不易誕惟厥縱淫泆于非彝用燕喪
威儀民罔不衋傷心惟荒腆于酒不惟自息乃逸
厥心疾很不克畏死辜在商邑越殷國滅無罹弗
惟德馨香祀登聞于天誕惟民怨庶羣自酒腥聞
在上故天降喪于殷罔愛于殷惟逸天非虐惟民
自速辜王曰封予不惟若茲多誥古人有言曰人

劼用力也

無於水監當於民監今惟殷墜厥命我其可不大
監撫于時予惟曰汝劼毖殷獻臣侯甸男衛矧太
史友內史友越獻臣百宗工矧惟爾事服休服采
矧惟若疇圻父薄違農父若保宏父定辟矧汝剛
制于酒厥或誥曰羣飲汝勿佚盡執拘以歸于周
予其殺又惟殷之迪諸臣惟工乃湎于酒勿庸殺
之姑惟教之有斯明享乃不用我教辭惟我一人
弗恤弗蠲乃事時同于殺王曰封汝典聽朕毖勿
辯乃司民湎于酒

梓材

王曰封以厥庶民暨厥臣達大家以厥臣達王惟
邦君汝若恒越曰我有師師司徒司馬司空尹旅
曰予罔厲殺人亦厥君先敬勞肆徂厥敬勞肆往
姦宄殺人歷人宥肆亦見厥君事戕敗人宥王啓
監厥亂爲民曰無胥戕無胥虐至于敬寡至于屬
婦合由以容王其效邦君越御事厥命曷以引養
引恬自古王若茲監罔攸辟惟曰若稽田既勤敷
菑惟其陳修爲厥疆畎若作室家既勤垣墉惟其

塗塈泥飾也丹雘采色也夾近也

塗塈茨若作梓材既勤樸斲惟其塗丹雘今王惟
曰先王既勤用明德懷爲夾庶邦享作兄弟方來
亦既用明德后式典集庶邦丕享皇天既付中國
民越厥疆土于先王肆王惟德用和懌先後迷民
用懌先王受命已若茲監惟曰欲至于萬年惟王
子子孫孫永保民

召誥

越若語辭

惟二月既望越六日乙未王朝步自周則至于豐
惟太保先周公相宅越若來三月惟丙午朏越三

日戊申太保朝至于洛卜宅厥既得卜則經營越三日庚戌太保乃以庶殷攻位于洛汭越五日甲寅位成若翼日乙卯周公朝至于洛則達觀于新邑營越三日丁巳用牲于郊牛二越翼日戊午乃社于新邑牛一羊一豕一越七日甲子周公乃朝用書命庶殷侯甸男邦伯厥既命殷庶庶殷丕作太保乃以庶邦冢君出取幣乃復入錫周公曰拜手稽首旅王若公誥告庶殷越自乃御事嗚呼皇天上帝改厥元子茲大國殷之命惟王受命無疆

諴和也

惟休亦無疆惟恤嗚呼曷其奈何弗敬天既遐終大邦殷之命茲殷多先哲王在天越厥後王後民茲服厥命厥終智藏瘝在夫知保抱攜持厥婦子以哀籲天徂厥亡出執嗚呼天亦哀于四方民其眷命用懋王其疾敬德相古先民有夏天迪從子保面稽天若今時既墜厥命今相有殷天迪格保面稽天若今時既墜厥命今沖子嗣則無遺壽耇曰其稽我古人之德矧曰其有能稽謀自天嗚呼有王雖小元子哉其丕能諴于小民今休王不敢

碞險也

後用顧畏于民碞王來紹上帝自服于土中旦曰其作大邑其自時配皇天毖祀于上下其自時中乂王厥有成命治民今休王先服殷御事比介于我有周御事節性惟日其邁王敬作所不可不敬德我不可不監于有夏亦不可不監于有殷我不敢知曰有夏服天命惟有歷年我不敢知曰不其延惟不敬厥德乃早墜厥命我不敢知曰有殷受天命惟有歷年我不敢知曰不其延惟不敬厥德乃早墜厥命今王嗣受厥命我亦惟茲二國命嗣

末終也

若功王乃初服嗚呼若生子罔不在厥初生自貽
哲命今天其命哲命吉凶命歷年知今我初服宅
新邑肆惟王其疾敬德王其德之用祈天永命其
惟王勿以小民淫用非彝亦敢殄戮用乂民若有
功其惟王位在德元小民乃惟刑用于天下越王
顯上下勤恤其曰我受天命丕若有夏歷年式勿
替有殷歷年欲王以小民受天永命拜手稽首曰
予小臣敢以王之讎民百君子越友民保受王威
命明德王末有成命王亦顯我非敢勤惟恭奉幣

伻使也

用供王能祈天永命

洛誥

周公拜手稽首曰朕復子明辟王如弗敢及天基命定命予乃胤保大相東土其基作民明辟予惟乙卯朝至于洛師我卜河朔黎水我乃卜澗水東瀍水西惟洛食我又卜瀍水東亦惟洛食伻來以圖及獻卜王拜手稽首曰公不敢不敬天之休來相宅其作周匹休公既定宅伻來來視予卜休恆吉我二人共貞公其以予萬億年敬天之休拜手

稽首誨言周公曰王肇稱殷禮祀于新邑咸秩無
文予齊百工伻從王于周予惟曰庶有事今王即
命曰記功宗以功作元祀惟命曰汝受命篤弼丕
視功載乃汝其悉自教工孺子其朋孺子其朋其
往無若火始燄燄厥攸灼敘弗其絕厥若彝及撫
事如予惟以在周工往新邑伻嚮即有僚明作有
功惇大成裕汝永有辭公曰已汝惟沖子惟終汝
其敬識百辟享亦識其有不享享多儀儀不及物
惟曰不享惟不役志于享凡民惟曰不享惟事其

爽侮乃惟孺子頒朕不暇聽朕教汝于棐民彝汝
乃是不蘉乃時惟不永哉篤敘乃正父罔不若予
不敢廢乃命汝往敬哉茲予其明農哉彼裕我民
無遠用戾王若曰公明保予沖子公稱丕顯德以
予小子揚文武烈奉荅天命和恒四方民居師惇
宗將禮稱秩元祀咸秩無文惟公德明光于上下
勤施于四方旁作穆穆迓衡不迷文武勤教予沖
子夙夜毖祀王曰公功棐迪篤罔不若時王曰公
予小子其退卽辟于周命公後四方迪亂未定于

定止也

宗禮亦未克敉公功迪將其後監我士師工誕保
文武受民亂爲四輔王曰公定予往已公功肅將
祗歡公無困哉我惟無斁其康事公勿替刑四方
其世享周公拜手稽首曰王命予來承保乃文祖
受命民越乃光烈考武王弘朕恭孺子來相宅其
大惇典殷獻民亂爲四方新辟作周恭先曰其自
時中乂萬邦咸休惟王有成績予旦以多子越御
事篤前人成烈答其師作周孚先考朕昭子刑乃
單文祖德伻來毖殷乃命寧予以秬鬯二卣曰明

禋拜手稽首休享予不敢宿則禋于文王武王惠
篤叙無有遘自疾萬年厭于乃德殷乃引考王伻
殷乃承叙萬年其永觀朕子懷德戊辰王在新邑
烝祭歲文王騂牛一。武王騂牛一。王命作冊逸祝
冊惟告周公其後王賓殺禋咸格王入太室祼王
命周公後作冊逸誥在十有二月惟周公誕保文
武受命惟七年。

多士

惟三月周公初于新邑洛用告商王士王若曰爾

殷遺多士弗弔旻天大降喪于殷我有周佑命將
天明威致王罰勅殷命終于帝肆爾多士非我小
國敢弋殷命惟天不畀允罔固亂弼我我其敢求
位惟帝不畀惟我下民秉爲惟天明畏我聞曰上
帝引逸有夏不適逸則惟帝降格嚮于時夏弗克
庸帝大淫泆有辭惟時天罔念聞厥惟廢元命降
致罰乃命爾先祖成湯革夏俊民甸四方自成湯
至于帝乙罔不明德恤祀亦惟天丕建保乂有殷
殷王亦罔敢失帝罔不配天其澤在今後嗣王誕

罔顯于天矧曰其有聽念于先王勤家誕淫厥泆
罔顧于天顯民祗惟時上帝不保降若茲大喪惟
天不畀不明厥德凡四方小大邦喪罔非有辭于
罰王若曰爾殷多士今惟我周王丕靈承帝事有
命曰割殷告勑于帝惟我事不貳適惟爾王家我
適予其曰惟爾洪無度我不爾動自乃邑予亦念
天即于殷大戾肆不正王曰猷告爾多士予惟時
其遷居西爾非我一人奉德不康寧時惟天命無
違朕不敢有後無我怨惟爾知惟殷先人有冊有

典殷革夏命今爾又曰夏迪簡在王庭有服在百
僚予一人惟聽用德肆予敢求爾于天邑商予惟
率肆矜爾非予罪時惟天命王曰多士昔朕來自
奄予大降爾四國民命我乃明致天罰移爾遐逖
比事臣我宗多遜王曰告爾殷多士今予惟不爾
殺予惟時命有申今朕作大邑于茲洛予惟四方
罔攸賓亦惟爾多士攸服奔走臣我多遜爾乃尚
有爾土爾乃尚寧幹止爾克敬天惟畀矜爾爾不
克敬爾不啻不有爾土予亦致天之罰于爾躬今

幹事也

爾惟時宅爾邑繼爾居爾厥有幹有年于茲洛爾小子乃興從爾遷王曰又曰時予乃或言爾攸居

無逸

周公曰嗚呼君子所其無逸先知稼穡之艱難乃逸則知小人之依相小人厥父母勤勞稼穡厥子乃不知稼穡之艱難乃逸乃諺既誕否則侮厥父母曰昔之人無聞知周公曰嗚呼我聞曰昔在殷王中宗嚴恭寅畏天命自度治民祗懼不敢荒寧肆中宗之享國七十有五年其在高宗時舊勞于

外爰暨小人作其卽位乃或亮陰三年不言其惟
不言言乃雍不敢荒寧嘉靖殷邦至于小大無時
或怨肆高宗之享國五十有九年其在祖甲不義
惟王舊爲小人作其卽位爰知小人之依能保惠
于庶民不敢侮鰥寡肆祖甲之享國三十有三年。
自時厥後立王生則逸生則逸不知稼穡之艱難
不聞小人之勞惟耽樂之從自時厥後亦罔或克
壽或十年或七八年或五六年或四三年周公曰。
嗚呼厥亦惟我周太王王季克自抑畏文王卑服

譸詐張誕也

卽康功田功徽柔懿恭懷保小民惠鮮鰥寡自朝
至于日中昃不遑暇食用咸和萬民文王不敢盤
于遊田以庶邦惟正之供文王受命惟中身厥享
國五十年周公曰嗚呼繼自今嗣王則其無淫于
觀于逸于遊于田以萬民惟正之供無皇曰今日
耽樂乃非民攸訓非天攸若時人丕則有愆無若
殷王受之迷亂酗于酒德哉周公曰嗚呼我聞曰
古之人猶胥訓告胥保惠胥敎誨民無或胥譸張
爲幻此厥不聽人乃訓之乃變亂先王之正刑至

于小大民。否則厥心違怨。否則厥口詛祝。周公曰。
嗚呼。自殷王中宗。及高宗。及祖甲。及我周文王。兹
四人迪哲。厥或告之曰。小人怨汝詈汝。則皇自敬
德。厥愆曰。朕之愆。允若時。不啻不敢含怒。此厥不
聽。人乃或譸張爲幻。曰小人怨汝詈汝。則信之。則
若時。不永念厥辟。不寛綽厥心。亂罰無罪。殺無辜。
怨有同。是叢于厥身。周公曰。嗚呼。嗣王其監于兹。

君奭

周公若曰。君奭。弗弔。天降喪于殷。殷既墜厥命。我

有周既受我不敢知曰厥基永孚于休若天棐忱
我亦不敢知曰其終出于不祥嗚呼君已曰時我
我亦不敢寧于上帝命弗永遠念天威越我民罔
尤違惟人在我後嗣子孫大弗克恭上下遏佚前
人光在家不知天命不易天難諶乃其墜命弗克
經歷嗣前人恭明德在今予小子旦非克有正迪
惟前人光施于我沖子又曰天不可信我道惟寧
王德延天不庸釋于文王受命公曰君奭我聞在
昔成湯既受命時則有若伊尹格于皇天在太甲

時則有若保衡。在太戊時則有若伊陟臣扈格于上帝巫咸乂王家在祖乙時則有若巫賢在武丁時則有若甘盤率惟茲有陳保乂有殷故殷禮陟配天多歷年所天惟純佑命則商實百姓王人罔不秉德明恤小臣屏侯甸矧咸奔走惟茲惟德稱用乂厥辟故一人有事于四方若卜筮罔不是孚公曰君奭天壽平格保乂有殷有殷嗣天滅威今汝永念則有固命厥亂明我新造邦公曰。君奭在昔上帝割申勸寧王之德其集大命于厥躬惟文

王尚克修和我有夏亦惟有若虢叔有若閎夭有
若散宜生有若泰顛有若南宮括又曰無能往來
茲迪彝教文王蔑德降于國人亦惟純佑秉德迪
知天威乃惟時昭文王迪見冒聞于上帝惟時受
有殷命哉武王惟茲四人尚迪有祿後暨武王誕
將天威咸劉厥敵惟茲四人昭武王惟冒丕單稱
德今在予小子旦若游大川予往暨汝奭其濟小
子同未在位誕無我責收罔勗不及耇造德不降
我則鳴鳥不聞矧曰其有能格公曰嗚呼君肆其

監于茲我受命無疆惟休亦大惟艱告君乃猷裕
我不以後人迷公曰前人敷乃心乃悉命汝作汝
民極曰汝明勗偶王在亶乘茲大命惟文王德丕
承無疆之恤公曰君告汝朕允保奭其汝克敬以
予監于殷喪大否肆念我天威予不允惟若茲誥
予惟曰襄我二人汝有合哉言曰在時二人天休
滋至惟時二人弗戡其汝克敬德明我俊民在讓
後人于丕時嗚呼篤棐時二人我式克至于今日
休我咸成文王功于不怠丕冒海隅出日罔不率

俾公曰君予不惠若茲多誥予惟用閔于天越民
公曰嗚呼君惟乃知民德亦罔不能厥初惟其終
祗若茲往敬用治

蔡仲之命

惟周公位冢宰正百工羣叔流言乃致辟管叔于
商囚蔡叔于郭鄰以車七乘降霍叔于庶人三年
不齒蔡仲克庸祗德周公以爲卿士叔卒乃命諸
王邦之蔡王若曰小子胡惟爾率德改行克愼厥
猷肆予命爾侯于東土往卽乃封敬哉爾尚蓋前

人之愆惟忠惟孝爾乃邁迹自身克勤無怠以垂
憲乃後率乃祖文王之彝訓無若爾考之違王命
皇天無親惟德是輔民心無常惟惠之懷為善不
同同歸于治為惡不同同歸于亂爾其戒哉慎厥
初惟厥終終以不困不惟厥終終以困窮懋乃攸
績睦乃四鄰以蕃王室以和兄弟康濟小民率自
中無作聰明亂舊章詳乃視聽罔以側言改厥度
則予一人汝嘉王曰嗚呼小子胡汝往哉無荒棄
朕命

多方

惟五月丁亥王來自奄。至于宗周。周公曰王若曰
猷告爾四國多方惟爾殷侯尹民我惟大降爾命
爾罔不知洪惟圖天之命弗永寅念于祀惟帝降
格于夏有夏誕厥逸不肯慼言于民乃大淫昏不
克終日勸于帝之迪乃爾攸聞厥圖帝之命不克
開于民之麗乃大降罰崇亂有夏因甲于內亂不
克靈承于旅罔丕惟進之恭洪舒于民亦惟有夏
之民叨懫日欽劓割夏邑天惟時求民主乃大降

顯休命于成湯刑殄有夏惟天不畀純乃惟以爾
多方之義民不克永于多享惟夏之恭多士大不
克明保享于民乃胥惟虐于民至于百爲大不克
開乃惟成湯克以爾多方簡代夏作民主愼厥麗
乃勸厥民刑用勸以至于帝乙罔不明徳愼罰亦
克用勸要囚殄戮多罪亦克用勸開釋無辜亦克
用勸今至于爾辟弗克以爾多方享天之命嗚呼
王若曰誥告爾多方非天庸釋有夏非天庸釋有
殷乃惟爾辟以爾多方大淫圖天之命屑有辭乃

惟有夏圖厥政不集于享天降時喪有邦間之乃
惟爾商後王逸厥逸圖厥政不蠲烝天惟降時喪
惟聖罔念作狂惟狂克念作聖天惟五年須暇之
子孫誕作民主罔可念聽天惟求爾多方大動以
威開厥顧天惟爾多方罔堪顧之惟我周王靈承
于旅克堪用德惟典神天天惟式教我用休簡畀
殷命尹爾多方今我曷敢多誥我惟大降爾四國
民命爾曷不忱裕之于爾多方爾曷不夾介乂我
周王享天之命今爾尚宅爾宅畋爾田爾曷不惠

王熙天之命爾乃迪屢不靜爾心未愛爾乃不大
宅天命爾乃屑播天命爾乃自作不典圖忱于正
我惟時其教告之我惟時其戰要囚之至于再至
于三乃有不用我降爾命我乃其大罰殛之非我
有周秉德不康寧乃惟爾自速辜王曰嗚呼猷告
爾有方多士暨殷多士今爾奔走臣我監五祀越
惟有胥伯小大多正爾罔不克臬自作不和爾惟
和哉爾室不睦爾惟和哉爾邑克明爾惟克勤乃
事爾尚不忌于凶德亦則以穆穆在乃位克閱于

乃邑謀介爾乃自時洛邑尚永力畋爾田天惟畀矜爾我有周惟其大介賚爾迪簡在王庭尚爾事有服在大僚王曰嗚呼多士爾不克勸忱我命爾亦則惟不克享凡民惟曰不享爾乃惟逸惟頗大遠王命則惟爾多方探天之威我則致天之罰離逖爾土王曰我不惟多誥我惟祗告爾命又曰時惟爾初不克敬于和則無我怨

立政

周公若曰拜手稽首告嗣天子王矣用咸戒于王

曰王左右常伯常任準人綴衣虎賁周公曰嗚呼
休茲知恤鮮哉古之人迪惟有夏乃有室大競籲
俊尊上帝迪知忱恂于九德之行乃敢告教厥后
曰拜手稽首后矣曰宅乃事宅乃牧宅乃準茲惟
后矣謀面用丕訓德則乃宅人茲乃三宅無義民
桀德惟乃弗作往任是惟暴德罔後亦越成湯陟
丕釐上帝之耿命乃用三有宅克即宅曰三有俊
克即俊嚴惟丕式克用三宅三俊其在商邑用協
于厥邑其在四方用丕式見德嗚呼其在受德暋

惟羞刑暴德之人同于厥邦乃惟庶習逸德之人
同于厥政帝欽罰之乃伻我有夏式商受命奄甸
萬姓亦越文王武王克知三有宅心灼見三有俊
心以敬事上帝立民長伯立政任人準夫牧作三
事虎賁綴衣趣馬小尹左右攜僕百司庶府大都
小伯藝人表臣百司太史尹伯庶常吉士司徒司
馬司空亞旅夷微盧烝三亳阪尹文王惟克厥宅
心乃克立茲常事司牧人以克俊有德文王罔攸
兼于庶言庶獄庶慎惟有司之牧夫是訓用違庶

獄庶慎文王罔敢知于茲亦越武王率惟敉功不
敢替厥義德率惟謀從容德以並受此丕丕基嗚
呼孺子王矣繼自今我其立政立事準人牧夫我
其克灼知厥若丕乃俾亂相我受民和我庶獄庶
慎時則勿有間之自一話一言我則末惟成德之
彥以乂我受民嗚呼予旦已受人之徽言咸告孺
子王矣繼自今文子文孫其勿誤于庶獄庶慎惟
正是乂之自古商人亦越我周文王立政立事牧
夫準人則克宅之克由繹之茲乃俾乂國則罔有

立政用憸人不訓于德是罔顯在厥世繼自今立政其勿以憸人其惟吉士用勱相我國家今文子文孫孺子王矣其勿誤于庶獄惟有司之牧夫其克詰爾戎兵以陟禹之迹方行天下至于海表罔有不服以覲文王之耿光以揚武王之大烈嗚呼繼自今後王立政其惟克用常人周公若曰太史司寇蘇公式敬爾由獄以長我王國茲式有慎以列用中罰

周官

惟周王撫萬邦巡侯甸四征弗庭綏厥兆民六服
羣辟罔不承德歸于宗周董正治官王曰若昔大
猷制治于未亂保邦于未危曰唐虞稽古建官惟
百內有百揆四岳外有州牧侯伯庶政惟和萬國
咸寧夏商官倍亦克用乂明王立政不惟其官惟
其人今予小子祗勤于德夙夜不逮仰惟前代時
若訓迪厥官立太師太傅太保茲惟三公論道經
邦燮理陰陽官不必備惟其人少師少傅少保曰
三孤貳公弘化寅亮天地弼予一人冢宰掌邦治

統百官均四海司徒掌邦教敷五典擾兆民宗伯
掌邦禮治神人和上下司馬掌邦政統六師平邦
國司寇掌邦禁詰姦慝刑暴亂司空掌邦土居四
民時地利六卿分職各率其屬以倡九牧阜成兆
民六年五服一朝又六年王乃時巡考制度于四
岳諸侯各朝于方岳大明黜陟王曰嗚呼凡我有
官君子欽乃攸司慎乃出令令出惟行弗惟反以
公滅私民其允懷學古入官議事以制政乃不迷
其爾典常作之師無以利口亂厥官蓄疑敗謀怠

忽荒政不學牆面莅事惟煩戒爾卿士功崇惟志。業廣惟勤惟克果斷乃罔後艱位不期驕祿不期侈恭儉惟德無載爾偽作德心逸日休作偽心勞日拙居寵思危罔不惟畏弗畏入畏推賢讓能庶官乃和不和政厖舉能其官惟爾之能稱匪其人惟爾不任王曰嗚呼三事暨大夫敬爾有官亂爾有政以佑乃辟永康兆民萬邦惟無斁

君陳

王若曰君陳惟爾令德孝恭惟孝友于兄弟克施

有政命汝尹茲東郊敬哉昔周公師保萬民民懷
其德往愼乃司茲率厥常懋昭周公之訓惟民其
乂我聞曰至治馨香感于神明黍稷非馨明德惟
馨爾尚式時周公之猷訓惟日孜孜無敢逸豫凡
人未見聖若不克見既見聖亦不克由聖爾其戒
哉爾惟風下民惟草圖厥政莫或不艱有廢有興
出入自爾師虞庶言同則繹爾有嘉謀嘉猷則入
告爾后于內爾乃順之于外曰斯謀斯猷惟我后
之德嗚呼臣人咸若時惟良顯哉王曰君陳爾惟

弘周公丕訓無依勢作威無倚法以削寬而有制
從容以和殷民在辟予曰辟爾惟勿辟予曰宥爾
惟勿宥惟厥中有弗若于汝政弗化于汝訓辟以
止辟乃辟狃于姦宄敗常亂俗三細不宥爾無忿
疾于頑無求備于一夫必有忍其乃有濟有容德
乃大簡厥修亦簡其或不修進厥良以率其或不
良惟民生厚因物有遷違上所命從厥攸好爾克
敬典在德時乃罔不變允升于大猷惟予一人膺
受多福其爾之休終有辭於永世

洮音桃頮音悔

侗愚也

顧命

惟四月哉生魄王不懌甲子王乃洮頮水相被冕服憑玉几乃同召太保奭芮伯彤伯畢公衛侯毛公師氏虎臣百尹御事王曰嗚呼疾大漸惟幾病日臻既彌留恐不獲誓言嗣茲予審訓命汝昔君文王武王宣重光奠麗陳教則肄肄不違用克達殷集大命在後之侗敬迓天威嗣守文武大訓無敢昏逾今天降疾殆弗興弗悟爾尚明時朕言用敬保元子釗弘濟于艱難柔遠能邇安勸小大庶

邦思夫人自亂于威儀爾無以釗冒貢于非幾茲
既受命還出綴衣于庭越翼日乙丑王崩太保命
仲桓南宮毛俾爰齊侯呂伋以二干戈虎賁百人
逆子釗於南門之外延入翼室恤宅宗丁卯命作
冊度越七日癸酉伯相命士須材狄設黼扆綴衣
牖間南嚮敷重篾席黼純華玉仍几西序東嚮敷
重底席綴純文貝仍几東序西嚮敷重豐席畫純
雕玉仍几西夾南嚮敷重筍席玄紛純漆仍几越
玉五重陳寶赤刀大訓弘璧琬琰在西序大玉夷

玉天球河圖在東序胤之舞衣大貝鼖鼓在西房兌之戈和之弓垂之竹矢在東房大輅在賓階面綴輅在阼階面先輅在左塾之前次輅在右塾之前二人雀弁執惠立于畢門之内四人綦弁執戈上刃夾兩階戺一人冕執劉立于東堂一人冕執鉞立于西堂一人冕執戣立于東垂一人冕執瞿立于西垂一人冕執鋭立于側階王麻冕黼裳由賓階隮卿士邦君麻冕蟻裳入即位太保太史太宗皆麻冕彤裳太保承介圭上宗奉同瑁由阼階

隮太史秉書由賓階隮御王冊命曰皇后憑玉几道揚末命命汝嗣訓臨君周邦率循大卞燮和天下用答揚文武之光訓王再拜興答曰眇眇予末小子其能而亂四方以敬忌天威乃受同瑁王三宿三祭三咤上宗曰饗太保受同降盥以異同秉璋以酢授宗人同拜王答拜太保受同祭嚌宅授宗人同拜王答拜太保降收諸侯出廟門俟

康王之誥

王出在應門之內太保率西方諸侯入應門左畢

義宜也

公率東方諸侯入應門右皆布乘黃朱賓稱奉圭兼幣曰一二臣衛敢執壤奠皆再拜稽首王義嗣德答拜太保暨芮伯咸進相揖皆再拜稽首曰敢敬告天子皇天改大邦殷之命惟周文武誕受羑若克恤西土惟新陟王畢協賞罰戡定厥功用敷遺後人休今王敬之哉張皇六師無壞我高祖寡命王若曰庶邦侯甸男衛惟予一人釗報誥昔君文武丕平富不務咎底至齊信用昭明于天下則亦有熊羆之士不二心之臣保乂王家用端命于

上帝皇天用訓厥道付畀四方乃命建侯樹屏在我後之人今予一二伯父尚胥暨顧綏爾先公之臣服于先王雖爾身在外乃心罔不在王室用奉恤厥若無遺鞠子羞羣公既皆聽命相揖趨出王釋冕反喪服

畢命

惟十有二年六月庚午朏越三日壬申王朝步自宗周至于豐以成周之衆命畢公保釐東郊王若曰嗚呼父師惟文王武王敷大德于天下用克受

殷命惟周公左右先王綏定厥家毖殷頑民遷于
洛邑密邇王室式化厥訓既歷三紀世變風移四
方無虞予一人以寧道有升降政由俗革不臧厥
臧民罔攸勸惟公懋德克勤小物弼亮四世正色
率下罔不祗師言嘉績多于先王予小子垂拱仰
成王曰嗚呼父師今予祗命公以周公之事往哉
旌別淑慝表厥宅里彰善癉惡樹之風聲弗率訓
典殊厥井疆俾克畏慕申畫郊圻慎固封守以康
四海政貴有恒辭尚體要不惟好異商俗靡靡利

口惟賢餘風未殄公其念哉我聞曰世祿之家鮮
克由禮以蕩陵德實悖天道敝化奢麗萬世同流
茲殷庶士席寵惟舊怙侈滅義服美于人驕淫矜
侉將由惡終雖收放心閑之惟艱資富能訓惟以
永年惟德惟義時乃大訓不由古訓于何其訓王
曰嗚呼父師邦之安危惟茲殷士不剛不柔厥德
允修惟周公克慎厥始惟君陳克和厥中惟公克
成厥終三后協心同底于道道洽政治澤潤生民
四夷左衽罔不咸賴予小子永膺多福公其惟時

成周建無窮之基亦有無窮之聞子孫訓其成式惟乂嗚呼罔曰弗克惟旣厥心罔曰民寡惟愼厥事欽若先王成烈以休于前政

君牙

王若曰嗚呼君牙惟乃祖乃父世篤忠貞服勞王家厥有成績紀于太常惟予小子嗣守文武成康遺緒亦惟先王之臣克左右亂四方心之憂危若蹈虎尾涉于春冰今命爾予翼作股肱心膂纘乃舊服無忝祖考弘敷五典式和民則爾身克正罔

敢弗正民心罔中惟爾之中夏暑雨小民惟曰怨咨冬祁寒小民亦惟曰怨咨厥惟艱哉思其艱以圖其易民乃寧嗚呼丕顯哉文王謨丕承哉武王烈啓佑我後人咸以正罔缺爾惟敬明乃訓用奉若于先王對揚文武之光命追配于前人王若曰君牙乃惟由先王舊典時式民之治亂在茲率乃祖考之攸行昭乃辟之有乂

冏命

王若曰伯冏惟予弗克于德嗣先人宅丕后怵惕

惟厲中夜以興思免厥愆昔在文武聰明齊聖小
大之臣咸懷忠良其侍御僕從罔匪正人以旦夕
承弼厥辟出入起居罔有不欽發號施令罔有不
臧下民祗若萬邦咸休惟予一人無良實賴左右
前後有位之士匡其不及繩愆糾謬格其非心俾
克紹先烈今予命汝作大正正于羣僕侍御之臣
懋乃后德交修不逮慎簡乃僚無以巧言令色便
辟側媚其惟吉士僕臣正厥后克正僕臣諛厥后
自聖后德惟臣不德惟臣爾無昵于憸人充耳目

之官迪上以非先王之典非人其吉惟貨其吉若
時瘝厥官惟爾大弗克祗厥辟惟予汝辜王曰嗚
呼欽哉永弼乃后于彝憲

呂刑

惟呂命王享國百年耄荒度作刑以詰四方王曰
若古有訓蚩尤惟始作亂延及于平民罔不寇賊
鴟義姦宄奪攘矯虔苗民弗用靈制以刑惟作五
虐之刑曰法殺戮無辜爰始淫爲劓刵椓黥越茲
麗刑幷制罔差有辭民興胥漸泯泯棼棼罔中于

信以覆詛盟虐威庶戮方告無辜于上上帝監民
罔有馨香德刑發聞惟腥皇帝哀矜庶戮之不辜
報虐以威遏絶苗民無世在下乃命重黎絶地天
通罔有降格羣后之逮在下明明棐常鰥寡無蓋
皇帝清問下民鰥寡有辭于苗德威惟畏德明惟
明乃命三后恤功于民伯夷降典折民惟刑禹平
水土主名山川稷降播種農殖嘉穀三后成功惟
殷于民士制百姓于刑之中以教祇德穆穆在上
明明在下灼于四方罔不惟德之勤故乃明于刑

之中。率乂于民棐彝典獄非訖于威惟訖于富敬忌罔有擇言在身惟克天德自作元命配享在下

王曰嗟四方司政典獄非爾惟作天牧今爾何監非時伯夷播刑之迪其今爾何懲惟時苗民匪察于獄之麗罔擇吉人觀于五刑之中惟時庶威奪貨斷制五刑以亂無辜上帝不蠲降咎于苗苗民無辭于罰乃絶厥世

王曰嗚呼念之哉伯父伯兄仲叔季弟幼子童孫皆聽朕言庶有格命今爾罔不由慰日勤爾罔或戒不勤天齊于民俾我一日

非終惟終在人爾尚敬逆天命以奉我一人雖畏勿畏雖休勿休惟敬五刑以成三德一人有慶兆民賴之其寧惟永王曰吁來有邦有土告爾祥刑在今爾安百姓何擇非人何敬非刑何度非及兩造具備師聽五辭五辭簡孚正于五刑五刑不簡正于五罰五罰不服正于五過五過之疵惟官惟反惟內惟貨惟來其罪惟均其審克之五刑之疑有赦五罰之疑有赦其審克之簡孚有衆惟貌有稽無簡不聽具嚴天威墨辟疑赦其罰百鍰閱實

其罪劓辟疑赦其罰惟倍閱實其罪剕辟疑赦其
罰倍差閱實其罪宮辟疑赦其罰六百鍰閱實其
罪大辟疑赦其罰千鍰閱實其罪墨罰之屬千劓
罰之屬千剕罰之屬五百宮罰之屬三百大辟之
罰其屬二百五刑之屬三千上下比罪無僭亂辭
勿用不行惟察惟法其審克之上刑適輕下服下
刑適重上服輕重諸罰有權刑罰世輕世重惟齊
非齊有倫有要罰懲非死人極于病非佞折獄惟
良折獄罔非在中察辭于差非從惟從哀敬折獄

府聚也

明啓刑書胥占咸庶中正其刑其罰其審克之獄
成而孚輸而孚其刑上備有并兩刑王曰嗚呼敬
之哉官伯族姓朕言多懼朕敬于刑有德惟刑今
天相民作配在下明清于單辭民之亂罔不中聽
獄之兩辭無或私家于獄兩辭獄貨非寶惟府辜
功報以庶尤永畏惟罰非天不中惟人在命天罰
不極庶民罔有令政在于天下王曰嗚呼嗣孫今
往何監非德于民之中尚明聽之哉哲人惟刑無
疆之辭屬于五極咸中有慶受王嘉師監于茲祥

刑

文侯之命

王若曰父義和丕顯文武克愼明德昭升于上敷
聞在下惟時上帝集厥命于文王亦惟先正克左
右昭事厥辟越小大謀猷罔不率從肆先祖懷在
位嗚呼閔予小子嗣造天丕愆殄資澤于下民侵
戎我國家純卽我御事罔或耆壽俊在厥服予則
罔克曰惟祖惟父其伊恤朕躬嗚呼有績予一人
永綏在位父義和汝克昭乃顯祖汝肇刑文武用

會紹乃辟追孝于前文人汝多修扞我于艱若汝予嘉王曰父義和其歸視爾師寧爾邦用賚爾秬鬯一卣彤弓一彤矢百盧弓一盧矢百馬四匹父往哉柔遠能邇惠康小民無荒寧簡恤爾都用成爾顯德

費誓

敹完縫也敽猶繫也

公曰嗟人無譁聽命徂茲淮夷徐戎並興善敹乃甲冑敽乃干無敢不弔備乃弓矢鍛乃戈矛礪乃

擭檻也敜塞也

鋒刃無敢不善今惟淫舍牿牛馬杜乃擭敜乃穽

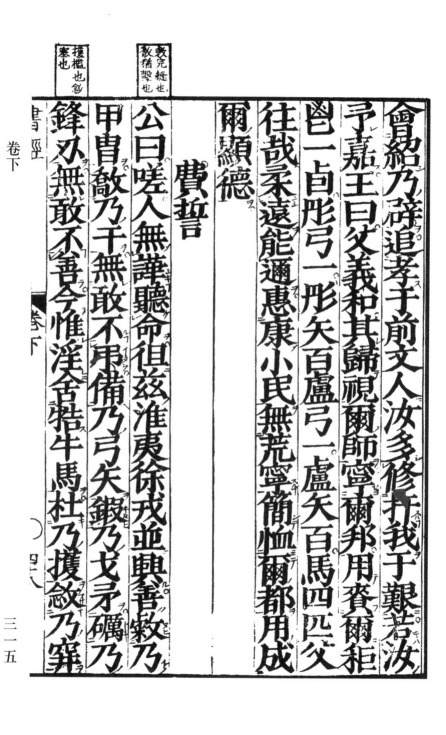

無敢傷牿牿之傷汝則有常刑馬牛其風臣妾逋逃勿敢越逐祗復之我商賚汝乃越逐不復汝則有常刑無敢寇攘踰垣墻竊馬牛誘臣妾汝則有常刑甲戌我惟征徐戎峙乃糗糧無敢不逮汝則有大刑魯人三郊三遂峙乃楨榦甲戌我惟築無敢不供汝則有無餘刑非殺魯人三郊三遂峙乃芻茭無敢不多汝則有大刑

秦誓

公曰嗟我士聽無譁予誓告汝羣言之首古人有

言曰民訖自若是多盤責人斯無難惟受責俾如
流是惟艱哉我心之憂日月逾邁若弗云來惟古
之謀人則曰未就予忌惟今之謀人姑將以爲親
雖則云然尚猷詢茲黄髮則罔所愆番番良士旅
力既愆我尚有之仡仡勇夫射御不違我尚不欲。
惟截截善諞言俾君子易辭我皇多有之昧昧我
思之如有一介臣斷斷猗無他技其心休休焉其
如有容人之有技若已有之人之彦聖其心好之
不啻如自其口出是能容之以保我子孫黎民亦

職有利哉。人之有技。冒疾以惡之人之彥聖而違
之俾不達是不能容以不能保我子孫黎民亦曰
殆哉邦之杌隉曰由一人邦之榮懷亦尚一人之
慶。

書經卷下畢

詩經訓點

[日] 林羅山 撰

詩傳序

或有問於予曰詩何爲而作也予應之曰人生而靜天之性也感於物而動性之欲也夫既有欲矣則不能無思既有思矣則不能無言既有言矣則言之所不能盡而發於咨嗟咏歎之餘者必有自然之音響節族而不能已焉此詩之所以作也曰然則其所以教者何也曰詩者人心之感物而形於言之餘也心

之所感有邪正故言之所形有是非惟聖人在上則其所感者無不正而其言皆足以爲教其或感之之雜而所發不能無可擇者則上之人必思所以自反而因有以勸懲之是亦所以爲教也昔周盛時上自郊廟朝廷而下達於鄉黨閭巷其言粹然無不出於正者聖人固已恊之聲律而用之鄉人用之邦國以化天下至於列國之詩則天子巡守亦

必陳而觀之以行黜陟之典降自昭穆而後寖以陵夷至於東遷而遂廢不講矣孔子生於其時既不得位無以行勸懲黜陟之政於是特舉其籍而討論之去其重複正其紛亂而其善之不足以爲法惡之不足以爲戒者則亦刋而去之以從簡約示久遠使夫學者卽是而有以考其得失善者師之而惡者改焉是以其政雖不足以行於一時而其教

實被於萬世是則詩之所以爲教者然
也曰然則國風雅頌之體其不同若是
何也曰吾聞之凡詩之所謂風者多出
於里巷歌謡之作所謂男女相與詠歌
各言其情者也唯周南召南親被文王
之化以成德而人皆有以得其性情之
正故其發於言者樂而不過於淫哀而
不及於傷是以二篇獨爲風詩之正經
自邶而下則其國之治亂不同人之賢

否亦異其所感而發者有邪正是非之不齊而所謂先王之風者於此焉變矣若夫雅頌之篇則皆成周之世朝廷郊廟樂歌之詞其語和而莊其義寬而密其作者往往聖人之徒固所以爲萬世法程而不可易者也至於雅之變者亦皆一時賢人君子閔時病俗之所爲而聖人取之其忠厚惻怛之心陳善閑邪之意尤非後世能言之士所能及之此

詩之爲經所以人事浹於下天道備於上而無一理之不具也曰然則其學之也當奈何曰本之二南以求其端參之列國以盡其變正之於雅以大其規和之於頌以要其止此學詩之大旨也於是乎章句以綱之訓詁以紀之諷詠以昌之涵濡以體之察之情性隱微之間審之言行樞機之始則脩身及家平均天下之道其亦不待他求而得之於此

矣問者唯唯而退余時方輯詩傳因悉
次是語以冠其篇云淳熙四年丁酉冬
十月戊子新安朱熹書

詩經目錄

國風

周南 一之一 十一篇

召南 一之二 十四篇

鄘風 一之四 十篇

柏舟　牆有茨　君子偕老　桑中

鶉之奔奔　定之方中　蝃蝀　相鼠

干旄　載馳

衛風一之五　十篇

淇奧　考槃　碩人　氓

竹竿　芄蘭　河廣　伯兮

有狐　木瓜

王風一之六　十篇

黍離　君子于役　君子陽陽　揚之水

鄭風　一之七　二十一篇

秦風一之十一 十篇

陳風一之十二 十篇

小雅

大雅三

頌四

周頌清廟之什 四之一 十篇

周頌臣工之什 四之二 十篇

目錄終

詩經

國風一

周南一之一

流順流取之也

芼熟而薦之也

關關雎鳩在河之洲窈窕淑女君子好逑○參差荇菜左右流之窈窕淑女寤寐求之求之不得寤寐思服悠哉悠哉輾轉反側○參差荇菜左右采之窈窕淑女琴瑟友之參差荇菜左右芼之窈窕淑女鐘鼓樂之

關雎三章一章四句二章章八句

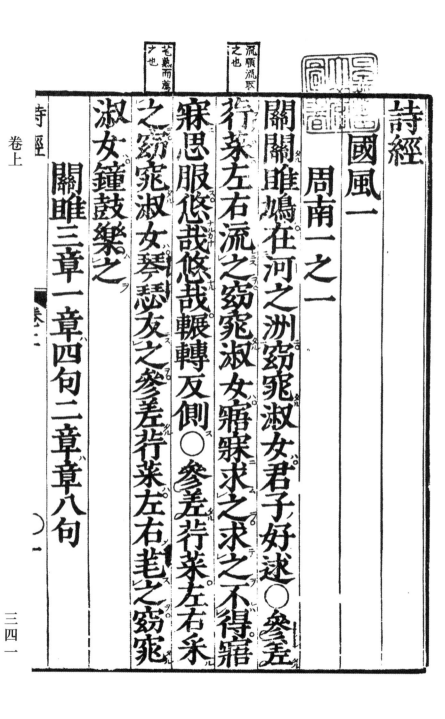

覃延也

私燕服衣禮服

虺隤罷不升高

玄黃病極而變色也

瘏痡共病也吁憂歎也

葛之覃兮施于中谷維葉萋萋黃鳥于飛集于灌
木其鳴喈喈○葛之覃兮施于中谷維葉莫莫是
刈是濩爲絺爲綌服之無斁○言告師氏言告言
歸薄汚我私薄澣我衣害澣害否歸寧父母

葛覃三章章六句

采采卷耳不盈頃筐嗟我懷人寘彼周行○陟彼
崔嵬我馬虺隤我姑酌彼金罍維以不永懷○陟
彼高岡我馬玄黃我姑酌彼兕觥維以不永傷○
陟彼砠矣我馬瘏矣我僕痡矣云何吁矣

卷耳四章章四句

南有樛木葛藟纍之樂只君子福履綏之○南有樛木葛藟荒之樂只君子福履將之○南有樛木葛藟縈之樂只君子福履成之

樛木三章章四句

螽斯羽詵詵兮宜爾子孫振振兮○螽斯羽薨薨兮宜爾子孫繩繩兮○螽斯羽揖揖兮宜爾子孫蟄蟄兮

螽斯三章章四句

罝罟也

桃之夭夭灼灼其華之子于歸宜其室家○桃之
夭夭有蕡其實之子于歸宜其家室○桃之夭夭
其葉蓁蓁之子于歸宜其家人

桃夭三章章四句

肅肅兔罝椓之丁丁赳赳武夫公侯干城○肅肅
兔罝施于中逵赳赳武夫公侯好仇○肅肅兔罝
施于中林赳赳武夫公侯腹心

兔罝三章章四句

采采芣苢薄言采之采采芣苢薄言有之○采采

掇拾也捋亦取也

袺執衽以貯也襭扱衽帶間以貯之也

泳潛行也方桴也

秣飼也

芣苢薄言掇之采采芣苢薄言捋之○采采芣苢薄言袺之采采芣苢薄言襭之

芣苢三章章四句

南有喬木不可休息漢有游女不可求思漢之廣矣不可泳思○江之永矣不可方思○翹翹錯薪言刈其楚之子于歸言秣其馬漢之廣矣不可泳思江之永矣不可方思○翹翹錯薪言刈其蔞之子于歸言秣其駒漢之廣矣不可泳思江之永矣不可方思

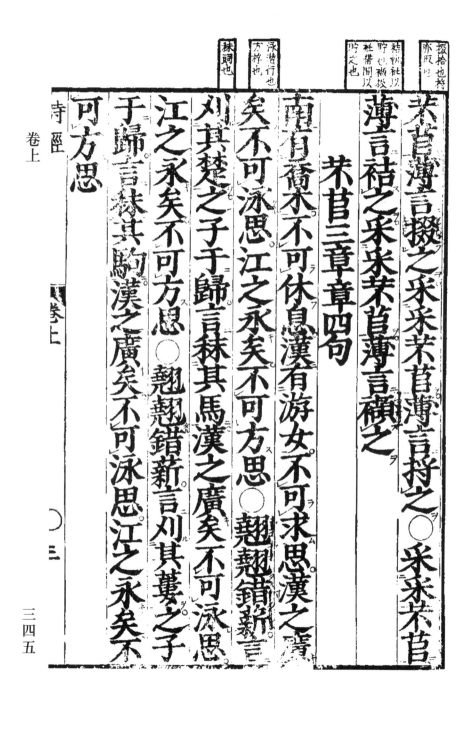

惄飢意調一作輖重也

赬赤也

燬焚也

定額也

漢廣三章章八句

遵彼汝墳伐其條枚未見君子惄如調飢○遵彼汝墳伐其條肄既見君子不我遐棄○魴魚赬尾王室如燬雖則如燬父母孔邇

汝墳三章章四句

麟之趾振振公子于嗟麟兮○麟之定振振公姓于嗟麟兮○麟之角振振公族于嗟麟兮

麟之趾三章章三句

召南一之二

百兩百乘也

方之有之也

維鵲有巢維鳩居之之子于歸百兩御之○維鵲有巢維鳩方之之子于歸百兩將之○維鵲有巢維鳩盈之之子于歸百兩成之

鵲巢三章章四句

被首飾也僮僮竦敬也祁祁舒遲貌

于以采蘩于沼于沚于以用之公侯之事○于以采蘩于澗之中于以用之公侯之宮○被之僮僮夙夜在公被之祁祁薄言還歸

采蘩三章章四句

喓喓聲也趯趯躍貌

喓喓草蟲趯趯阜螽未見君子憂心忡忡亦既見

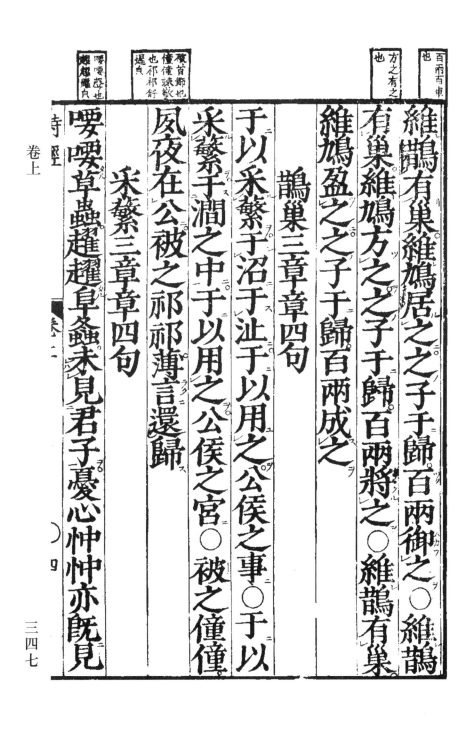

湘烹也

齊敬貌

止亦既覯止我心則降○陟彼南山言采其蕨未
見君子憂心惙惙亦既見止亦既覯止我心則說
○陟彼南山言采其薇未見君子我心傷悲亦既
見止亦既覯止我心則夷

草蟲三章章七句

于以采蘋南澗之濱于以采藻于彼行潦○于以
盛之維筐及筥于以湘之維錡及釜○于以奠之
宗室牖下誰其尸之有齊季女

采蘋三章章四句

茇草舍也

拜屈也

厭浥濕意

紽未詳蓋以絲飾裘也委蛇自得之貌

蔽芾甘棠勿翦勿伐召伯所茇○蔽芾甘棠勿翦
勿敗召伯所憩○蔽芾甘棠勿翦勿拜召伯所說

甘棠三章章三句

厭浥行露豈不夙夜謂行多露○誰謂雀無角何
以穿我屋誰謂女無家何以速我獄雖速我獄室
家不足○誰謂鼠無牙何以穿我墉誰謂女無家何
以速我訟雖速我訟亦不女從

行露三章一章三句二章章六句

羔羊之皮素絲五紽退食自公委蛇委蛇○羔羊

緎裘之縫界也

斯上此人也下此所也

摽落也

之革素絲五緎委蛇委蛇自公退食○羔羊之縫素絲五總委蛇委蛇退食自公

羔羊三章章四句

殷其靁在南山之陽何斯違斯莫敢或遑振振君子歸哉歸哉○殷其靁在南山之側何斯違斯莫敢遑息振振君子歸哉歸哉○殷其靁在南山之下何斯違斯莫或遑處振振君子歸哉歸哉

殷其靁三章章六句

摽有梅其實七兮求我庶士迨其吉兮○摽有梅

頃音傾塈取也

其實三兮求我庶士迨其今兮○摽有梅頃筐塈之求我庶士迨其謂之

摽有梅三章章四句

嘒微皃

嘒彼小星三五在東肅肅宵征夙夜在公寔命不同○嘒彼小星維參與昴肅肅宵征抱衾與裯寔命不猶

小星二章章五句

江有汜之子歸不我以不我以其後也悔○江有渚之子歸不我與不我與其後也處○江有沱之

樸樕小木也脫脫舒遲貌感動也尨犬也

穠盛也肅雝敬和也

子歸不我過不我過其嘯也歌

江有汜三章章五句

野有死麕白茅包之有女懷春吉士誘之○林有樸樕野有死鹿白茅純束有女如玉○舒而脫脫兮無感我帨兮無使尨也吠

野有死麕三章二章章四句一章三句

何彼穠矣唐棣之華曷不肅雝王姬之車○何彼穠矣華如桃李平王之孫齊侯之子○其釣維何維絲伊緡齊侯之子平王之孫

茁生出壯盛之貌發發矢也

微非也

茹度也

何彼穠矣三章章四句

彼茁者葭壹發五豝于嗟乎騶虞○彼茁者蓬壹發五豵于嗟乎騶虞

騶虞二章章三句

邶一之三

汎彼柏舟亦汎其流耿耿不寐如有隱憂微我無酒以敖以遊○我心匪鑒不可以茹亦有兄弟不可以據薄言往愬逢彼之怒○我心匪石不可轉也我心匪席不可卷也威儀棣棣不可選也○憂

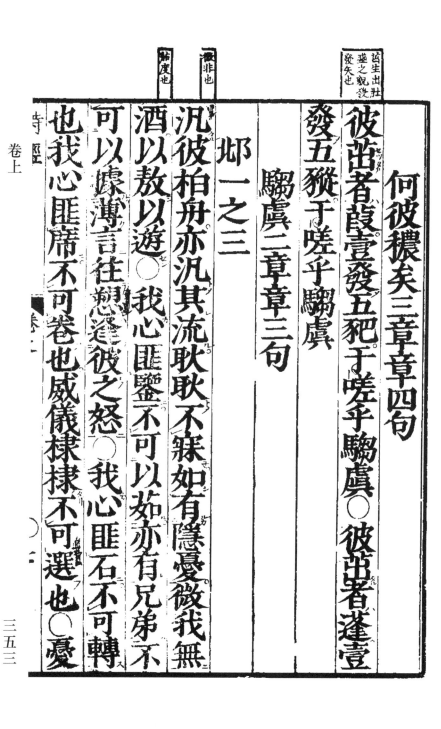

辟拊心也　摽拊心貌

亡之為言忘也

訧音尤過也

心悄悄慍于群小覯閔既多受侮不少靜言思之寤辟有摽○日居月諸胡迭而微心之憂矣如匪澣衣靜言思之不能奮飛

柏舟五章章六句

綠兮衣兮綠衣黃裏心之憂矣曷維其已○綠兮衣兮綠衣黃裳心之憂矣曷維其亡○綠兮絲兮女所治兮我思古人俾無訧兮○絺兮綌兮淒其以風我思古人實獲我心

綠衣四章章四句

差池不齊之皃

飛而上曰頡飛而下曰頏

以恩相信曰任塞實淵深温和惠順淑善勖勉也

逝發語辭

燕燕于飛差池其羽之子于歸遠送于野瞻望弗
及泣涕如雨○燕燕于飛頡之頏之之子于歸遠
于將之瞻望弗及佇立以泣○燕燕于飛下上其
音之子于歸遠送于南瞻望弗及實勞我心○仲
氏任只其心塞淵終溫且惠淑愼其身先君之思
以勖寡人

燕燕四章章六句

日居月諸照臨下土乃如之人兮逝不古處胡能
有定寧不我顧○日居月諸下土是冒乃如之人

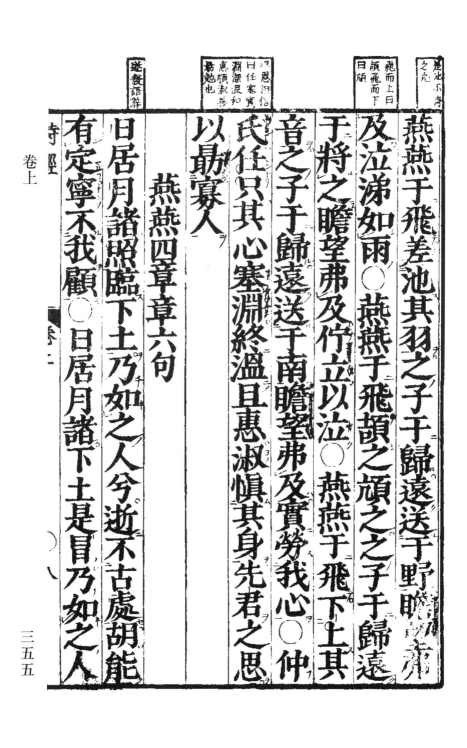

述循也

霾雨土蒙霧也
曀陰而風也
嚏鼽嚏也

兮逝不相好胡能有定寧不我報○日居月諸出自東方乃如之人兮德音無良胡能有定俾也可忘○日居月諸東方自出父兮母兮畜我不卒胡能有定報我不述

日月四章章六句

終風且暴顧我則笑謔浪笑敖中心是悼○終風且霾惠然肯來莫往莫來悠悠我思○終風且曀不日有曀寤言不寐願言則嚏○曀曀其陰虺虺其靁寤言不寐願言則懷

土土功也

契闊隔遠之意

洵信也信與伸同

終風四章章四句

擊鼓其鏜踊躍用兵土國城漕我獨南行○從孫子仲平陳與宋不我以歸憂心有忡○爰居爰處爰喪其馬于以求之于林之下○死生契闊與子成說執子之手與子偕老○于嗟闊兮不我活兮于嗟洵兮不我信兮

擊鼓五章章四句

凱風自南吹彼棘心棘心夭夭母氏劬勞○凱風自南吹彼棘薪母氏聖善我無令人○爰有寒泉

詒遺也

展誠也

忮害求貪也

以衣涉曰厲 褰衣涉曰揭

在浚之下有子七人母氏勞苦○睍睆黃鳥載好其音有子七人莫慰母心

凱風四章章四句

雄雉于飛泄泄其羽我之懷矣自詒伊阻○雄雉于飛下上其音展矣君子實勞我心○瞻彼日月悠悠我思道之云遠曷云能來○百爾君子不知德行不忮不求何用不臧

雄雉四章章四句

匏有苦葉濟有深涉深則厲淺則揭○有瀰濟盈

卬我也

屑潔也梁笱也收魚器也閱容也

有鷕雉鳴。濟盈不濡軌。雉鳴求其牡。雝雝鳴鴈。
旭日始旦。士如歸妻。迨冰未泮。招招舟子。人涉
卬否。人涉卬否。卬須我友。

匏有苦葉四章章四句

習習谷風。以陰以雨。黽勉同心。不宜有怒。采葑采
菲。無以下體。德音莫違。及爾同死。行道遲遲。中
心有違。不遠伊邇。薄送我畿。誰謂荼苦。其甘如薺。
宴爾新昏。如兄如弟。涇以渭濁。湜湜其沚。宴爾
新昏。不我屑以。毋逝我梁。毋發我笱。我躬不閱。遑

慉興也

鞫窮也旨美蓄聚也洸武皃潰怒色也

肄勞也塈息也

微猶衰也

恤我後○就其深矣方之舟之就其淺矣泳之游之何有何亡黽勉求之凡民有喪匍匐救之○不我能慉反以我爲讎旣阻我德賈用不售昔育恐育鞫及爾顛覆旣生旣育比予于毒○我有旨蓄亦以御冬宴爾新昏以我御窮有洸有潰旣詒我肄不念昔者伊余來塈

谷風六章章八句

式微式微胡不歸微君之故胡爲乎中露○式微式微胡不歸微君之躬胡爲乎泥中

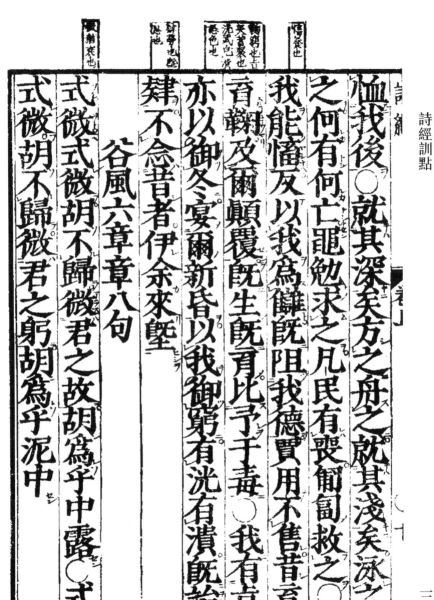

誕音憚闊也

式微二章章四句

旄丘之葛兮何誕之節兮叔兮伯兮何多日也○

蒙戎亂貌瑣細尾末也

何其處也必有與也何其久也必有以也○狐裘

蒙戎匪車不東叔兮伯兮靡所與同○瑣兮尾兮

褎多笑貌

流離之子叔兮伯兮褎如充耳

旄丘四章章四句

簡兮簡兮方將萬舞日之方中在前上處○碩人

俣俣公庭萬舞有力如虎執轡如組○左手執籥

如渥赭言顏色之充盛也

右手秉翟赫如渥赭公言錫爵○山有榛隰有苓

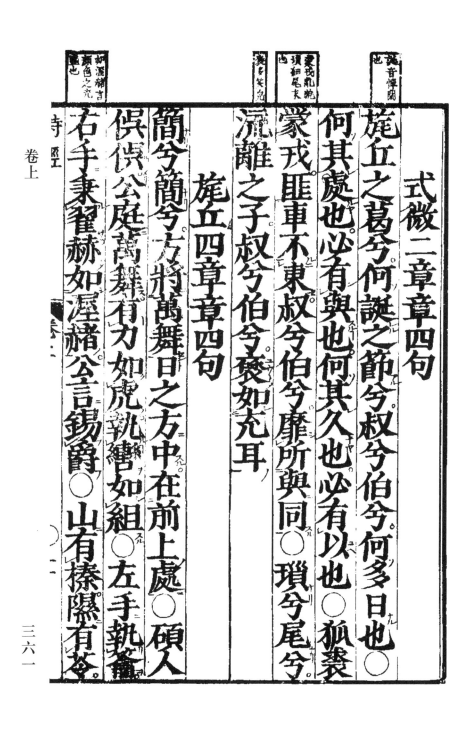

舝轄也瑕何古音遐

云誰之思西方美人彼美人兮西方之人兮

簡兮四章三章章四句一章六句

毖彼泉水亦流于淇有懷于衛靡日不思孌彼諸姬聊與之謀○出宿于泲飲餞于禰女子有行遠父母兄弟問我諸姑遂及伯姊○出宿于干飲餞于言載脂載舝還車言邁遄臻于衛不瑕有害○我思肥泉茲之永歎思須與漕我心悠悠駕言出遊以寫我憂

泉水四章章六句

埤厚也

虛寬貌邪音徐亟急也

出自北門。憂心殷殷。終窶且貧。莫知我艱。已焉哉天實爲之。謂之何哉。○王事適我。政事一埤益我。我入自外。室人交徧讁我。已焉哉。天實爲之。謂之何哉。○王事敦我。政事一埤遺我。我入自外。室人交徧摧我。已焉哉。天實爲之。謂之何哉

北門三章章七句

北風其涼。雨雪其雱。惠而好我。攜手同行。其虛其邪。既亟只且。○北風其喈。雨雪其霏。惠而好我。攜手同歸。其虛其邪。既亟只且。○莫赤匪狐。莫黑匪

鮮少也籧篨不能俯疾之醜者也

戚施不能仰亦醜疾也

鳥惠而好我攜手同車其虛其邪既亟只且

北風三章章六句

靜女其姝俟我於城隅愛而不見搔首踟躕○靜女其孌貽我彤管彤管有煒說懌女美○自牧歸荑洵美且異匪女之為美美人之貽

靜女三章章四句

新臺有泚河水瀰瀰燕婉之求籧篨不鮮○新臺有洒河水浼浼燕婉之求籧篨不殄○魚網之設鴻則離之燕婉之求得此戚施

髧髮垂皃儀匹也矢誓也至也

特亦匹也慝邪也

新臺三章章四句

二子乘舟汎汎其景願言思子中心養養◯二子乘舟汎汎其逝願言思子不瑕有害

二子乘舟二章章四句

鄘一之四

汎彼柏舟在彼中河髧彼兩髦實維我儀之死矢靡他母也天只不諒人只◯汎彼柏舟在彼河側髧彼兩髦實維我特之死矢靡慝母也天只不諒人只

襄除也

副祭服之首飾編髪以玉加於笄而爲飾也委委佗佗雍容自得之貌象服法度之服翟翟衣服鬒髮也髢髲美髪所以補之也

柏舟二章章七句

牆有茨不可埽也中冓之言不可道也所可道也言之醜也○牆有茨不可襄也中冓之言不可詳也所可詳也言之長也○牆有茨不可束也中冓之言不可讀也所可讀也言之辱也

牆有茨三章章六句

君子偕老副笄六珈委委佗佗如山如河象服是宜子之不淑云如之何○玼兮玼兮其之翟也鬒髮如雲不屑髢也玉之瑱也象之揥也揚且之皙

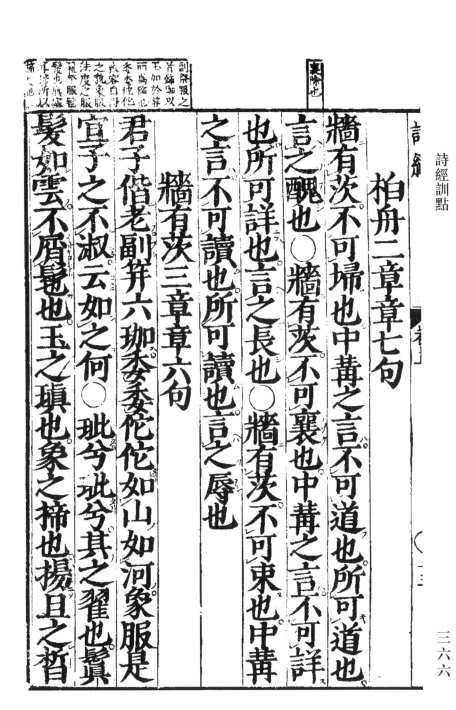

展展衣也縐縐絺絺之蹙ゝ者紲袢束縛意清視清明也顏額角豐滿也展誠也美女曰媛

也胡然而天也胡然而帝也○瑳兮瑳兮其之展也蒙彼縐絺是紲袢也子之清揚揚且之顏也展如之人兮邦之媛也

君子偕老三章一章七句一章九句一章八句

爰采唐矣沬之鄉矣云誰之思美孟姜矣期我乎桑中要我乎上宮送我乎淇之上矣○爰采麥矣沬之北矣云誰之思美孟弋矣期我乎桑中要我乎上宮送我乎淇之上矣○爰采葑矣沬之東矣云誰之思美孟庸矣期我乎桑中要我乎上宮送

定營室星也

景測景以正方面也

倌人主駕者說舍止也

我乎淇之上矣

桑中三章章七句

鶉之奔奔鵲之彊彊人之無良我以爲兄○鵲之彊彊鶉之奔奔人之無良我以爲君

鶉之奔奔二章章四句

定之方中作于楚宮揆之以日作于楚室樹之榛栗椅桐梓漆爰伐琴瑟○升彼虛矣以望楚矣望楚與堂景山與京降觀于桑卜云其吉終焉允臧○靈雨既零命彼倌人星言夙駕説于桑田匪直

馬七尺以上爲騋

蝃蝀虹也

崇終也

也人秉心塞淵騋牝三千

定之方中三章章七句

蝃蝀在東莫之敢指女子有行遠父母兄弟〇朝隮于西崇朝其雨女子有行遠兄弟父母〇乃如之人也懷昏姻也大無信也不知命也

蝃蝀三章章四句

相鼠有皮人而無儀人而無儀不死何爲〇相鼠有齒人而無止人而無止不死何俟〇相鼠有體人而無禮人而無禮胡不遄死

紕織組也

祝屬也

爭失國曰唁草行曰跋水行曰涉

闕閉也止也

相鼠三章章四句

孑孑干旄在浚之郊素絲紕之良馬四之彼姝者子何以畀之○孑孑干旟在浚之都素絲組之良馬五之彼姝者子何以予之○孑孑干旌在浚之城素絲祝之良馬六之彼姝者子何以告之

干旄三章章六句

載馳載驅歸唁衛侯驅馬悠悠言至於漕大夫跋涉我心則憂○既不我嘉不能旋反視爾不臧我思不遠既不我嘉不能旋濟視爾不臧我思不閟

行道也

控持而告之也

○陟彼阿丘言采其蝱女子善懷亦各有行許人尤之衆穉且狂○我行其野芃芃其麥控于大邦誰因誰極大夫君子無我有尤百爾所思不如我所之

載馳四章二章章六句二章章八句

衛一之五

匪與斐通文章著見之貌　瑟矜莊貌　僩威嚴貌　諼忘也　充耳瑱也　琇瑩美石也

瞻彼淇奥綠竹猗猗有匪君子如切如磋如琢如磨瑟兮僩兮赫兮咺兮有匪君子終不可諼兮○瞻彼淇奥綠竹青青有匪君子充耳琇瑩會弁如

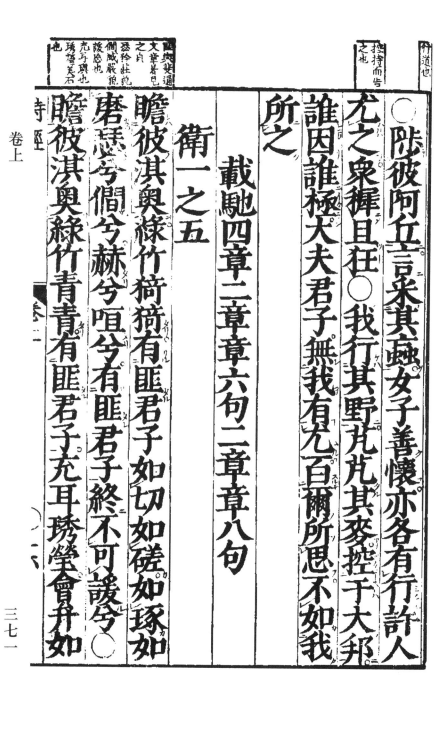

重較卿士之車也

考成也槃盤桓之意碩大也

薖寬大之意

軸盤桓不行之意

瑟兮僩兮赫兮咺兮。有匪君子終不可諼兮◯

瞻彼淇奧綠竹如簀。有匪君子。如金如錫如圭如璧寬兮綽兮猗重較兮。善戲謔兮不爲虐兮

淇奧三章章九句

考槃在澗碩人之寬獨寐寤言永矢弗諼◯考槃在阿碩人之薖獨寐寤歌永矢弗過◯考槃在陸。碩人之軸。獨寐寤宿永矢弗告

考槃三章章四句

碩人其頎衣錦褧衣齊侯之子。衛侯之妻東宮之

妻之姊妹曰姨姊妹之夫曰私

倩口輔之美也盼黑白分明也幩鑣飾也茀車蔽也

氓民也貿買也

妹邢侯之姨譚公維私○手如柔荑膚如凝脂領
如蝤蠐齒如瓠犀螓首蛾眉巧笑倩兮美目盼兮
○碩人敖敖說于農郊四牡有驕朱幩鑣鑣翟茀
以朝大夫夙退無使君勞○河水洋洋北流活活
施罛濊濊鱣鮪發發葭菼揭揭庶姜孼孼庶士有
朅

碩人四章章七句

氓之蚩蚩抱布貿絲匪來貿絲來卽我謀送子涉
淇至于頓丘匪我愆期子無良媒將子無怒秋以

葚桑實也

爽差也

咥音戲笑貌

爲期○乘彼垝垣以望復關不見復關泣涕漣漣。既見復關載笑載言爾卜爾筮體無咎言以爾車來以我賄遷○桑之未落其葉沃若于嗟鳩兮無食桑葚于嗟女兮無與士耽士之耽兮猶可說也女之耽兮不可說也○桑之落矣其黃而隕自我徂爾三歲食貧淇水湯湯漸車帷裳女也不爽士貳其行士也罔極二三其德○三歲爲婦靡室勞矣夙興夜寐靡有朝矣言既遂矣至于暴矣兄弟不知咥其笑矣靜言思之躬自悼矣○及爾偕老

泮涯也

巧笑而見齒其色瑳然儺行有度也

支枝同觿錐也所以解結

老使我怨淇則有岸隰則有泮總角之宴言笑晏晏信誓旦旦不思其反反是不思亦已焉哉

氓六章章十句

籊籊竹竿以釣于淇豈不爾思遠莫致之○泉源在左淇水在右女子有行遠父母兄弟○淇水在右泉源在左巧笑之瑳佩玉之儺○淇水滺滺檜楫松舟駕言出遊以寫我憂

竹竿四章章四句

芄蘭之支童子佩觿雖則佩觿能不我知容兮遂

韘決也所以鉤弦闓體甲長也

杭度也

小船曰刀

適主也

兮垂帶悸兮○芄蘭之葉童子佩韘雖則佩韘能
不我甲容兮遂兮垂帶悸兮
芄蘭二章章六句
誰謂河廣一葦杭之誰謂宋遠跂予望之○誰謂
河廣曾不容刀誰謂宋遠曾不崇朝
河廣二章章四句
伯兮朅兮邦之桀兮伯也執殳爲王前驅○自伯
之東首如飛蓬豈無膏沐誰適爲容○其雨其雨
杲杲出日願言思伯甘心首疾○焉得諼草言樹

痗病也

石絶水曰梁

厲深水可涉之處

之背願言思伯使我心痗

伯兮四章章四句

有狐綏綏在彼淇梁心之憂矣之子無裳○有狐綏綏在彼淇厲心之憂矣之子無帶○有狐綏綏在彼淇側心之憂矣之子無服

有狐三章章四句

投我以木瓜報之以瓊琚匪報也永以爲好也○投我以木桃報之以瓊瑶匪報也永以爲好也○投我以木李報之以瓊玖匪報也永以爲好也

木瓜三章章四句

王一之六

彼黍離離彼稷之苗行邁靡靡中心搖搖知我者
謂我心憂不知我者謂我何求悠悠蒼天此何人
哉○彼黍離離彼稷之穗行邁靡靡中心如醉知
我者謂我心憂不知我者謂我何求悠悠蒼天此
何人哉○彼黍離離彼稷之實行邁靡靡中心如
噎知我者謂我心憂不知我者謂我何求悠悠蒼
天此何人哉

鑿墻而棲曰塒

佸會也桀杙也括至也

簧笙竽皆謂之簧

翿舞人所持者敖舞位也

黍離三章章十句

君子于役不知其期曷至哉雞棲于塒日之夕矣羊牛下來君子于役如之何勿思○君子于役不日不月曷其有佸雞棲于桀日之夕矣羊牛下括君子于役苟無飢渴

君子于役二章章八句

君子陽陽左執簧右招我由房其樂只且○君子陶陶左執翿右招我由敖其樂只且

君子陽陽二章章四句

暵燥也

揚之水不流束新彼其之子不與我戍申懷哉懷哉曷月予還歸哉○揚之水不流束楚彼其之子不與我戍甫懷哉懷哉曷月予還歸哉○揚之水不流束蒲彼其之子不與我戍許懷哉懷哉曷月予還歸哉

揚之水三章章六句

中谷有蓷暵其乾矣有女仳離嘅其嘆矣嘅其嘆矣遇人之艱難矣○中谷有蓷暵其修矣有女仳離條其歗矣條其歗矣遇人之不淑矣○中谷有

蓷暵其濕矣有女仳離啜其泣矣啜其泣矣何嗟及矣

中谷有蓷三章章六句

有兎爰爰雉離于羅我生之初尚無爲我生之後逢此百罹尚寐無吪○有兎爰爰雉離于罦我生之初尚無造我生之後逢此百憂尚寐無覺○有兎爰爰雉離于罿我生之初尚無庸我生之後逢此百凶尚寐無聰

兎爰三章章七句

緜緜葛藟在河之滸終遠兄弟謂他人父謂他人父亦莫我顧○緜緜葛藟在河之涘終遠兄弟謂他人母謂他人母亦莫我有○緜緜葛藟在河之漘終遠兄弟謂他人昆謂他人昆亦莫我聞

葛藟三章章六句

彼采葛兮一日不見如三月兮○彼采蕭兮一日不見如三秋兮○彼采艾兮一日不見如三歲兮

采葛三章章三句

毳衣天子大夫之服

大車檻檻毳衣如菼豈不爾思畏子不敢○大車

璊玉赤色
穀生也皦
白也

啍啍毳衣如璊豈不爾思畏子不奔○穀則異室
死則同穴謂予不信有如皦日

大車三章章四句

丘中有麻彼留子嗟彼留子嗟將其來施施○丘
中有麥彼留子國彼留子國將其來食○丘中有
李彼留之子彼留之子貽我佩玖

丘中有麻三章章四句

鄭一之七

緇衣之宜兮敝予又改爲兮適子之館兮還予授

粲餐也

蓆大也

子之粲兮○緇衣之好兮敝予又改造兮適子之館兮還予授子之粲兮○緇衣之蓆兮敝予又改作兮適子之館兮還予授子之粲兮

緇衣三章章四句

將仲子兮無踰我里無折我樹杞豈敢愛之畏我父母仲可懷也父母之言亦可畏也○將仲子兮無踰我牆無折我樹桑豈敢愛之畏我諸兄仲可懷也諸兄之言亦可畏也○將仲子兮無踰我園無折我樹檀豈敢愛之畏人之多言仲可懷也人

襢裼肉袒也暴空手搏獸也狃習也

之多言亦可畏也

將仲子三章章八句

叔于田巷無居人豈無居人不如叔也洵美且仁○叔于狩巷無飲酒豈無飲酒不如叔也洵美且好○叔適野巷無服馬豈無服馬不如叔也洵美且武

叔于田三章章五句

叔于田乘乘馬執轡如組兩驂如舞叔在藪火烈具舉襢裼暴虎獻于公所將叔無狃戒其傷女○

忌抑皆語助辭騁馬曰磬止馬曰控舍拔曰縱覆彇曰送驪白雜毛曰鴇掤矢筩蓋也鬯韔同弓囊也

清邑名

叔于田乘乘黃兩服上襄兩驂鴈行叔在藪火烈具揚叔善射忌又良御忌抑磬控忌抑縱送忌○叔于田乘乘鴇兩服齊首兩驂如手叔在藪火烈具阜叔馬慢忌叔發罕忌抑釋掤忌抑鬯弓忌

大叔于田三章章十句

清人在彭駟介旁旁二矛重英河上乎翱翔○清人在消駟介麃麃二矛重喬河上乎逍遙○清人在軸駟介陶陶左旋右抽中軍作好

清人三章章四句

侯美也舍處也

英士之美稱

摻擥也寁速也

加中也宜和其所宜也

羔裘如濡洵直且侯彼其之子舍命不渝○羔裘豹飾孔武有力彼其之子邦之司直○羔裘晏兮三英粲兮彼其之子邦之彥兮

羔裘三章章四句

遵大路兮摻執子之袪兮無我惡兮不寁故也○遵大路兮摻執子之手兮無我魗兮不寁好也

遵大路二章章四句

女曰雞鳴士曰昧旦子興視夜明星有爛將翱將翔弋鳧與鴈○弋言加之與子宜之宜言飲酒與

順愛也

子偕老琴瑟在御莫不静好○知子之來之雜佩以贈之知子之順之雜佩以問之知子之好之雜佩以報之

女曰雞鳴三章章六句

有女同車顏如舜華將翺將翔佩玉瓊琚彼美孟姜洵美且都○有女同行顏如舜英將翺將翔佩玉將將彼美孟姜德音不忘

有女同車二章章六句

山有扶蘇隰有荷華不見子都乃見狂且○山有

狡童狡獪之小兒也

要成也

息安也

橋松隰有游龍不見子充乃見狡童

山有扶蘇二章章四句

蘀兮蘀兮風其吹女叔兮伯兮倡予和女　蘀兮

蘀兮風其漂女叔兮伯兮倡予要女

蘀兮二章章四句

彼狡童兮不與我言兮維子之故使我不能餐兮

彼狡童兮不與我食兮維子之故使我不能息

兮

狡童二章章四句

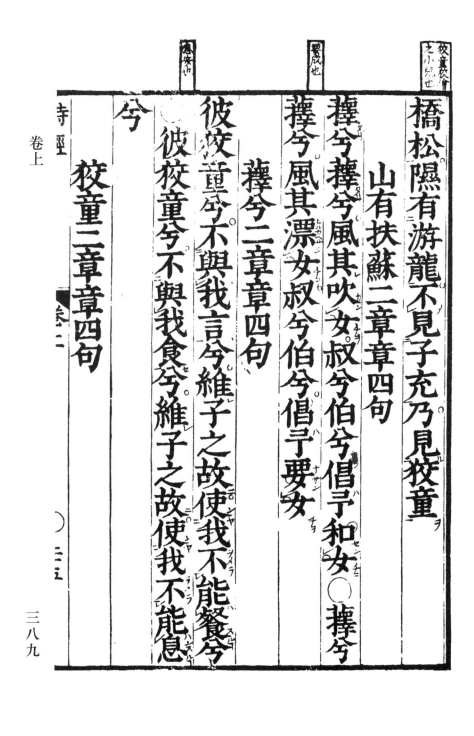

子惠思我褰裳涉溱子不我思豈無他人狂童之
狂也且○子惠思我褰裳涉洧子不我思豈無他
士狂童之狂也且

褰裳二章章五句

子之丰兮俟我乎巷兮悔予不送兮○子之昌兮
俟我乎堂兮悔予不將兮○衣錦褧衣裳錦褧裳叔
兮伯兮駕予與行○裳錦褧裳衣錦褧衣叔兮伯兮
駕予與歸

丰四章二章章三句二章章四句

墠除地町町者

踐行列皃

東門之墠茹藘在阪其室則邇其人甚遠○東門之栗有踐家室豈不爾思子不我卽

東門之墠二章章四句

風雨淒淒雞鳴喈喈既見君子云胡不夷○風雨瀟瀟雞鳴膠膠既見君子云胡不瘳○風雨如晦雞鳴不已既見君子云胡不喜

風雨三章章四句

青青子衿悠悠我心縱我不往子寧不嗣音○青青子佩悠悠我思縱我不往子寧不來○挑兮達

挑輕儇跳躍之貌達放恣也

兮在城闕兮一日不見如三月兮

子衿三章章四句

揚之水不流束楚終鮮兄弟維予與女無信人之言人實迋女○揚之水不流束薪終鮮兄弟維予二人無信人之言人實不信

迋與誑同

揚之水二章章六句

出其東門有女如雲雖則如雲匪我思存縞衣綦巾聊樂我員○出其闉闍有女如荼雖則如荼匪我思且縞衣茹藘聊可與娛

縞白色綦蒼文色闉曲城闍城臺也茹藘可以染絳故以名衣服之色

邂逅不期而會也

出其東門二章章六句

野有蔓草零露漙兮有美一人清揚婉兮邂逅相遇適我願兮◯野有蔓草零露瀼瀼有美一人婉如清揚邂逅相遇與子偕臧

野有蔓草二章章六句

溱與洧方渙渙兮士與女方秉蕑兮女曰觀乎士曰既且且往觀乎洧之外洵訏且樂維士與女伊其相謔贈之以勺藥◯溱與洧瀏其清矣士與女殷其盈矣女曰觀乎士曰既且且往觀乎洧之外

甘樂也會朝會也

儇利也

洵訏且樂維士與女伊其將謔贈之以勺藥

溱洧二章章十二句

齊一之八

雞既鳴矣朝既盈矣匪雞則鳴蒼蠅之聲○東方明矣朝既昌矣匪東方則明月出之光○蟲飛薨薨甘與子同夢會且歸矣無庶予子憎

雞鳴三章章四句

子之還兮遭我乎峱之閒兮並驅從兩肩兮揖我謂我儇兮○子之茂兮遭我乎峱之道兮並驅從

兩牡兮揖我謂我好兮○子之昌兮遭我乎峱之陽兮並驅從兩狼兮揖我謂我臧兮

還三章章四句

俟我於著乎而充耳以素乎而尚之以瓊華乎而○俟我於庭乎而充耳以青乎而尚之以瓊瑩乎而○俟我於堂乎而充耳以黃乎而尚之以瓊英乎而

著三章章三句

東方之日兮彼姝者子在我室兮在我室兮履我

卽兮○東方之月兮彼姝者子在我闥兮在我闥
兮履我發兮
東方之日二章章五句
東方未明顚倒衣裳顚之倒之自公召之○東方
未晞顚倒裳衣倒之顚之自公令之○折柳樊圃
狂夫瞿瞿不能晨夜不夙則莫
東方未明三章章四句
南山崔崔雄狐綏綏魯道有蕩齊子由歸既曰歸
止曷又懷止○葛屨五兩冠緌雙止魯道有蕩齊

蓺樹也

鞫窮也

田謂耕治之也

子庸止既曰庸止曷又從止○蓺麻如之何衡從其畝取妻如之何必告父母既曰告止曷又鞫止○析薪如之何匪斧不克取妻如之何匪媒不得既曰得止曷又極止

南山四章章六句

無田甫田維莠驕驕無思遠人勞心忉忉○無田甫田維莠桀桀無思遠人勞心怛怛○婉兮孌兮總角丱兮未幾見兮突而弁兮

甫田三章章四句

盧田犬也重環子母環鬈鬚鬢好貌重鋂一環貫二也偲多鬚之貌

簟方文席茀車後戶也鞹獸皮之去毛者發夕謂離於所宿之舍

盧令令其人美且仁○盧重環其人美且鬈○盧重鋂其人美且偲

盧令三章章二句

敝笱在梁其魚魴鰥齊子歸止其從如雲○敝笱在梁其魚魴鱮齊子歸止其從如雨○敝笱在梁其魚唯唯齊子歸止其從如水

敝笱三章章四句

載驅薄薄簟茀朱鞹魯道有蕩齊子發夕○四驪濟濟垂轡瀰瀰魯道有蕩齊子豈弟○汶水湯湯

行人彭彭魯道有蕩齊子翺翔○汶水滔滔行人儦儦魯道有蕩齊子遊敖

載驅四章章四句

猗嗟昌兮頎而長兮抑若揚兮美目揚兮巧趨蹌兮射則臧兮○猗嗟名兮美目清兮儀既成兮終日射侯不出正兮展我甥兮○猗嗟孌兮清揚婉兮舞則選兮射則貫兮四矢反兮以禦亂兮

猗嗟三章章六句

魏一之九

要衣腰也襋衣領也

沮洳水浸處下濕之地

糾糾葛屨可以履霜摻摻女手可以縫裳要之襋之好人服之○好人提提宛然左辟佩其象揥維是褊心是以爲刺

葛屨二章一章六句一章五句

彼汾沮洳言采其莫彼其之子美無度美無度殊異乎公路○彼汾一方言采其桑彼其之子美如英美如英殊異乎公行○彼汾一曲言采其藚彼其之子美如玉美如玉殊異乎公族

汾沮洳三章章六句

園有桃其實之殽心之憂矣我歌且謠不知我者謂我士也驕彼人是哉子曰何其心之憂矣其誰知之其誰知之蓋亦勿思○園有棘其實之食心之憂矣聊以行國不知我者謂我士也罔極彼人是哉子曰何其心之憂矣其誰知之其誰知之蓋亦勿思

園有桃二章章十二句

陟彼岵兮瞻望父兮父曰嗟予子行役夙夜無已上慎旃哉猶來無止○陟彼屺兮瞻望母兮母曰

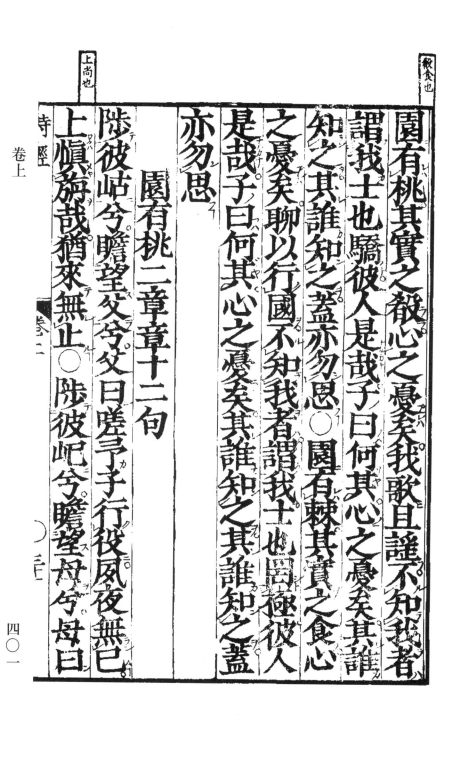

行猶將也

猗音醫與兮同語詞也

嗟予季行役夙夜無寐上慎旃哉猶來無棄○陟彼岡兮瞻望兄兮兄曰嗟予弟行役夙夜必偕上慎旃哉猶來無死

陟岵三章章六句

十畝之間兮桑者閑閑兮行與子還兮○十畝之外兮桑者泄泄兮行與子逝兮

十畝之間二章章三句

坎坎伐檀兮寘之河之干兮河水清且漣猗不稼不穡胡取禾三百廛兮不狩不獵胡瞻爾庭有縣

直波紋之直者

貫音慣習也

貆兮彼君子兮不素餐兮○坎坎伐輻兮寘之河之側兮河水清且直不稼不穡胡取禾三百億兮不狩不獵胡瞻爾庭有縣特兮彼君子兮不素食兮○坎坎伐輪兮寘之河之漘兮河水清且淪猗不稼不穡胡取禾三百囷兮不狩不獵胡瞻爾庭有縣鶉兮彼君子兮不素飧兮

伐檀三章章九句

碩鼠碩鼠無食我黍三歲貫女莫我肯顧逝將去女適彼樂土樂土樂土爰得我所○碩鼠碩鼠無

直宜也

職主也

食我麥三歲貫女莫我肯德逝將去女適彼樂國
樂國樂國爰得我直◯碩鼠碩鼠無食我苗三歲
貫女莫我肯勞逝將去女適彼樂郊樂郊樂郊誰
之永號

碩鼠三章章八句

唐一之十

蟋蟀在堂歲聿其莫今我不樂日月其除無已大
康職思其居好樂無荒良士瞿瞿◯蟋蟀在堂歲
聿其逝今我不樂日月其邁無已大康職思其外

慆過也

婁亦曳也

考擊也

好樂無荒良士蹶蹶○蟋蟀在堂役車其休今我不樂日月其慆無已大康職思其憂好樂無荒良士休休

蟋蟀三章章八句

山有樞隰有榆子有衣裳弗曳弗婁子有車馬弗馳弗驅宛其死矣他人是愉○山有栲隰有杻子有廷內弗洒弗埽子有鐘鼓弗鼓弗考宛其死矣他人是保○山有漆隰有栗子有酒食何不日鼓瑟且以喜樂且以永日宛其死矣他人入室

揚激也

聊且並語詞

山有樞三章章八句

揚之水白石鑿鑿素衣朱襮從子于沃既見君子云何不樂○揚之水白石皓皓素衣朱繡從子于鵠既見君子云何其憂○揚之水白石粼粼我聞有命不敢以告人

揚之水三章二章章六句一章四句

椒聊之實蕃衍盈升彼其之子碩大無朋椒聊且遠條且○椒聊之實蕃衍盈匊彼其之子碩大且篤椒聊且遠條且

比補佽助也

椒聊二章章六句

綢繆束薪三星在天今夕何夕見此良人子兮子兮如此良人何◯綢繆束芻三星在隅今夕何夕見此邂逅子兮子兮如此邂逅何◯綢繆束楚三星在戶今夕何夕見此粲者子兮子兮如此粲者何

綢繆三章章六句

有杕之杜其葉湑湑獨行踽踽豈無他人不如我同父嗟行之人胡不比焉人無兄弟胡不佽焉◯

有杕之杜。其葉菁菁。獨行睘睘。豈無他人。不如我同姓。嗟行之人。胡不比焉。人無兄弟。胡不佽焉。

杕杜二章章九句

羔裘豹祛。自我人居居。豈無他人。維子之故。◯羔裘豹褎。自我人究究。豈無他人。維子之好。

羔裘二章章四句

肅肅鴇羽。集于苞栩。王事靡盬。不能蓺稷黍。父母何怙。悠悠蒼天。曷其有所。◯肅肅鴇翼。集于苞棘。王事靡盬。不能蓺黍稷。父母何食。悠悠蒼天。曷其

噬發語詞

周曲也

有極○肅肅鴇行集于苞桑王事靡盬不能蓺稻粱父母何嘗悠悠蒼天曷其有常

鴇羽三章章七句

豈曰無衣七兮不如子之衣安且吉兮○豈曰無衣六兮不如子之衣安且燠兮

無衣二章章三句

有杕之杜生于道左彼君子兮噬肯適我中心好之曷飲食之○有杕之杜生于道周彼君子兮噬肯來遊中心好之曷飲食之

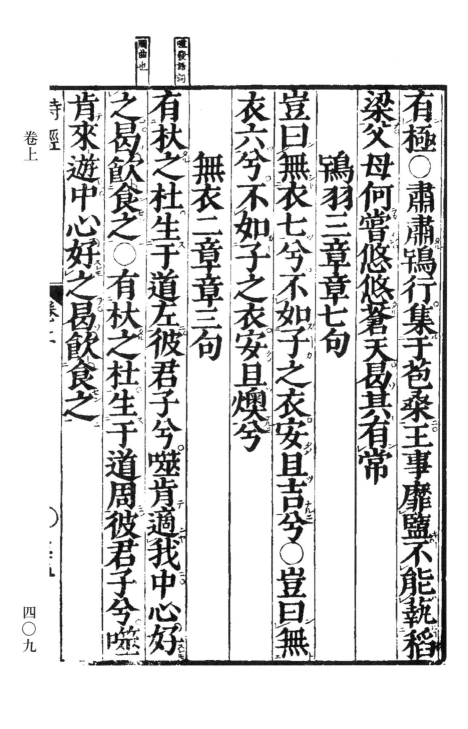

有杕之杜二章章六句

葛生蒙楚蘞蔓于野予美亡此誰與獨處○葛生蒙棘蘞蔓于域予美亡此誰與獨息○角枕粲兮錦衾爛兮予美亡此誰與獨旦○夏之日冬之夜百歲之後歸于其居○冬之夜夏之日百歲之後歸于其室

葛生五章章四句

采苓采苓首陽之巔人之爲言苟亦無信舍旃舍旃苟亦無然人之爲言胡得焉○采苦采苦首陽

居墳墓也

室壙也

之下人之爲言苟亦無與舍旃舍旃苟亦無然人之爲言胡得焉○采葑采葑首陽之東人之爲言苟亦無從舍旃舍旃苟亦無然人之爲言胡得焉

采苓三章章八句

秦一之十一

有車鄰鄰有馬白顛未見君子寺人之令○阪有漆隰有栗既見君子並坐鼓瑟今者不樂逝者其耋○阪有桑隰有楊既見君子並坐鼓簧今者不樂逝者其亡

阜肥大也媚子所親愛之人也時是辰時也舍捨拔矢括也獫歇驕皆田犬名

俴淺收軫楘文章皃梁輈輈形如梁游環靷環脅驅當服馬背外陰軌靷係驂頸沃金續陰版之飾文茵虎文褥暢長也龍盾畫龍之盾也鋈消白金沃灌也觼環之有舌者軜驂内轡也

車鄰三章一章四句二章章六句

駟驖孔阜六轡在手公之媚子從公于狩○奉時辰牡辰牡孔碩公曰左之舍拔則獲○遊于北園四馬既閑輶車鸞鑣載獫歇驕

駟驖三章章四句

小戎俴收五楘梁輈游環脅驅陰靷鋈續文茵暢轂駕我騏馵言念君子溫其如玉在其板屋亂我心曲○四牡孔阜六轡在手騏駵是中騧驪是驂龍盾之合鋈以觼軜言念君子溫其在邑方何爲

俴駟淺薄之金爲甲四馬也厹矛三隅矛也……平底鐓也伐盾之別名苑文貌虎韔虎皮韔也鏤膺鏤金飾馬胸帶也交韔交二弓閉弓檠緄繩縢約也

期胡然我念之○俴駟孔羣厹矛鋈錞蒙伐有苑
虎韔鏤膺交韔二弓竹閉緄縢言念君子載寢載
興厭厭良人秩秩德音

小戎三章章十句

蒹葭蒼蒼白露爲霜所謂伊人在水一方遡洄從
之道阻且長遡游從之宛在水中央○蒹葭淒淒
白露未晞所謂伊人在水之湄遡洄從之道阻且
躋遡游從之宛在水中坻○蒹葭采采白露未已
所謂伊人在水之涘遡洄從之道阻且右遡游從

之宛在水中沚

蒹葭三章章八句

終南何有有條有梅君子至止錦衣狐裘顏如渥丹其君也哉○終南何有有紀有堂君子至止黻衣繡裳佩玉將將壽考不忘

終南二章章六句

交交黃鳥止于棘誰從穆公子車奄息維此奄息百夫之特臨其穴惴惴其慄彼蒼者天殲我良人如可贖兮人百其身○交交黃鳥止于桑誰從穆

晨風鸇也

公子車仲行維此仲行百夫之防臨其穴惴惴其慄彼蒼者天殲我良人如可贖兮人百其身○交交黄鳥止于楚誰從穆公子車鍼虎維此鍼虎百夫之禦臨其穴惴惴其慄彼蒼者天殲我良人如可贖兮人百其身

黄鳥三章章十二句

鴥彼晨風鬱彼北林未見君子憂心欽欽如何如何忘我實多○山有苞櫟隰有六駮未見君子憂心靡樂如何如何忘我實多○山有苞棣隰有樹

檖未見君子憂心如醉如何如何忘我實多
晨風三章章六句
豈曰無衣與子同袍王于興師修我戈矛與子同
仇○豈曰無衣與子同澤王于興師修我矛戟與
子偕作○豈曰無衣與子同裳王于興師修我甲
兵與子偕行
無衣三章章五句
我送舅氏曰至渭陽何以贈之路車乘黃○我送
舅氏悠悠我思何以贈之瓊瑰玉佩

鷺羽爲翳舞者持以指麾也

翿翳也

渭陽二章章四句

於我乎夏屋渠渠今也每食無餘于嗟乎不承權輿○於我乎每食四簋今也每食不飽于嗟呼不承權輿

權輿二章章五句

陳一之十二

子之湯兮宛丘之上兮洵有情兮而無望兮○坎其擊鼓宛丘之下無冬無夏値其鷺羽○坎其擊缶宛丘之道無冬無夏値其鷺翿

逝往也

鬷數也

泌泉水也

宛丘三章章四句

東門之枌宛丘之栩子仲之子婆娑其下○穀旦于差南方之原不績其麻市也婆娑○穀旦于逝越以鬷邁視爾如荍貽我握椒

東門之枌三章章四句

衡門之下可以棲遲泌之洋洋可以樂飢○豈其食魚必河之魴豈其取妻必齊之姜○豈其食魚必河之鯉豈其取妻必宋之子

衡門三章章四句

漚漬也

斯析也

誰昔猶疇昔也

東門之池可以漚麻彼美淑姬可與晤歌○東門之池可以漚紵彼美淑姬可與晤語○東門之池可以漚菅彼美淑姬可與晤言

東門之池三章章四句

東門之楊其葉牂牂昏以爲期明星煌煌○東門之楊其葉肺肺昏以爲期明星晳晳

東門之楊二章章四句

墓門有棘斧以斯之夫也不良國人知之知而不已誰昔然矣○墓門有梅有鴞萃止夫也不良歌

防捍水者邛丘侜侜張也

唐廟中路甓瓴鷊小草也

佼人美人也窈糾幽遠也懮受憂思也夭紹糾緊之意

以訊之訊予不顧顚倒思予

墓門二章章六句

防有鵲巢邛有旨苕誰侜予美心焉忉忉○中唐有甓邛有旨鷊誰侜予美心焉惕惕

防有鵲巢二章章四句

月出皎兮佼人僚兮舒窈糾兮勞心悄兮○月出皓兮佼人懰兮舒懮受兮勞心慅兮○月出照兮佼人燎兮舒夭紹兮勞心慘兮

月出三章章四句

胡爲乎株林從夏南匪適株林從夏南○駕我乘
馬說于株野乘我乘駒朝食于株
株林二章章四句
彼澤之陂有蒲與荷有美一人傷如之何寤寐無
爲涕泗滂沱○彼澤之陂有蒲與蕑有美一人碩
大且卷寤寐無爲中心悁悁○彼澤之陂有蒲菡
萏有美一人碩大且儼寤寐無爲輾轉伏枕
澤陂三章章六句
檜一之十三

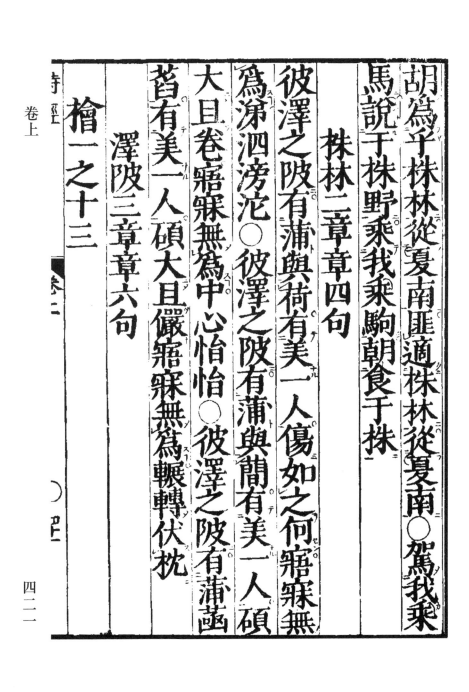

棘急也遽之狀

猗儺柔順也

羔裘逍遥，狐裘以朝，豈不爾思，勞心忉忉。◯羔裘翱翔，狐裘在堂，豈不爾思，我心憂傷。◯羔裘如膏，日出有曜，豈不爾思，中心是悼。

羔裘三章章四句

庶見素冠兮，棘人欒欒兮，勞心慱慱兮。◯庶見素衣兮，我心傷悲兮，聊與子同歸兮。◯庶見素韠兮，我心蘊結兮，聊與子如一兮。

素冠三章章三句

隰有萇楚，猗儺其枝，夭之沃沃，樂子之無知。◯隰

有萇楚猗儺其華夭之沃沃樂子之無家○隰有萇楚猗儺其實夭之沃沃樂子之無室

隰有萇楚三章章四句

匪風發兮匪車偈兮顧瞻周道中心怛兮○匪風飄兮匪車嘌兮顧瞻周道中心弔兮○誰能亨魚漑之釜鬵誰將西歸懷之好音

匪風三章章四句

曹一之十四

蜉蝣之羽。衣裳楚楚心之憂矣於我歸處○蜉蝣

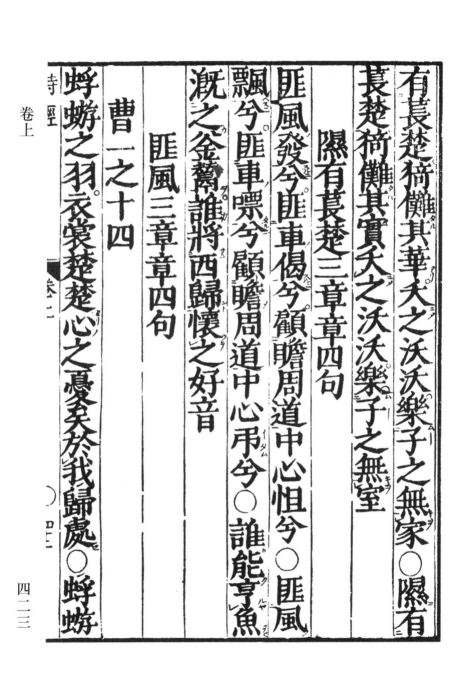

候人、道路迎送賓客之官祋殳也

濡漬也

之翼。采采衣服。心之憂矣。於我歸息。○蜉蝣掘閱。麻衣如雪。心之憂矣。於我歸說。

蜉蝣三章章四句

彼候人兮。何戈與祋。彼其之子。三百赤芾。○維鵜在梁。不濡其翼。彼其之子。不稱其服。○維鵜在梁。不濡其咮。彼其之子。不遂其媾。○薈兮蔚兮。南山朝隮。婉兮孌兮。季女斯飢。

候人四章章四句

鳲鳩在桑。其子七兮。淑人君子。其儀一兮。其儀一兮心如結兮○鳲鳩在桑其子在梅淑人君子其帶伊絲其帶伊絲其弁伊騏○鳲鳩在桑其子在棘淑人君子其儀不忒其儀不忒正是四國○鳲鳩在桑其子在榛淑人君子正是國人正是國人胡不萬年

鳲鳩四章章六句

冽彼下泉浸彼苞稂愾我寤嘆念彼周京○冽彼下泉浸彼苞蕭愾我寤嘆念彼京周○冽彼下泉浸彼苞蓍愾我寤嘆念彼京師○芃芃黍苗陰雨

火大火星觱發風寒栗烈氣寒也于耜往修田器也舉趾始耕也饁餉田也田畯田大夫也

膏之四國有王郇伯勞之

下泉四章章四句

豳一之十五

七月流火九月授衣一之日觱發二之日栗烈無衣無褐何以卒歲三之日于耜四之日舉趾同我婦子饁彼南畝田畯至喜○七月流火九月授衣春日載陽有鳴倉庚女執懿筐遵彼微行爰求柔桑春日遲遲采蘩祁祁女心傷悲殆及公子同歸○七月流火八月萑葦蠶月條桑取彼斧斨以伐

取葉存條曰猗

穫禾之早者也隕墜蘀落也于貉往取狐貉也

穹空隙窒塞也向北出牖也墐塗也

遠揚猗彼女桑七月鳴鵙八月載績載玄載黃我朱孔陽爲公子裳○四月秀葽五月鳴蜩八月其穫十月隕蘀一之日于貉取彼狐狸爲公子裘二之日其同載纘武功言私其豵獻豣于公○五月斯螽動股六月莎雞振羽七月在野八月在宇九月在戶十月蟋蟀入我牀下穹窒熏鼠塞向墐戶嗟我婦子曰爲改歲入此室處○六月食鬱及薁七月亨葵及菽八月剝棗十月穫稻爲此春酒以介眉壽七月食瓜八月斷壺九月叔苴采荼薪樗

同聚也

索絞綯索也

凌陰冰室也

滌者農事畢而掃場地也兩尊曰朋

鬻養也

閔憂也

食我農夫○九月築場圃十月納禾稼黍稷重穋禾麻菽麥嗟我農夫我稼既同上入執宮功晝爾于茅宵爾索綯亟其乘屋其始播百穀○二之日鑿冰冲冲三之日納于凌陰四之日其蚤獻羔祭韭九月肅霜十月滌場朋酒斯饗曰殺羔羊躋彼公堂稱彼兕觥萬壽無疆

七月八章章十一句

鴟鴞鴟鴞既取我子無毀我室恩斯勤斯鬻子之閔斯○迨天之未陰雨徹彼桑土綢繆牖戶今女

捋取也蓄積租聚也

士事也烝發語辭

町畽舍傍隙地也

下民或敢侮予○予手拮据予所捋荼予所蓄租予口卒瘏曰予未有室家○予羽譙譙予尾翛翛予室翹翹風雨所漂搖予維音嘵嘵

鴟鴞四章章五句

我徂東山慆慆不歸我來自東零雨其濛我東曰歸我心西悲制彼裳衣勿士行枚蜎蜎者蠋烝在桑野敦彼獨宿亦在車下○我徂東山慆慆不歸我來自東零雨其濛果臝之實亦施于宇伊威在室蠨蛸在戶町畽鹿場熠燿宵行不可畏也伊可

稱婦人之辭也

懷也○我徂東山慆慆不歸我來自東零雨其濛鸛鳴于垤婦嘆于室洒掃穹窒我征聿至有敦瓜苦烝在栗薪自我不見于今三年○我徂東山慆慆不歸我來自東零雨其濛倉庚于飛熠燿其羽之子于歸皇駁其馬親結其縭九十其儀其新孔嘉其舊如之何

東山四章章十二句

既破我斧又缺我斨周公東征四國是皇哀我人斯亦孔之將○既破我斧又缺我錡周公東征四

遒斂而固之也

國是吪哀我人斯亦孔之嘉○既破我斧又缺我錡周公東征四國是遒哀我人斯亦孔之休

破斧三章章六句

伐柯如何匪斧不克取妻如何匪媒不得○伐柯伐柯其則不遠我覯之子籩豆有踐

伐柯二章章四句

九罭之魚鱒魴我覯之子袞衣繡裳○鴻飛遵渚公歸無所於女信處○鴻飛遵陸公歸不復於女信宿○是以有袞衣兮無以我公歸兮無使我心

胡頷下懸肉也疐跲也孫讓也碩大膚美也

悲兮

九罭四章一章四句三章章三句

狼跋其胡載疐其尾公孫碩膚赤舄几几○狼疐其尾載跋其胡公孫碩膚德音不瑕

狼跋二章章四句

詩經卷之上終

周行大道也視示同恌偷薄也

湛耽樂也

小雅二

鹿鳴之什二之一

呦呦鹿鳴食野之苹我有嘉賓鼓瑟吹笙吹笙鼓簧承筐是將人之好我示我周行○呦呦鹿鳴食野之蒿我有嘉賓德音孔昭視民不恌君子是則是傚我有旨酒嘉賓式燕以敖○呦呦鹿鳴食野之芩我有嘉賓鼓瑟鼓琴鼓瑟鼓琴和樂且湛我有旨酒以燕樂嘉賓之心

鹿鳴三章章八句

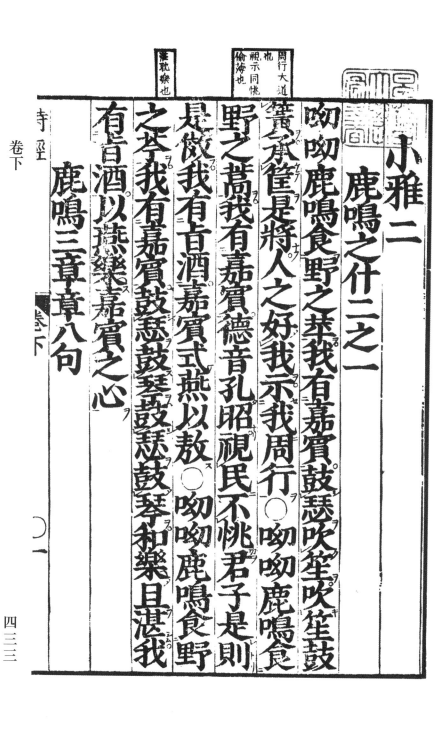

盬不堅固也

啓跪處居也 將養也

咨諏訪問也

四牡騑騑周道倭遲豈不懷歸王事靡盬我心傷悲○四牡騑騑嘽嘽駱馬豈不懷歸王事靡盬不遑啓處○翩翩者鵻載飛載下集于苞栩王事靡盬不遑將父○翩翩者鵻載飛載止集于苞杞王事靡盬不遑將母○駕彼四駱載驟駸駸豈不懷歸是用作歌將母來諗

四牡五章章五句

皇皇者華于彼原隰駪駪征夫每懷靡及○我馬維駒六轡如濡載馳載驅周爰咨諏○我馬維騏

詢猶度也

裒聚也

鬩很也

務音侮戎助也儐陳飫饜也

六轡如絲載馳載驅周爰咨謀○我馬維駱六轡沃若載馳載驅周爰咨度○我馬維駰六轡既均載馳載驅周爰咨詢

皇皇者華五章章四句

常棣之華鄂不韡韡凡今之人莫如兄弟○死喪之威兄弟孔懷原隰裒矣兄弟求矣○脊令在原兄弟急難每有良朋況也永歎○兄弟鬩于牆外禦其務每有良朋烝也無戎○喪亂既平既安且寧雖有兄弟不如友生○儐爾籩豆飲酒之飫兄

具俱也孺小兒之慕父母也翕合也湛帑妻子也亶信也

相視也

釃泲也藇美貌

室家既具和樂且孺○妻子好合如鼓瑟琴兄弟既翕和樂且湛○宜爾室家樂爾妻帑是究是圖亶其然乎

常棣八章章四句

伐木丁丁鳥鳴嚶嚶出自幽谷遷于喬木嚶其鳴矣求其友聲相彼鳥矣猶求友聲矧伊人矣不求友生神之聽之終和且平○伐木許許釃酒有藇既有肥羜以速諸父寧適不來微我弗顧於粲洒掃陳饋八簋既有肥牡以速諸舅寧適不來微我

衍多也踐陳列貌乾餱食之薄者也湑釃也酤買也

單盡也

庶衆也戩穀盡善也罄盡也

吉言諏日擇士之善蠲音娟言齋戒滌濯之潔饎酒食也

有咎○伐木于阪釃酒有衍籩豆有踐兄弟無遠民之失德乾餱以愆有酒湑我無酒酤我坎坎鼓我蹲蹲舞我迨我暇矣飲此湑矣

伐木三章章十二句

天保定爾亦孔之固俾爾單厚何福不除俾爾多益以莫不庶○天保定爾俾爾戩穀罄無不宜受天百祿降爾遐福維日不足○天保定爾以莫不興如山如阜如岡如陵如川之方至以莫不增○吉蠲為饎是用孝享禴祠烝嘗于公先王君曰卜

弔至也　恒弦也　騫虧也　承繼也　作生出地也　玁狁北狄也　聘問也

爾萬壽無疆○神之弔矣詒爾多福民之質矣日用飲食群黎百姓徧爲爾德○如月之恒如日之升如南山之壽不騫不崩如松柏之茂無不爾或承

天保六章章六句

采薇采薇薇亦作止曰歸曰歸歲亦莫止靡室靡家玁狁之故不遑啓居玁狁之故○采薇采薇薇亦柔止曰歸曰歸心亦憂止憂心烈烈載飢載渴我戍未定靡使歸聘○采薇采薇薇亦剛止曰歸

陽十月孜
疚病也
來歸也
[illegible]
華盛貌

捷勝也

腓猶芘

象弭弓弰
魚服矢[illegible]

曰歸歲亦陽止王事靡盬不遑啓處憂心孔疚我
行不來○彼爾維何維常之華彼路斯何君子之
車戎車既駕四牡業業豈敢定居一月三捷○駕
彼四牡四牡騤騤君子所依小人所腓四牡翼翼
象弭魚服豈不日戒玁狁孔棘○昔我往矣楊柳
依依今我來思雨雪霏霏行道遲遲載渴載飢我
心傷悲莫知我哀

采薇六章章八句

我出我車于彼牧矣自天子所謂我來矣召彼僕

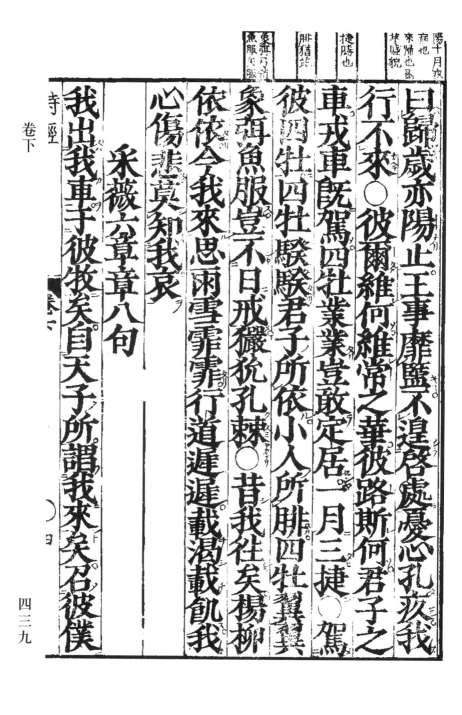

瘁音悴

襄除也

塗塗泥也
簡書戒命

遑之爲言
聊也

訊魁首當
問訊者也
醜徒衆也

夫謂之載矣。王事多難。維其棘矣。○我出我車于彼郊矣。設此旐矣。建彼旄矣。彼旟旐斯。胡不旆旆。憂心悄悄。僕夫況瘁。○王命南仲。往城于方。出車彭彭。旂旐央央。天子命我。城彼朔方。赫赫南仲。玁狁于襄。○昔我往矣。黍稷方華。今我來思。雨雪載塗。王事多難。不遑啓居。豈不懷歸。畏此簡書。○喓喓草蟲。趯趯阜螽。未見君子。憂心忡忡。既見君子。我心則降。赫赫南仲。薄伐西戎。○春日遲遲。卉木萋萋。倉庚喈喈。采蘩祁祁。執訊獲醜。薄言還歸。赫

夷平也

赫南仲玁狁于夷

出車六章章八句

有杕之杜有睆其實王事靡盬繼嗣我日日月陽止女心傷止征夫遑止○有杕之杜其葉萋萋王事靡盬我心傷悲卉木萋止女心悲止征夫歸止○陟彼北山言采其杞王事靡盬憂我父母檀車幝幝四牡痯痯征夫不遠○匪載匪來憂心孔疚期逝不至而多爲恤卜筮偕止會言近止征夫邇止

杕杜四章章七句

鱧鱺也罶以曲薄為笱而承梁之空者也

南陔

白華之什二之二

白華

華黍

魚麗于罶鱨鯊君子有酒旨且多◯魚麗于罶魴鱧君子有酒多且旨◯魚麗于罶鰋鯉君子有酒旨且有◯物其多矣維其嘉矣◯物其旨矣維其偕矣◯物其有矣維其時矣

魚麗六章三章章四句三章章二句

衎樂也

由庚

南有嘉魚烝然罩罩君子有酒嘉賓式燕以樂◯

南有嘉魚烝然汕汕君子有酒嘉賓式燕以衎◯

南有樛木甘瓠纍之君子有酒嘉賓式燕綏之◯

翩翩者鵻烝然來思君子有酒嘉賓式燕又思

南有嘉魚四章章四句

崇丘

南山有臺北山有萊樂只君子邦家之基樂只君子萬壽無期◯南山有桑北山有楊樂只君子邦

黃耇ハ髮復黃也耇老人面凍梨色如浮垢也

家之光樂只君子萬壽無疆○南山有杞北山有李樂只君子民之父母樂只君子德音不已○南山有栲北山有杻樂只君子遐不眉壽樂只君子德音是茂○南山有枸北山有楰樂只君子遐不黃耇樂只君子保艾爾後

南山有臺五章章六句

由儀

蓼彼蕭斯零露湑兮既見君子我心寫兮燕笑語兮是以有譽處兮○蓼彼蕭斯零露瀼瀼既見君

豈音愷

鞗轡也革轡首也

宗宗室也考成也

子爲龍爲光其德不爽壽考不忘○蓼彼蕭斯零露泥泥既見君子孔燕豈弟宜兄宜弟令德壽豈○蓼彼蕭斯零露濃濃既見君子鞗革沖沖和鸞雝雝萬福攸同

蓼蕭四章章六句

湛湛露斯匪陽不晞厭厭夜飲不醉無歸○湛湛露斯在彼豐草厭厭夜飲在宗載考○湛湛露斯在彼杞棘顯允君子莫不令德○其桐其椅其實離離豈弟君子莫不令儀

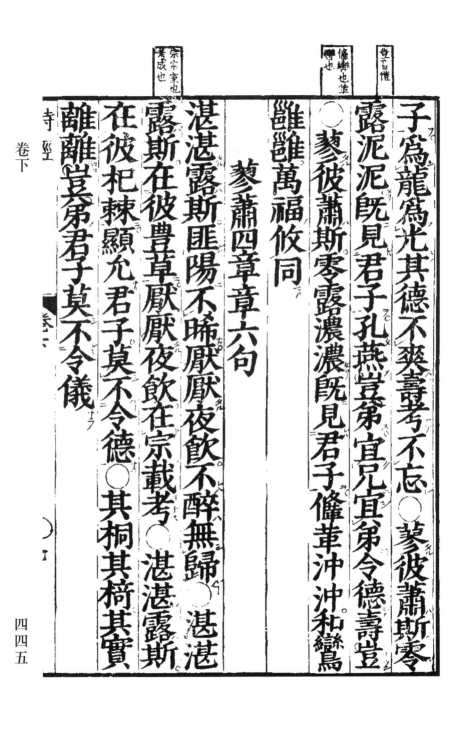

右音又勸也

醻音酬報也

湛露四章章四句

彤弓之什二之三

彤弓弨兮受言藏之我有嘉賓中心貺之鐘鼓既設一朝饗之○彤弓弨兮受言載之我有嘉賓中心喜之鐘鼓既設一朝右之○彤弓弨兮受言櫜之我有嘉賓中心好之鐘鼓既設一朝醻之

彤弓三章章六句

菁菁者莪在彼中阿既見君子樂且有儀○菁菁者莪在彼中沚既見君子我心則喜○菁菁者莪

常服戎事之常服

熾盛也比物齊其力也

顒大貌

膚大公功

茹度也

在彼中陵既見君子錫我百朋○汎汎楊舟載沈載浮既見君子我心則休

菁菁者莪四章章四句

六月棲棲戎車既飭四牡騤騤載是常服玁狁孔熾我是用急王于出征以匡王國○比物四驪閑之維則維此六月既成我服我服既成于三十里王于出征以佐天子○四牡修廣其大有顒薄伐玁狁以奏膚公有嚴有翼共武之服共武之服以定王國○玁狁匪茹整居焦穫侵鎬及方至于涇

織幟字同鳥章鳥隼之章也輊覆而前也軒却而後也佶壯健貌

師衆干扞試肄習也奭赤貌簟茀車蔽也魚服矢服也鉤膺鞗革皆馬飾也

陽織文鳥章白旆央央元戎十乘以先啓行○戎車既安如輊如軒四牡既佶既佶且閑薄伐玁狁至于大原文武吉甫萬邦爲憲○吉甫燕喜既多受祉來歸自鎬我行永久飲御諸友炰鼈膾鯉侯誰在矣張仲孝友

六月六章章八句

薄言采芑于彼新田于此菑畝方叔涖止其車三千師干之試方叔率止乘其四騏四騏翼翼路車有奭簟茀魚服鉤膺鞗革○薄言采芑于彼新田

約束軝轂錯文也

蔥蒼色珩佩首横玉也

鉦鐃也鐲也鐲鼓也

于此中鄉方叔涖止其車三千旂旐央央方叔率
止約軝錯衡八鸞瑲瑲服其命服朱芾斯皇有瑲
蔥珩○鴥彼飛隼其飛戾天亦集爰止方叔涖止
其車三千師干之試方叔率止鉦人伐鼓陳師鞠
旅顯允方叔伐鼓淵淵振旅闐闐○蠢爾蠻荊大
邦爲讎方叔元老克壯其猶方叔率止執訊獲醜
戎車嘽嘽嘽嘽焞焞如霆如雷顯允方叔征伐玁
狁蠻荊來威

采芑四章章十二句

攻堅也甫草甫田也苗狩獵名

決鉤弦拾遂弦佽比也

我車既攻我馬既同四牡龐龐駕言徂東○田車既好四牡孔阜東有甫草駕言行狩○之子于苗選徒囂囂建旐設旄搏獸于敖○駕彼四牡四牡奕奕赤芾金舄會同有繹○決拾既佽弓矢既調射夫既同助我舉柴○四黃既駕兩驂不猗不失其馳舍矢如破○蕭蕭馬鳴悠悠旆旌徒御不驚大庖不盈○之子于征有聞無聲允矣君子展也大成

車攻八章章四句

伯馬祖也

醜衆也差擇同聚也

吉日維戊既伯既禱田車既好四牡孔阜升彼大阜從其群醜○吉日庚午既差我馬獸之所同麀鹿麌麌漆沮之從天子之所○瞻彼中原其祁孔有儦儦俟俟或群或友悉率左右以燕天子○既張我弓既挾我矢發彼小豝殪此大兕以御賓客且以酌醴

吉日四章章六句

鴻鴈于飛肅肅其羽之子于征劬勞于野爰及矜人哀此鰥寡○鴻鴈于飛集于中澤之子于垣百

究猶也

艾盡也

堵皆作雖則劬勞其究安宅〇鴻鴈于飛哀鳴嗸嗸維此哲人謂我劬勞維彼愚人謂我宣驕

鴻鴈三章章六句

夜如何其夜未央庭燎之光君子至止鸞聲將將〇夜如何其夜未艾庭燎晣晣君子至止鸞聲噦噦〇夜如何其夜鄉晨庭燎有煇君子至止言觀其旂

庭燎三章章五句

沔彼流水朝宗于海鴥彼飛隼載飛載止嗟我兄

弭止也

懲止也

弟邦人諸友莫肯念亂誰無父母○沔彼流水其流湯湯鴥彼飛隼載飛載揚念彼不蹟載起載行心之憂矣不可弭忘○鴥彼飛隼率彼中陵民之訛言寧莫之懲我友敬矣讒言其興

沔水三章二章章八句一章六句

鶴鳴于九皐聲聞于野魚潛在淵或在于渚樂彼之園爰有樹檀其下維蘀他山之石可以爲錯○鶴鳴于九皐聲聞于天魚在于渚或潛在淵樂彼之園爰有樹檀其下維穀他山之石可以攻玉

鶴鳴二章章九句

祈父之什二之四

祈父予王之爪牙胡轉予于恤靡所止居○祈父。予王之爪士胡轉予于恤靡所底止○祈父亶不聰胡轉予于恤有母之尸饔

祈父三章章四句

皎皎白駒食我場苗縶之維之以永今朝所謂伊人於焉逍遙○皎皎白駒食我場藿縶之維之以永今夕所謂伊人於焉嘉客○皎皎白駒賁然來

思爾公爾侯逸豫無期慎爾優游勉爾遁思○皎
皎白駒在彼空谷生芻一束其人如玉毋金玉爾
音而有遐心

白駒四章章六句

黃鳥黃鳥無集于穀無啄我粟此邦之人不我肯
穀言旋言歸復我邦族○黃鳥黃鳥無集于桑無
啄我粱此邦之人不可與明言旋言歸復我諸兄
○黃鳥黃鳥無集于栩無啄我黍此邦之人不可
與處言旋言歸復我諸父

干水涯也

似嗣也

黃鳥三章章七句

我行其野蔽芾其樗昏姻之故言就爾居爾不我畜復我邦家○我行其野言采其蓫昏姻之故言就爾宿爾不我畜言歸思復○我行其野言采其葍不思舊姻求爾新特成不以富亦秖以異

我行其野三章章六句

秩秩斯干幽幽南山如竹苞矣如松茂矣兄及弟矣式相好矣無相猶矣○似續妣祖築室百堵西南其戶爰居爰處爰笑爰語○約之閣閣椓之橐

芋尊大也

璋半圭

裼褓也瓦紡塼也

橐風雨攸除鳥鼠攸去君子攸芋○如跂斯翼如
矢斯棘如鳥斯革如翬斯飛君子攸躋○殖殖其
庭有覺其楹噲噲其正噦噦其冥君子攸寧○下
莞上簟乃安斯寢乃寢乃興乃占我夢吉夢維何
維熊維羆維虺維蛇○大人占之維熊維羆男子
之祥維虺維蛇女子之祥○乃生男子載寢之牀
載衣之裳載弄之璋其泣喤喤朱芾斯皇室家君
王○乃生女子載寢之地載衣之裼載弄之瓦無
非無儀唯酒食是議無父母詒罹

斯干九章四章章七句五章章五句

誰謂爾無羊三百維群誰謂爾無牛九十其犉爾羊來思其角濈濈爾牛來思其耳濕濕○或降于阿或飲于池或寢或訛爾牧來思何蓑何笠或負其餱三十維物爾牲則具○爾牧來思以薪以蒸以雌以雄爾羊來思矜矜兢兢不騫不崩麾之以肱畢來既升○牧人乃夢衆維魚矣旐維旟矣大人占之衆維魚矣實維豐年旐維旟矣室家溱溱

無羊四章章八句

惔燔斬絶也

猗長薦荐通重也瘥病憯曾懲創也氐本也

空窮也仕事罔欺殆危也膴音武厚也

傭均闋息也

節彼南山維石巖巖赫赫師尹民具爾瞻憂心如惔不敢戲談國既卒斬何用不監○節彼南山有實其猗赫赫師尹不平謂何天方薦瘥喪亂弘多民言無嘉憯莫懲嗟○尹氏大師維周之氐秉國之均四方是維天子是毗俾民不迷不弔昊天不宜空我師○弗躬弗親庶民弗信弗問弗仕勿罔君子式夷式已無小人殆瑣瑣姻亞則無膴仕○昊天不傭降此鞫訩昊天不惠降此大戾君子如屆俾民心闋君子如夷惡怒是違○不弔昊天亂

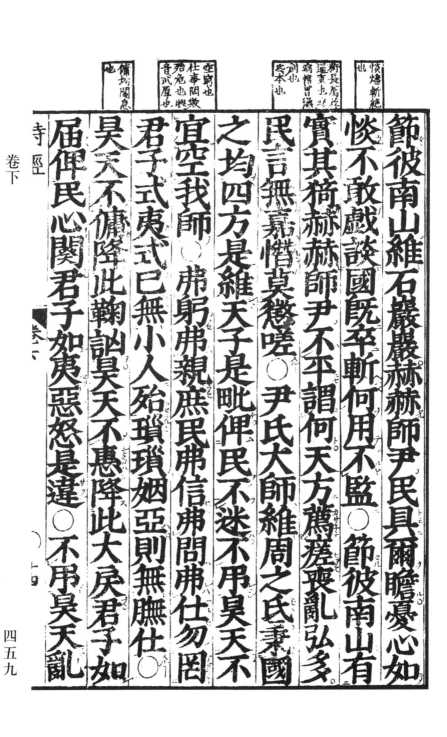

癙憂幽憂也痒病也

靡有定式月斯生俾民不寧憂心如酲誰秉國成不自爲政卒勞百姓○駕彼四牡四牡項領我瞻四方蹙蹙靡所騁○方茂爾惡相爾矛矣既夷既懌如相醻矣○昊天不平我王不寧不懲其心覆怨其正○家父作誦以究王訩式訛爾心以畜萬邦

節南山十章六章章八句四章章四句

正月繁霜我心憂傷民之訛言亦孔之將念我獨兮憂心京京哀我小心癙憂以痒○父母生我胡俾我瘉不自我先不自我後好言自口莠言自口。

懲止也

扤動也

憂心愈愈是以有侮○憂心惸惸念我無祿民之無辜并其臣僕哀我人斯于何從祿瞻烏爰止于誰之屋○瞻彼中林侯薪侯蒸民今方殆視天夢夢旣克有定靡人弗勝有皇上帝伊誰云憎○謂山蓋卑爲岡爲陵民之訛言寧莫之懲召彼故老訊之占夢具曰予聖誰知烏之雌雄○謂天蓋高不敢不局謂地蓋厚不敢不蹐維號斯言有倫有脊哀今之人胡爲虺蜴○瞻彼阪田有菀其特天之扤我如不我克彼求我則如不我得執我仇仇

滅亦滅也　員益也　云旋也　夭禍椓害也

亦不我力○心之憂矣如或結之今茲之正胡爲
厲矣燎之方揚寧或滅之赫赫宗周褒姒威之○
終其永懷又窘陰雨其車既載乃棄爾輔載輸爾
載將伯助予○無棄爾輔員于爾輻屢顧爾僕不
輸爾載終踰絶險曾是不意○魚在于沼亦匪克
樂潛雖伏矣亦孔之炤憂心慘慘念國之爲虐○
彼有旨酒又有嘉殽洽比其鄰昏姻孔云念我獨
兮憂心慇慇○佌佌彼有屋蔌蔌方有穀民今之
無祿天夭是椓哿矣富人哀此惸獨

正月十三章八章章八句五章章六句

十月之交朔日辛卯日有食之亦孔之醜彼月而微此日而微今此下民亦孔之哀○日月告凶不用其行四國無政不用其良彼月而食則維其常此日而食于何不臧○爗爗震電不寧不令百川沸騰山冢崒崩高岸爲谷深谷爲陵哀今之人胡憯莫懲○皇父卿士番維司徒家伯冢宰仲允膳夫棸子内史蹶維趣馬楀維師氏豔妻煽方處○抑此皇父豈曰不時胡爲我作不卽我謀徹我牆

憖心不欲而自彊之詞

噂[illegible]也沓重[illegible]羨餘也

徹均也

駿大也

屋田卒汙萊曰予不戕禮則然矣○皇父孔聖作
都于向擇三有事亶侯多藏不憖遺一老俾守我
王擇有車馬以居徂向○黽勉從事不敢告勞無
罪無辜讒口囂囂下民之孽匪降自天噂沓背憎
職競由人○悠悠我里亦孔之痗四方有羨我獨
居憂民莫不逸我獨不敢休天命不徹我不敢傚
我友自逸

十月之交八章章八句

浩浩昊天不駿其德降喪饑饉斬伐四國旻天疾

淪陷胥相鋪徧也

勩勞也

戚弗慮弗圖舍彼有罪既伏其辜若此無罪淪胥以鋪○周宗既滅靡所止戾正大夫離居莫知我勩三事大夫莫肯夙夜邦君諸侯莫肯朝夕庶曰式臧覆出爲惡○如何昊天辟言不信如彼行邁則靡所臻凡百君子各敬爾身胡不相畏不畏于天○戎成不退飢成不遂曾我暬御憯憯日瘁凡百君子莫肯用訊聽言則答譖言則退○哀哉不能言匪舌是出維躬是瘁哿矣能言巧言如流俾躬處休○維曰于仕孔棘且殆云不可使得罪于

回邪遹辟也

天子亦云可使怨及朋友○謂爾遷于王都曰予未有室家鼠思泣血無言不疾昔爾出居誰從作爾室

雨無正七章二章章十句二章章八句三章章六句

小旻之什二之五

旻天疾威敷于下土謀猶回遹何日斯沮謀臧不從不臧覆用我視謀猶亦孔之邛○潝潝訿訿亦孔之哀謀之其臧則具是違謀之不臧則具是依

猶法經常也

我視謀猶伊于胡底○我龜既厭不我告猶謀夫孔多是用不集發言盈庭誰敢執其咎如匪行邁謀是用不得于道○哀哉爲猶匪先民是程匪大猶是經維邇言是聽維邇言是爭如彼築室于道謀是用不潰于成○國雖靡止或聖或否民雖靡膴或哲或謀或肅或艾如彼流泉無淪胥以敗○不敢暴虎不敢馮河人知其一莫知其他戰戰兢兢如臨深淵如履薄冰

小旻六章三章章八句三章章七句

富長也

宛彼鳴鳩翰飛戾天我心憂傷念昔先人明發不
寐有懷二人○人之齊聖飲酒温克彼昏不知壹
醉日富各敬爾儀天命不又○中原有菽庶民采
之螟蛉有子蜾蠃負之教誨爾子式穀似之○題
彼脊令載飛載鳴我日斯邁而月斯征夙興夜寐
無忝爾所生○交交桑扈率場啄粟哀我填寡宜
岸宜獄握粟出卜自何能穀○温温恭人如集于
木惴惴小心如臨于谷戰戰兢兢如履薄冰

小宛六章章六句

弁彼鸒斯。歸飛提提。民莫不穀。我獨于罹。何辜于天。我罪伊何。心之憂矣。云如之何。○踧踧周道。鞫爲茂草。我心憂傷。惄焉如擣。假寐永嘆。維憂用老。心之憂矣。疢如疾首。○維桑與梓。必恭敬止。靡瞻匪父。靡依匪母。不屬于毛。不離于裏。天之生我。我辰安在。○菀彼柳斯。鳴蜩嘒嘒。有漼者淵。萑葦淠淠。譬彼舟流。不知所屆。心之憂矣。不遑假寐。○鹿斯之奔。維足伎伎。雉之朝雊。尚求其雌。譬彼壞木。疾用無枝。心之憂矣。寧莫之知。○相彼投兔。尚或

墐埋也

醻報也 掎以物倚其巔也 杝隨其理也

佗加也

憮大也 慎審也

僭音潛 涵容受也 沮止也

先之。行有死人。尚或墐之。君子秉心。維其忍之。心之憂矣。涕既隕之。○君子信讒。如或醻之。君子不惠。不舒究之。伐木掎矣。析薪杝矣。舍彼有罪。予之佗矣。○莫高匪山。莫浚匪泉。君子無易由言。耳屬于垣。無逝我梁。無發我笱。我躬不閱。遑恤我後

小弁八章章八句

悠悠昊天。曰父母且。無罪無辜。亂如此憮。昊天已威。予慎無罪。昊天泰憮。予慎無辜。○亂之初生。僭始既涵。亂之又生。君子信讒。君子如怒。亂庶遄沮

祉喜也

餤進也

邛病也
莫定也

水草交謂
之麋尰腫
足

君子如祉亂庶遄已○君子屢盟亂是用長君子信盜亂是用暴盜言孔甘亂是用餤匪其止共維王之邛○奕奕寢廟君子作之秩秩大猷聖人莫之他人有心予忖度之躍躍毚兔遇犬獲之○荏染柔木君子樹之往來行言心焉數之蛇蛇碩言出自口矣巧言如簧顏之厚矣○彼何人斯居河之麋無拳無勇職爲亂階既微且尰爾勇伊何爲猶將多爾居徒幾何

巧言六章章八句

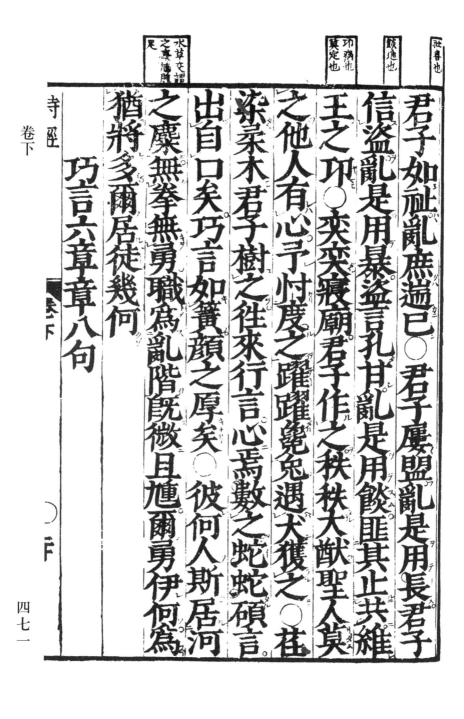

暴暴公幾内諸侯 唁弔失位也

陳堂塗也

攪攪亂也

盱音吁望也 易說也

土曰壎竹曰篪

彼何人斯其心孔艱胡逝我梁不入我門伊誰云從維暴之云○二人從行誰爲此禍胡逝我梁不入唁我始者不如今云不我可○彼何人斯胡逝我陳我聞其聲不見其身不愧于人不畏于天○彼何人斯其爲飄風胡不自北胡不自南胡逝我梁祇攪我心○爾之安行亦不遑舍爾之亟行遑脂爾車壹者之來云何其盱○爾還而入我心易也還而不入否難知也壹者之來俾我祇也○伯氏吹壎仲氏吹篪及爾如貫諒不我知出此三物

以詛爾斯○爲鬼爲蜮則不可得有靦面目視人罔極作此好歌以極反側

何人斯八章章六句

萋兮斐兮成是貝錦彼譖人者亦已大甚○哆兮侈兮成是南箕彼譖人者誰適與謀○緝緝翩翩謀欲譖人愼爾言也謂爾不信○捷捷幡幡謀欲譖言豈不爾受既其女遷○驕人好好勞人草草蒼天蒼天視彼驕人矜此勞人○彼譖人者誰適與謀取彼譖人投畀豺虎豺虎不食投畀有北有

猗音倚加也

頹風之焚輪者也

北不受投畀有昊○楊園之道猗于畝丘寺人孟
子作爲此詩凡百君子敬而聽之

巷伯七章四章章四句一章五句一章八句
一章六句

習習谷風維風及雨將恐將懼維予與女將安將
樂女轉棄予○習習谷風維風及頹將恐將懼寘
予于懷將安將樂棄予如遺○習習谷風維山崔
嵬無草不死無木不萎忘我大德思我小怨

谷風三章章六句

瘁病也

鞠養也拊者撫拘循也畜尓美也腹懐抱也

蓼蓼者莪匪莪伊蒿哀哀父母生我劬勞○蓼蓼者莪匪莪伊蔚哀哀父母生我勞瘁○缾之罄矣維罍之恥鮮民之生不如死之久矣無父何怙無母何恃出則銜恤入則靡至○父兮生我母兮鞠我拊我畜我長我育我顧我復我出入腹我欲報之德昊天罔極○南山烈烈飄風發發民莫不穀我獨何害○南山律律飄風弗弗民莫不穀我獨不卒

蓼莪六章四章章四句二章章八句

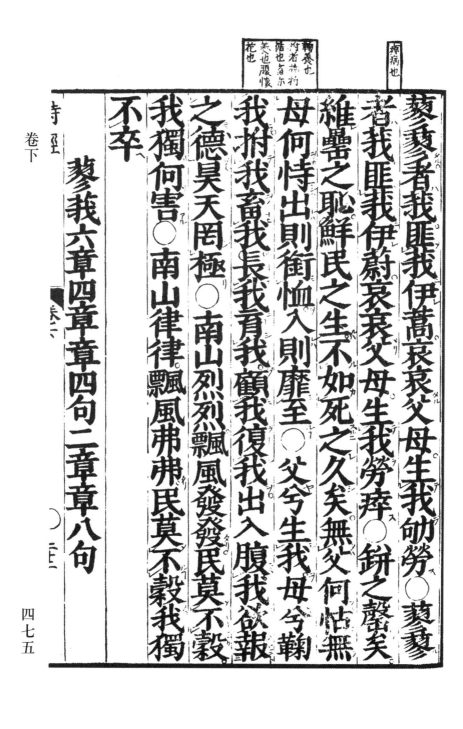

小東大東東方小大之國也杼持緯者柚受經者也空盡也

憚勞也東人諸侯之人來音賚慰勑也西人京師人試用也

有饛簋飧有捄棘匕周道如砥其直如矢君子所履小人所視睠言顧之潸焉出涕○小東大東杼柚其空糾糾葛屨可以履霜佻佻公子行彼周行既往既來使我心疚○有冽氿泉無浸穫薪契契寤歎哀我憚人薪是穫薪尚可載也哀我憚人亦可息也○東人之子職勞不來西人之子粲粲衣服舟人之子熊羆是裘私人之子百僚是試○或以其酒不以其漿鞙鞙佩璲不以其長維天有漢監亦有光跂彼織女終日七襄○雖則七襄不成

瘼病也

報章睆彼牽牛不以服箱東有啓明西有長庚有
捄天畢載施之行○維南有箕不可以簸揚維北
有斗不可以挹酒漿維南有箕載翕其舌維北有
斗西柄之揭

大東七章章八句

四月維夏六月徂暑先祖匪人胡寧忍予○秋日
凄凄百卉具腓亂離瘼矣奚其適歸○冬日烈烈
飄風發發民莫不穀我獨何害○山有嘉卉侯栗
侯梅廢爲殘賊莫知其尤○相彼泉水載清載濁

我日構禍曷云能穀○滔滔江漢南國之紀盡瘁以仕寧莫我有○匪鶉匪鳶翰飛戾天匪鱣匪鮪潛逃于淵○山有蕨薇隰有杞桋君子作歌維以告哀

四月八章章四句

北山之什二之六

陟彼北山言采其杞偕偕士子朝夕從事王事靡盬憂我父母○溥天之下莫非王土率土之濱莫非王臣大夫不均我從事獨賢○四牡彭彭王事

膂壯也

鞅掌失容也

將進也疧病也頻與耿同小明也雝猶蔽也

傍傍嘉我未老鮮我方將旅力方剛經營四方○

或燕燕居息或盡瘁事國或息偃在牀或不已于

行○或不知叫號或慘慘劬勞或栖遲偃仰或王

事鞅掌○或湛樂飲酒或慘慘畏咎或出入風議○

或靡事不爲

北山六章三章章六句三章章四句

無將大車祇自塵兮無思百憂祇自疧兮○無將

大車維塵冥冥無思百憂不出于熲○無將大車

維塵雝兮無思百憂祇自重兮

憚勞也。奧暖也。蹙急也。

無將大車三章章四句

明明上天照臨下土我征徂西至于艽野二月初吉載離寒暑心之憂矣其毒大苦念彼共人涕零如雨豈不懷歸畏此罪罟○昔我往矣日月方除曷云其還歲聿云莫念我獨兮我事孔庶心之憂矣憚我不暇念彼共人睠睠懷顧豈不懷歸畏此譴怒○昔我往矣日月方奧曷云其還政事愈蹙歲聿云莫采蕭穫菽心之憂矣自詒伊戚念彼共人興言出宿豈不懷歸畏此反覆○嗟爾君子無

妯動也
猶若也
雅大小雅
南二南籥
籥舞僭亂
也

恒安處靖共爾位正直是與神之聽之式穀以女○嗟爾君子無恒安息靖共爾位好是正直神之聽之介爾景福

小明五章三章章十二句二章章六句

鼓鐘將將淮水湯湯憂心且傷淑人君子懷允不忘○鼓鐘喈喈淮水湝湝憂心且悲淑人君子其德不回○鼓鐘伐鼛淮有三洲憂心且妯淑人君子其德不猶○鼓鐘欽欽鼓瑟鼓琴笙磬同音以雅以南以籥不僭

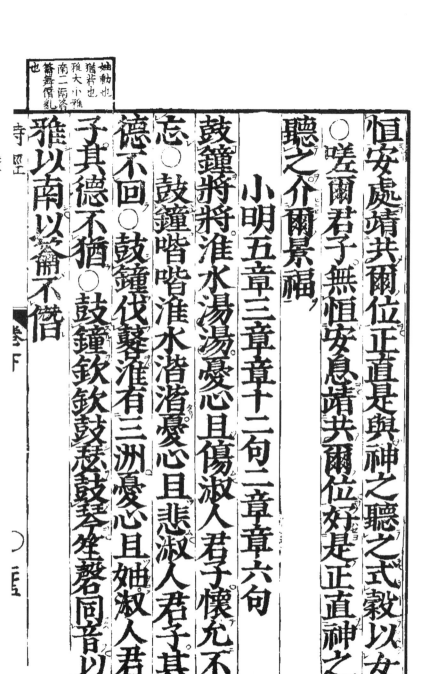

熯竭也

鼓鐘四章章五句

楚楚者茨言抽其棘自昔何為我蓺黍稷我黍與與我稷翼翼我倉旣盈我庾維億以為酒食以饗以祀以妥以侑以介景福○濟濟蹌蹌絜爾牛羊以往烝嘗或剝或亨或肆或將祝祭于祊祀事孔明先祖是皇神保是饗孝孫有慶報以介福萬壽無疆○執爨踖踖為俎孔碩或燔或炙君婦莫莫為豆孔庶為賓為客獻酬交錯禮儀卒度笑語卒獲神保是格報以介福萬壽攸酢○我孔熯矣式

卜予幾期式法稷疾敕戒也

禮莫愆工祝致告徂賚孝孫苾芬孝祀神嗜飲食卜爾百福如幾如式既齊既稷既匡既敕永錫爾極時萬時億○禮儀既備鐘鼓既戒孝孫徂位工祝致告神具醉止皇尸載起鼓鐘送尸神保聿歸諸宰君婦廢徹不遲諸父兄弟備言燕私○樂具入奏以綏後祿爾殽既將莫怨具慶既醉既飽小大稽首神嗜飲食使君壽考孔惠孔時維其盡之子子孫孫勿替引之

楚茨六章章十二句

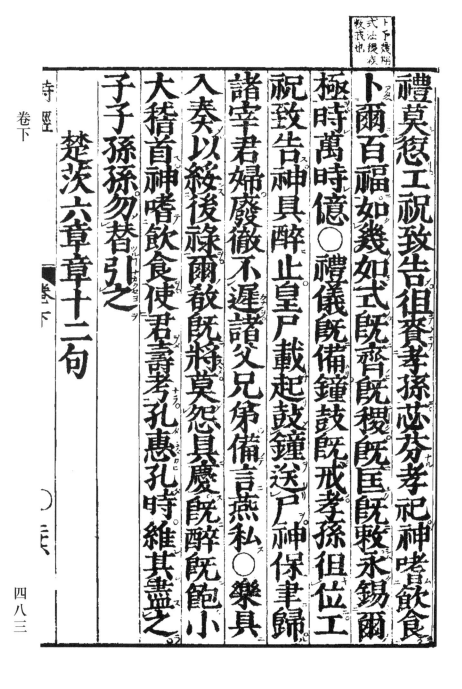

甸治也 霢霂小雨貌 葅酢菜也 膋脂膏也

信彼南山維禹甸之畇畇原隰曾孫田之我疆我
理南東其畝○上天同雲雨雪雰雰益之以霢霂
既優既渥既霑既足生我百穀○疆埸翼翼黍稷
彧彧曾孫之穡以為酒食畀我尸賓壽考萬年○
中田有廬疆埸有瓜是剝是菹獻之皇祖曾孫壽
考受天之祜○祭以清酒從以騂牡享于祖考執
其鸞刀以啓其毛取其血膋○是烝是享苾苾芬
芬祀事孔明先祖是皇報以介福萬壽無疆

信南山六章章六句

倬音卓明貌甫大也

髦俊也齊與粢同禮稷曰明粢御迎也

穀養也攘取易治長竟有多也

坻水中之高地箱車箱也

倬彼甫田。歲取十千。我取其陳。食我農人。自古有年。今適南畝。或耘或耔。黍稷薿薿。攸介攸止。烝我髦士。○以我齊明。與我犧羊。以社以方。我田既臧。農夫之慶。琴瑟擊鼓。以御田祖。以祈甘雨。以介我稷黍。以穀我士女。○曾孫來止。以其婦子。饁彼南畝。田畯至喜。攘其左右。嘗其旨否。禾易長畝。終善且有。曾孫不怒。農夫克敏。○曾孫之稼。如茨如梁。曾孫之庾。如坻如京。乃求千斯倉。乃求萬斯箱。黍稷稻粱。農夫之慶。報以介福。萬壽無疆。

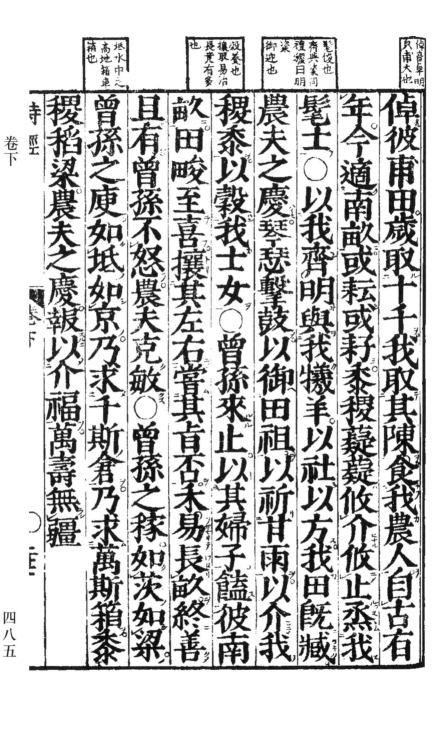

種擇其種也戒飭其具也覃利也俶始載事也庭直碩大若順也方房也謂孚甲始生而未合時也皁実未堅者

穧束也

秉把也滯不遺棄之意也

甫田四章章十句

大田多稼既種既戒既備乃事以我覃耜俶載南畝播厥百穀既庭且碩曾孫是若○既方既皁既堅既好不稂不莠去其螟螣及其蟊賊無害我田穉田祖有神秉畀炎火○有渰萋萋興雨祁祁雨我公田遂及我私彼有不穫穉此有不斂穧彼有遺秉此有滯穗伊寡婦之利○曾孫來止以其婦子饁彼南畝田畯至喜來方禋祀以其騂黑與其黍稷以享以祀以介景福

茨積也韎茅蒐所染色韐韠韍奭赤皃鞞今刀鞘也琫上飾珌下飾也

大田四章二章章八句二章章九句

瞻彼洛矣維水泱泱君子至止福祿如茨韎韐有奭以作六師○瞻彼洛矣維水泱泱君子至止鞞琫有珌君子萬年保其家室○瞻彼洛矣維水泱泱君子至止福祿既同君子萬年保其家邦

瞻彼洛矣三章章六句

裳裳者華其葉湑兮我覯之子我心寫兮我心寫兮是以有譽處兮○裳裳者華芸其黃矣我覯之子維其有章矣維其有章矣是以有慶矣○裳裳

憲法戢斂
難愼那多
也
思語詞

者華或黃或白我覯之子乘其四駱乘其四駱六轡沃若○左之左之君子宜之右之右之君子有之維其有之是以似之

裳裳者華四章章六句

桑扈之什二之七

交交桑扈有鶯其羽君子樂胥受天之祜○交交桑扈有鶯其領君子樂胥萬邦之屏○之屏之翰百辟為憲不戢不難受福不那○兕觥其觩旨酒思柔彼交匪敖萬福來求

羅網也畢小網長柄者

摧莝也秣粟也艾養也

何期猶伊何也

桑扈四章章四句

鴛鴦于飛畢之羅之君子萬年福祿宜之○鴛鴦在梁戢其左翼君子萬年宜其遐福○乘馬在廄摧之秣之君子萬年福祿艾之○乘馬在廄秣之摧之君子萬年福祿綏之

鴛鴦四章章四句

有頍者弁實維伊何爾酒既旨爾殽既嘉豈伊異人兄弟匪他蔦與女蘿施于松柏未見君子憂心奕奕既見君子庶幾說懌○有頍者弁實維何期

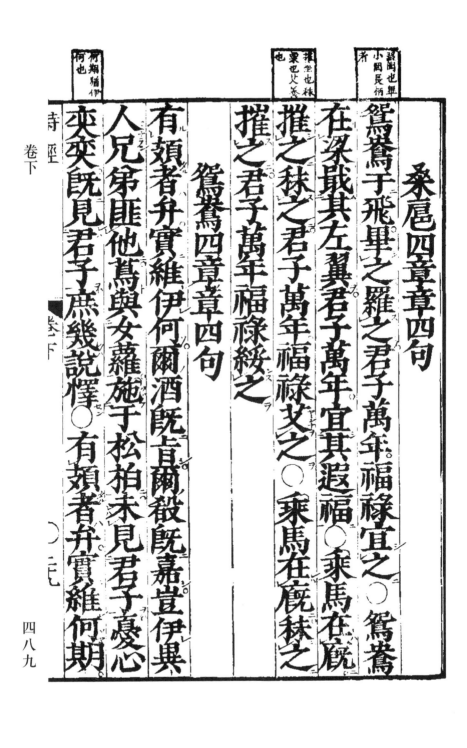

舝車軸頭鐵也
括會也
射厭也

爾酒既旨爾殽既時豈伊異人兄弟具來蔦與女蘿施于松上未見君子憂心怲怲既見君子庶幾有臧○有頍者弁實維在首爾酒既旨爾殽既阜豈伊異人兄弟甥舅如彼雨雪先集維霰死喪無日無幾相見樂酒今夕君子維宴

頍弁三章章十二句

間關車之舝兮思孌季女逝兮匪飢匪渴德音來括雖無好友式燕且喜○依彼平林有集維鷮辰彼碩女令德來教式燕且譽好爾無射○雖無旨

構合也猶交亂也

酒式飲庶幾雖無嘉殽式食庶幾雖無德與女式
歌且舞○陟彼高岡析其柞薪析其柞薪其葉湑
兮鮮我覯爾我心寫兮○高山仰止景行行止四
牡騑騑六轡如琴覯爾新昏以慰我心

車舝五章章六句

營營青蠅止于樊豈弟君子無信讒言○營營青
蠅止于棘讒人罔極交亂四國○營營青蠅止于
榛讒人罔極構我二人

青蠅三章章四句

偕音皆齊一也

烝進衎樂也壬大林盛湛樂湛耽樂洛音拘讀爲斛也

賓之初筵左右秩秩籩豆有楚殽核維旅酒既和旨飲酒孔偕鐘鼓既設舉醻逸逸大侯既抗弓矢斯張射夫既同獻爾發功發彼有的以祈爾爵○籥舞笙鼓樂既和奏烝衎烈祖以洽百禮百禮既至有壬有林錫爾純嘏子孫其湛其湛曰樂各奏爾能賓載手仇室人入又酌彼康爵以奏爾時○賓之初筵溫溫其恭其未醉止威儀反反曰既醉止威儀幡幡舍其坐遷屢舞僊僊其未醉止威儀抑抑曰既醉止威儀怭怭是曰既醉不知其秩○

僛ハ傾側之状

僛字也

賓既醉止載號載呶亂我籩豆屢舞僛僛是曰既醉不知其郵側弁之俄屢舞傞傞既醉而出並受其福醉而不出是謂伐德飲酒孔嘉維其令儀○凡此飲酒或醉或否既立之監或佐之史彼醉不臧不醉反恥式勿從謂無俾大怠匪言勿言匪由勿語由醉之言俾出童羖三爵不識矧敢多又

賓之初筵五章章十四句

魚在在藻有頒其首王在在鎬豈樂飲酒○魚在在藻有莘其尾王在在鎬飲酒樂豈○魚在在藻

鎬京也

觱沸泉出貌檻泉正出也

芾音幅偪也

紓緩也

殿鎮也

依于其蒲王在在鎬有那其居

魚藻三章章四句

采菽采菽筐之筥之君子來朝何錫予之雖無予之路車乘馬又何予之玄袞及黼 ○ 觱沸檻泉言采其芹君子來朝言觀其旂其旂淠淠鸞聲嘒嘒載驂載駟君子所屆 ○ 赤芾在股邪幅在下彼交匪紓天子所予樂只君子天子命之樂只君子福祿申之 ○ 維柞之枝其葉蓬蓬樂只君子殿天子之邦樂只君子萬福攸同平平左右亦是率從 ○

紼繂也纚維持繫也葵揆也膍厚也

汎汎楊舟紼纚維之樂只君子天子葵之樂只君子福祿膍之優哉游哉亦是戾矣

采菽五章章八句

瘉病也

騂騂角弓翩其反矣兄弟昏姻無胥遠矣○爾之遠矣民胥然矣爾之教矣民胥傚矣○此令兄弟綽綽有裕不令兄弟交相爲瘉○民之無良相怨一方受爵不讓至于已斯亡○老馬反爲駒不顧其後如食宜饇如酌孔取○毋教猱升木如塗塗附君子有徽猷小人與屬○雨雪瀌瀌見晛曰消

饇飽也塗泥也徽美猷道也晛日氣也

蹈當作神　愒息也　邁過也

莫肯下遺式居婁驕○雨雪浮浮見晛曰流如蠻

如髦我是用憂

角弓八章章四句

有菀者柳不尚息焉上帝甚蹈無自暱焉俾予靖

之後予極焉○有菀者柳不尚愒焉上帝甚蹈無

自瘵焉俾予靖之後予邁焉○有鳥高飛亦傅于

天彼人之心于何其臻曷予靖之居以凶矜

菀柳三章章六句

都人士之什二之八

緇撮緇布冠也

苑音韞猶屈也積也

旟揚也盱望也

彼都人士。狐裘黃黃。其容不改。出言有章。行歸于周。萬民所望。○彼都人士。臺笠緇撮。彼君子女。綢直如髮。我不見兮。我心不說。○彼都人士。充耳琇實。彼君子女。謂之尹吉。我不見兮。我心苑結。○彼都人士。垂帶而厲。彼君子女。卷髮如蠆。我不見兮。言從之邁。○匪伊垂之。帶則有餘。匪伊卷之。髮則有旟。我不見兮。云何盱矣。

都人士五章章六句

終朝采綠。不盈一匊。予髮曲局。薄言歸沐。○終朝

衣蔽前謂之襜卽蔽膝也詹與瞻同

采藍不盈一襜五日爲期六日不詹○之子于狩
言韔其弓之子于釣言綸之繩○其釣維何維魴
及鱮維魴及鱮薄言觀者

采綠四章章四句

膏潤也

集成也

芃芃黍苗陰雨膏之悠悠南行召伯勞之○我任
我輦我車我牛我行既集蓋云歸哉○我徒我御
我師我旅我行既集蓋云歸處○肅肅謝功召伯
營之烈烈征師召伯成之○原隰既平泉流既清
召伯有成王心則寧

膠固也

遐何同

卬我烘燎也

黍苗五章章四句

隰桑有阿其葉有難既見君子其樂如何○隰桑有阿其葉有沃既見君子云何不樂○隰桑有阿其葉有幽既見君子德音孔膠○心乎愛矣遐不謂矣中心藏之何日忘之

隰桑四章章四句

白華菅兮白茅束兮之子之遠俾我獨兮○英英白雲露彼菅茅天步艱難之子不猶○滮池北流浸彼稻田嘯歌傷懷念彼碩人○樵彼桑薪卬烘

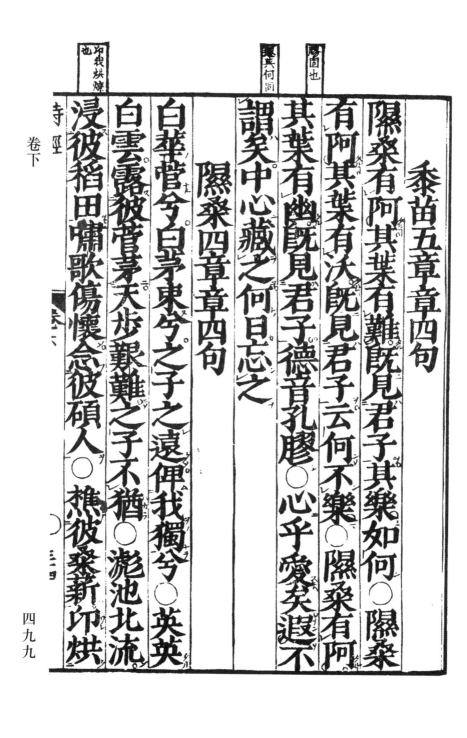

燋無釜之竈

于煁維彼碩人實勞我心○鼓鍾于宮聲聞于外
念子懆懆視我邁邁○有鶖在梁有鶴在林維彼
碩人實勞我心○鴛鴦在梁戢其左翼之子無良
二三其德○有扁斯石履之卑兮之子之遠俾我
疧兮

白華八章章四句

緜蠻黃鳥止于丘阿道之云遠我勞如何飲之食
之教之誨之命彼後車謂之載之○緜蠻黃鳥止
于丘隅豈敢憚行畏不能趨飲之食之教之誨之

命彼後車謂之載之○緜蠻黃鳥止于丘側豈敢憚行畏不能極飲之食之教之誨之命彼後車謂之載之

緜蠻三章章八句

幡幡瓠葉采之亨之君子有酒酌言嘗之○有兔斯首炮之燔之君子有酒酌言獻之○有兔斯首燔之炙之君子有酒酌言酢之○有兔斯首燔之炮之君子有酒酌言醻之

瓠葉四章章四句

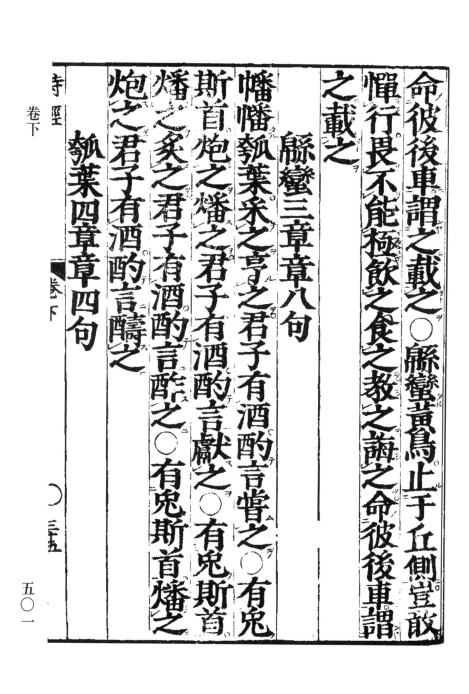

蹢蹄烝衆也

詩經 卷一

漸漸之石維其高矣山川悠遠維其勞矣武人東征不遑朝矣○漸漸之石維其卒矣山川悠遠曷其沒矣武人東征不遑出矣○有豕白蹢烝涉波矣月離于畢俾滂沱矣武人東征不遑他矣

漸漸之石三章章六句

苕之華芸其黃矣心之憂矣維其傷矣○苕之華其葉青青知我如此不如無生○牂羊墳首三星在罶人可以食鮮可以飽

苕之華三章章四句

何草不黃何日不行何人不將經營四方○何草不玄何人不矜哀我征夫獨爲匪民○匪兕匪虎率彼曠野哀我征夫朝夕不暇○有芃者狐率彼幽草有棧之車行彼周道

何草不黃四章章四句

大雅三

文王之什三之一

文王在上於昭于天周雖舊邦其命維新有周不顯帝命不時文王陟降在帝左右○亹亹文王令

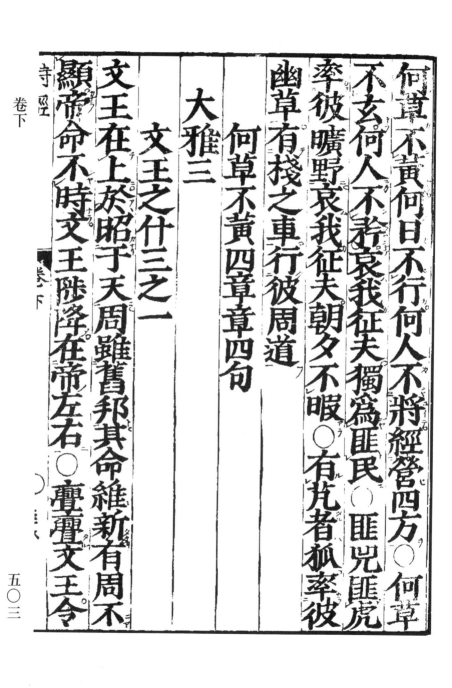

陳猶數也

緝續熙明
假大也
麗數也
膚美敏疾
祼灌鬯將
行也

黼黼裳冔
殷冠藎進
也

遏絕也

聞不已陳錫哉周侯文王孫子文王孫子本支百
世凡周之士不顯亦世○世之不顯厥猶翼翼思
皇多士生此王國王國克生維周之楨濟濟多士
文王以寧○穆穆文王於緝熙敬止假哉天命有
商孫子商之孫子其麗不億上帝既命侯于周服
○侯服于周天命靡常殷士膚敏祼將于京厥作
祼將常服黼冔王之藎臣無念爾祖○無念爾祖
聿修厥德永言配命自求多福殷之未喪師克配
上帝宜鑒于殷駿命不易○命之不易無遏爾躬

忱信也

殷適殷之適嗣也

合配也

宣昭義問有虞殷自天上天之載無聲無臭儀刑

文王萬邦作孚

文王七章章八句

明明在下赫赫在上天難忱斯不易維王天位殷

適使不挾四方○摯仲氏任自彼殷商來嫁于周

曰嬪于京乃及王季維德之行大任有身生此文

王○維此文王小心翼翼昭事上帝聿懷多福厥

德不回以受方國○天監在下有命既集文王初

載天作之合在洽之陽在渭之涘文王嘉止大邦

俔說文譬也

燮和也

矢陳也

涼漢書作亮佐助也肆縱兵也會朝會戰之旦也

陶窯窯復重空穴土室也

有子○大邦有子。俔天之妹。文定厥祥。親迎于渭。造舟爲梁。不顯其光○有命自天。命此文王。于周于京。纘女維莘。長子維行。篤生武王。保右命爾。燮伐大商○殷商之旅。其會如林。矢于牧野。維予侯興。上帝臨女。無貳爾心○牧野洋洋。檀車煌煌。駟騵彭彭。維師尚父。時維鷹揚。涼彼武王。肆伐大商會朝清明

大明八章。四章章六句。四章章八句

緜緜瓜瓞。民之初生。自土沮漆。古公亶父。陶復陶

契所以然火而灼龜者也

縮束也 捄盛土於器也

肆猶言遂也 殄絕也 問聞通

穴未有家室○古公亶父來朝走馬率西水滸至
于岐下爰及姜女聿來胥宇○周原膴膴堇荼如
飴爰始爰謀爰契我龜曰止曰時築室于茲○迺
慰迺止迺左迺右迺疆迺理迺宣迺畝自西徂東
周爰執事○乃召司空乃召司徒俾立室家其繩
則直縮版以載作廟翼翼○捄之陾陾度之薨薨
築之登登削屢馮馮百堵皆興鼛鼓弗勝○迺立
皐門皐門有伉迺立應門應門將將迺立冢土戎
醜攸行○肆不殄厥慍亦不隕厥問柞棫拔矣行

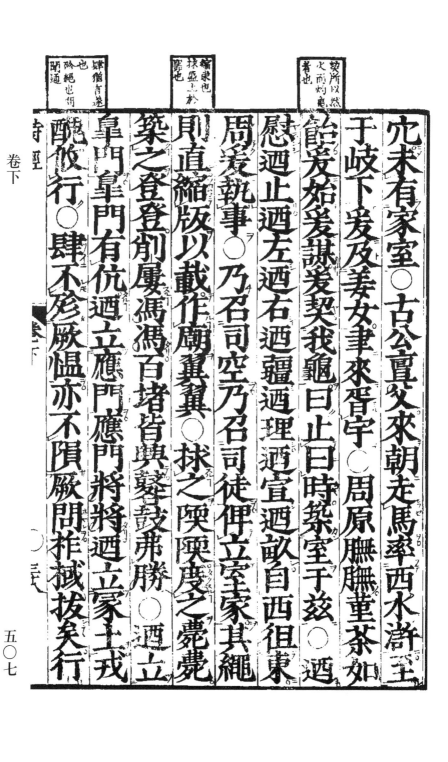

兌通駾突
喙息也

道兌矣。混夷駾矣。維其喙矣。虞芮質厥成。文王蹶厥生。予曰有疏附。予曰有先後。予曰有奔奏。予曰有禦侮。

緜九章章六句

槱積也

芃芃棫樸。薪之槱之。濟濟辟王。左右趣之。濟濟辟王。左右奉璋。奉璋峩峩。髦士攸宜。淠彼涇舟。烝徒楫之。周王于邁。六師及之。倬彼雲漢。爲章于天。周王壽考。遐不作人。追琢其章。金玉其相。勉勉我王。綱紀四方。

黃流鬱鬯也

媚愛也

棫樸五章章四句

瞻彼旱麓榛楛濟濟。豈弟君子。干祿豈弟。○瑟彼玉瓚黃流在中。豈弟君子福祿攸降。○鳶飛戾天魚躍于淵。豈弟君子遐不作人。○清酒既載騂牡既備以享以祀以介景福。○瑟彼柞棫民所燎矣。豈弟君子神所勞矣。○莫莫葛藟施于條枚豈弟君子求福不回

旱麓六章章四句

思齊大任文王之母思媚周姜京室之婦大姒嗣

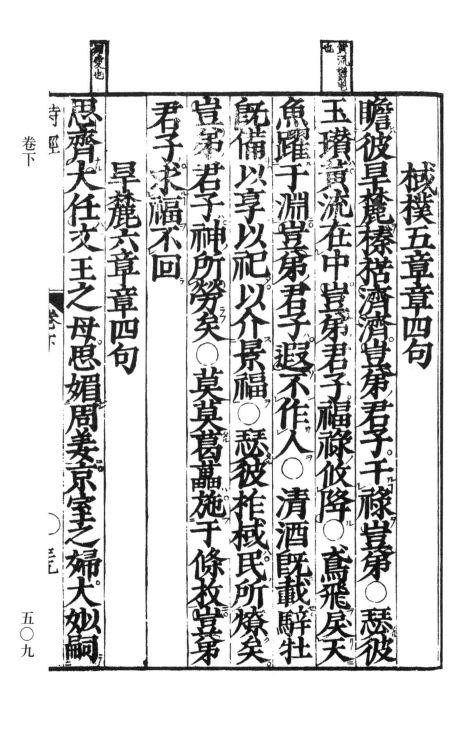

恫痛也

御迎也

譽名髦俊也

莫定也耆致也憎當作增式廓猶言規模菑木立死者翳自斃者

徽音則百斯男○惠于宗公神罔時怨神罔時恫刑于寡妻至于兄弟以御于家邦○雝雝在宮肅肅在廟不顯亦臨無射亦保○肆戎疾不殄烈假不瑕不聞亦式不諫亦入○肆成人有德小子有造古之人無斁譽髦斯士

思齊五章二章章六句三章章四句

皇矣上帝臨下有赫監觀四方求民之莫維此二國其政不獲維彼四國爰究爰度上帝耆之憎其式廓乃眷西顧此維與宅○作之屏之其菑其翳

灌叢生者栵行生者

修之平之其灌其栵啓之辟之其檉其椐攘之剔之其檿其柘帝遷明德串夷載路天立厥配受命旣固○帝省其山柞棫斯拔松柏斯兌帝作邦作對自大伯王季維此王季因心則友則友其兄則篤其慶載錫之光受祿無喪奄有四方○維此王季帝度其心貊其德音其德克明克明克類克長克君王此大邦克順克比比于文王其德靡悔旣受帝祉施于孫子○帝謂文王無然畔援無然歆羨誕先登于岸密人不恭敢距大邦侵阮徂共王

貊樂記作莫謂其莫然清靜也比親也比于至于也畔離畔援攀援歆欲之動也羨愛慕也

將側方鄉也鉤援鉤梯所謂雲梯臨衝臨車衝車觝賊首也馘割耳也類將出師祭上帝也禡至所征之地而祭始造軍法者也肆縱忽滅也

赫斯怒爰整其旅以按徂旅以篤于周祜以對于天下○依其在京侵自阮疆陟我高岡無矢我陵我陵我阿無飲我泉我泉我池度其鮮原居岐之陽在渭之將萬邦之方下民之王○帝謂文王予懷明德不大聲以色不長夏以革不識不知順帝之則帝謂文王詢爾仇方同爾兄弟以爾鉤援與爾臨衝以伐崇墉○臨衝閑閑崇墉言言執訊連連攸馘安安是類是禡是致是附四方以無侮臨衝茀茀崇墉仡仡是伐是肆是絕是忽四方以無拂

於語詞牣滿也虡業懸鐘磬簨論倫也

皇矣八章章十二句

經始靈臺經之營之庶民攻之不日成之經始勿亟庶民子來○王在靈囿麀鹿攸伏麀鹿濯濯白鳥翯翯王在靈沼於牣魚躍○虡業維樅賁鼓維鏞於論鼓鐘於樂辟廱○於論鼓鐘於樂辟廱鼉鼓逢逢矇瞍奏公

靈臺四章二章章六句二章章四句

下武維周世有哲王三后在天王配于京○王配于京世德作求永言配命成王之孚○成王之孚

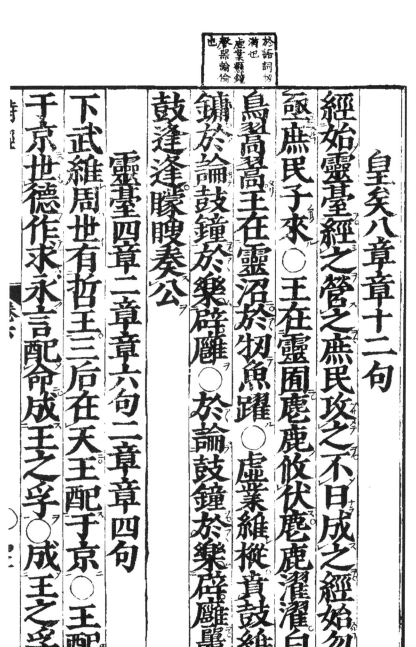

來後世也許猶所繩繼武迹也

烝君也

淢城溝也匹稱也棘急也公功濯著明也

下土之式永言孝思孝思維則○媚茲一人應侯
順德永言孝思昭哉嗣服○昭茲來許繩其祖武
於萬斯年受天之祜○受天之祜四方來賀於萬
斯年不遐有佐

下武六章章四句

文王有聲遹駿有聲遹求厥寧遹觀厥成文王烝
哉○文王受命有此武功既伐于崇作邑于豐文
王烝哉○築城伊淢作豐伊匹匪棘其欲遹追來
孝王后烝哉○王公伊濯維豐之垣四方攸同王

仕事燕安翼敬也

弗之言祓也武迹敏拇歆動介大震娠夙肅育養也

后維翰王后烝哉○豐水東注維禹之績四方攸同皇王維辟皇王烝哉○鎬京辟廱自西自東自南自北無思不服皇王烝哉○考卜維王宅是鎬京維龜正之武王成之武王烝哉○豐水有芑武王豈不仕詒厥孫謀以燕翼子武王烝哉

文王有聲八章章五句

生民之什三之二

厥初生民時維姜嫄生民如何克禋克祀以弗無子履帝武敏歆攸介攸止載震載夙載生載育時

誕發語辭彌終先生首生也達小羊坼副皆裂也腓芘字愛也呱啼聲覃長訏大也載滿也岐嶷峻茂之皃蓺樹也

穡治也方房苞甲而未坼也褎漸長也

恒徧也

維后稷○誕彌厥月先生如達不坼不副無菑無害以赫厥靈上帝不寧不康禋祀居然生子○誕寘之隘巷牛羊腓字之誕寘之平林會伐平林誕寘之寒冰鳥覆翼之鳥乃去矣后稷呱矣實覃實訏厥聲載路○誕實匍匐克岐克嶷以就口食蓺之荏菽荏菽旆旆禾役穟穟麻麥幪幪瓜瓞唪唪○誕后稷之穡有相之道茀厥豐草種之黃茂實方實苞實種實褎實發實秀實堅實好實穎實栗即有邰家室○誕降嘉種維秬維秠維穈維芑恒

揄臼也釋淅米也軷祭行神也

卬我也居安也神食氣曰歆

緝續御侍也

之秬秠是穫是畝恒之穈芑是任是負以歸肇祀○誕我祀如何或舂或揄或簸或蹂釋之叟叟烝之浮浮載謀載惟取蕭祭脂取羝以軷載燔載烈以興嗣歲○卬盛于豆于豆于登其香始升上帝居歆胡臭亶時后稷肇祀庶無罪悔以迄于今

生民八章四章章十句四章章八句

敦彼行葦牛羊勿踐履方苞方體維葉泥泥戚戚兄弟莫遠具爾或肆之筵或授之几○肆筵設席授几有緝御或獻或酢洗爵奠斝醓醢以薦或燔

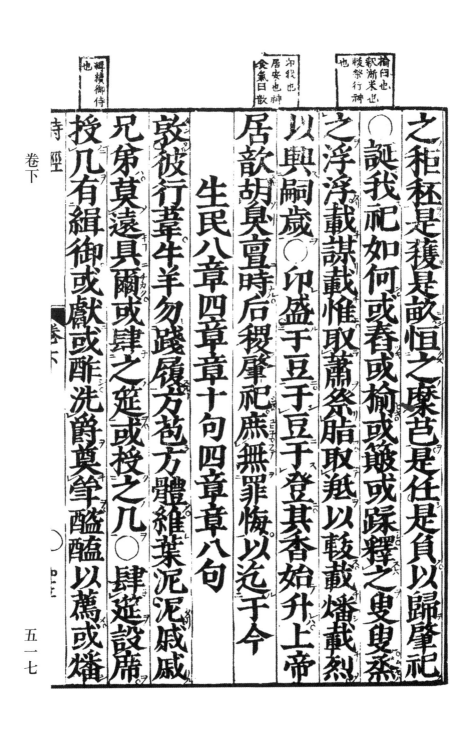

臄口上肉也徒擊鼓曰咢敦音雕句引滿也醹厚也台鮐也大老則背有鮐文祺吉也

將行也

或炙嘉殽脾臄或歌或咢○敦弓既堅四鍭既鈞舍矢既均序賓以賢敦弓既句既挾四鍭四鍭如樹序賓以不侮○曾孫維主酒醴維醹酌以大斗以祈黃耇黃耇台背以引以翼壽考維祺以介景福

行葦四章章八句

既醉以酒既飽以德君子萬年介爾景福○既醉以酒爾殽既將君子萬年介爾昭明○昭明有融高朗令終令終有俶公尸嘉告○其告維何籩豆靜嘉朋友攸攝攝以威儀○威儀孔時君子有孝

匱竭類善也
壼宮中之巷也

僕附也釐予也

爲助也

子孝子不匱永錫爾類○其類維何室家之壼君子萬年永錫祚胤○其胤維何天被爾祿君子萬年景命有僕○其僕維何釐爾女士釐爾女士從以孫子

既醉八章章四句

鳧鷖在涇公尸來燕來寧爾酒既清爾殽既馨公尸燕飲福祿來成○鳧鷖在沙公尸來燕來宜爾酒既多爾殽既嘉公尸燕飲福祿來爲○鳧鷖在渚公尸來燕來處爾酒既湑爾殽伊脯公尸燕飲

福祿來下○鳧鷖在潨公尸來燕來宗既燕于宗
福祿攸降公尸燕飲福祿來崇○鳧鷖在亹公尸
來止熏熏旨酒欣欣燔炙芬芬公尸燕飲無有後艱

鳧鷖五章章六句

假樂君子顯顯令德宜民宜人受祿于天保右命
之自天申之○干祿百福子孫千億穆穆皇皇宜
君宜王不愆不忘率由舊章○威儀抑抑德音秩
秩無怨無惡率由羣匹受福無疆四方之綱○之
綱之紀燕及朋友百辟卿士媚于天子不解于位

塈息也

戚斧揚鉞也

宣徧也

舟帶也鞞刀鞘琫刀上飾容刀飾之刀也溥大也

民之攸塈

假樂四章章六句

篤公劉匪居匪康迺埸迺疆迺積迺倉迺裹餱糧于橐于囊思輯用光弓矢斯張干戈戚揚爰方啓行○篤公劉于胥斯原既庶既繁既順迺宣而無永嘆陟則在巘復降在原何以舟之維玉及瑤鞞琫容刀○篤公劉逝彼百泉瞻彼溥原迺陟南岡乃覯于京京師之野于時處處于時廬旅于時言言于時語語○篤公劉于京斯依蹌蹌濟濟俾筵

曹群牧之處

溥廣景考日景以正四方也

亂舟之截流横渡者也厲砥也鍛鐵也止居基定也鞫水外也

泂遠也餴烝米一熟而以水沃之乃再熟也饎酒食也

俾几既登乃依乃造其曹執豕于牢酌之用匏食之飮之君之宗之○篤公劉既溥既長既景迺岡相其陰陽觀其流泉其軍三單度其隰原徹田為糧度其夕陽豳居允荒○篤公劉于豳斯館涉渭為亂取厲取鍛止基迺理爰衆爰有夾其皇澗遡其過澗止旅迺密芮鞫之即

公劉六章章十句

泂酌彼行潦挹彼注茲可以餴饎豈弟君子民之父母○泂酌彼行潦挹彼注茲可以濯罍豈弟君

彌終也酋亦終也昄章大明也

茀嘏皆福也

子民之攸歸○泂酌彼行潦挹彼注茲可以濯溉
豈弟君子民之攸塈

泂酌三章章五句

有卷者阿飄風自南豈弟君子來游來歌以矢其音○伴奐爾游矣優游爾休矣豈弟君子俾爾彌爾性似先公酋矣○爾土宇昄章亦孔之厚矣豈弟君子俾爾彌爾性百神爾主矣○爾受命長矣茀祿爾康矣豈弟君子俾爾彌爾性純嘏爾常矣○有馮有翼有孝有德以引以翼豈弟君子四方

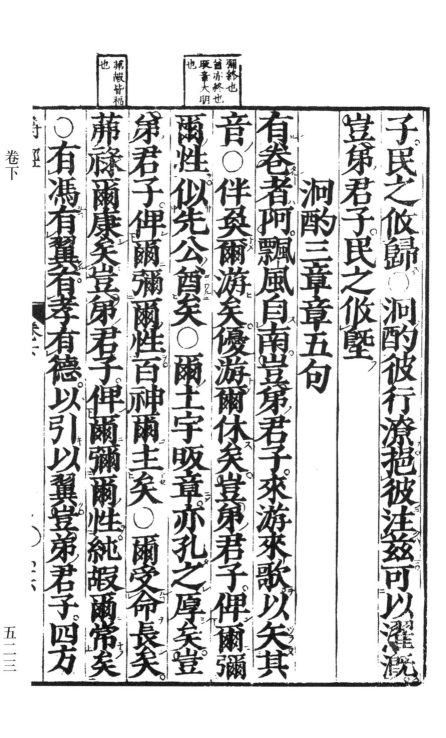

汔幾也詭隨不顧是非而妄隨人也

爲則○顒顒卬卬如圭如璋令聞令望豈弟君子。四方爲綱○鳳凰于飛翽翽其羽亦集爰止藹藹王多吉士維君子使媚于天子○鳳凰于飛翽翽其羽亦傅于天藹藹王多吉人維君子命媚于庶人○鳳凰鳴矣于彼高岡梧桐生矣于彼朝陽菶菶萋萋雝雝喈喈○君子之車既庶且多君子之馬既閑且馳矢詩不多維以遂歌

卷阿十章六章章五句四章章六句

民亦勞止汔可小康惠此中國以綏四方無縱詭

逑聚也

惽怓猶讙譁也

愒息也

泄去也

戎汝也

繾綣小人之固結其君者也

隨以謹無良式遏寇虐憯不畏明柔遠能邇以定
我王○民亦勞止汔可小休惠此中國以爲民逑
無縱詭隨以謹惽怓式遏寇虐無俾民憂無棄爾
勞以爲王休○民亦勞止汔可小息惠此京師以
綏四國無縱詭隨以謹罔極式遏寇虐無俾作慝
敬愼威儀以近有德○民亦勞止汔可小愒惠此
中國俾民憂泄無縱詭隨以謹醜厲式遏寇虐無
俾正敗戎雖小子而式弘大○民亦勞止汔可小
安惠此中國國無有殘無縱詭隨以謹繾綣式遏

癉病也

寇虐無俾正反王欲玉女是用大諫

民勞五章章十句

上帝板板下民卒癉出話不然為猶不遠靡聖管管不實於亶猶之未遠是用大諫○天之方難無然憲憲天之方蹶無然泄泄辭之輯矣民之洽矣辭之懌矣民之莫矣○我雖異事及爾同僚我即爾謀聽我囂囂我言維服勿以為笑先民有言詢于芻蕘○天之方虐無然謔謔老夫灌灌小子蹻蹻匪我言耄爾用憂謔多將熇熇不可救藥○天

懠怒夸大毗附也殿屎呻吟也葵揆蔑滅也牖開明也

之方懠無爲夸毗威儀卒迷善人載尸民之方殿屎則莫我敢葵喪亂蔑資曾莫惠我師○天之牖民如壎如篪如璋如圭如取如攜攜無曰益牖民孔易民之多辟無自立辟○价人維藩大師維垣大邦維屏大宗維翰懷德維寧宗子維城無俾城壞無獨斯畏○敬天之怒無敢戲豫敬天之渝無敢馳驅昊天曰明及爾出王昊天曰旦及爾游衍

王往通旦明也衍寬縱之意

板八章章八句

蕩之什三之三

辟上音璧君也下音僻疾威猶暴虐也

彊禦暴虐之臣掊克聚斂之臣慆慢也

蕩蕩上帝。下民之辟。疾威上帝。其命多辟。天生烝民。其命匪諶。靡不有初。鮮克有終。○文王曰咨。咨女殷商。曾是彊禦。曾是掊克。曾是在位。曾是在服。天降慆德。女興是力。○文王曰咨。咨女殷商。而秉義類。彊禦多懟。流言以對。寇攘式內。侯作侯祝。靡屆靡究。○文王曰咨。咨女殷商。女炰烋于中國。斂怨以為德。不明爾德。時無背無側。爾德不明。以無陪無卿。○文王曰咨。咨女殷商。天不湎爾以酒。不義從式。既愆爾止。靡明靡晦。式號式呼。俾晝作夜

奰怒也

撥猶絶也

競強也

○文王曰咨咨女殷商如蜩如螗如沸如羹小大近喪人尚乎由行内奰于中國覃及鬼方○文王曰咨咨女殷商匪上帝不時殷不用舊雖無老成人尚有典刑曾是莫聽大命以傾○文王曰咨咨女殷商人亦有言顛沛之揭枝葉未有害本實先撥殷鑒不遠在夏后之世

蕩八章章八句

抑抑威儀維德之隅人亦有言靡哲不愚庶人之愚亦職維疾哲人之愚亦維斯戾○無競維人四

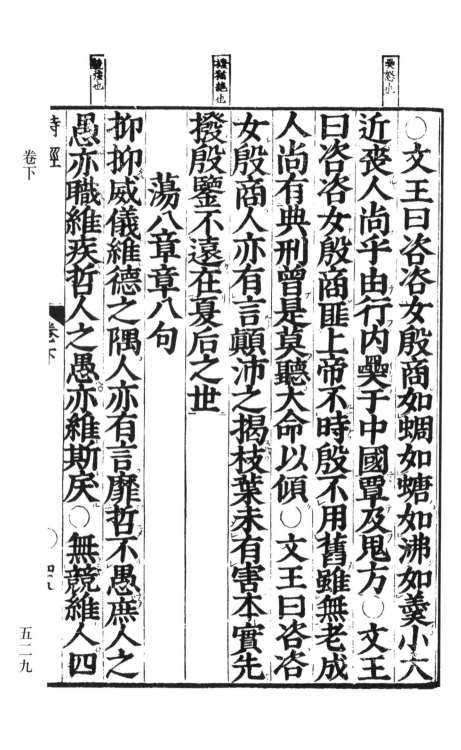

興尚也

逷遠也　戎戒也之　也　侯度諸侯所守之法度也

方其訓之有覺德行四國順之訏謨定命遠猶辰告敬慎威儀維民之則○其在于今興迷亂于政顚覆厥德荒湛于酒女雖湛樂從弗念厥紹罔敷求先王克共明刑○肆皇天弗尚如彼流泉無淪胥以亡夙興夜寐洒掃廷内維民之章修爾車馬弓矢戎兵用戒戎作用逷蠻方○質爾人民謹爾侯度用戒不虞慎爾出話敬爾威儀無不柔嘉白圭之玷尚可磨也斯言之玷不可爲也○無易由言無曰苟矣莫捫朕舌言不可逝矣無言不讎無

虹潰亂也

德不報惠于朋友庶民小子子孫繩繩萬民靡不承○視爾友君子輯柔爾顏不遐有愆相在爾室尚不愧于屋漏無曰不顯莫予云覯神之格思不可度思矧可射思○辟爾爲德俾臧俾嘉淑愼爾止不愆于儀不僭不賊鮮不爲則投我以桃報之以李彼童而角實虹小子○荏染柔木言緡之絲溫溫恭人維德之基其維哲人告之話言順德之行其維愚人覆謂我僭民各有心○於乎小子未知臧否匪手攜之言示之事匪面命之言提其耳

遹僻也

棘急也

旬徧也劉殘也

借曰未知亦既抱子民之靡盈誰夙知而莫成○昊天孔昭我生靡樂視爾夢夢我心慘慘誨爾諄諄聽我藐藐匪用爲教覆用爲虐借曰未知亦聿既耄○於乎小子告爾舊止聽用我謀庶無大悔。天方艱難曰喪厥國取譬不遠昊天不忒回遹其德俾民大棘

抑十二章三章章八句九章章十句

菀彼桑柔其下侯旬捋采其劉瘼此下民不殄心憂倉兄塡兮倬彼昊天寧不我矜○四牡騤騤旟

頻急蹙也 將養也 疑定也
梗病也 僤厚也
痻病也
毖愼況滋也
遡鄉也 僾唈也
肅進 荓使也

旐有翩亂生不夷靡國不泯民靡有黎具禍以燼
於乎有哀國步斯頻○國步蔑資天不我將靡所
止疑云徂何往君子實維秉心無競誰生厲階至
今爲梗○憂心慇慇念我土宇我生不辰逢天僤
怒自西徂東靡所定處多我覯痻孔棘我圉○爲
謀爲毖亂況斯削告爾憂恤誨爾序爵誰能執熱
逝不以濯其何能淑載胥及溺○如彼遡風亦孔
之僾民有肅心荓云不逮好是稼穡力民代食稼
穡維寶代食維好○天降喪亂滅我立王降此蟊

贅屬也言危也

谷窮也

賊稼穡卒痒哀恫中國具贅卒荒靡有旅力以念
穹蒼○維此惠君民人所瞻秉心宣猶考慎其相
維彼不順自獨俾臧自有肺腸俾民卒狂○瞻彼
中林甡甡其鹿朋友已譖不胥以穀人亦有言進
退維谷○維此聖人瞻言百里維彼愚人覆狂以
喜匪言不能胡斯畏忌○維此良人弗求弗迪維
彼忍心是顧是復民之貪亂寧爲荼毒○大風有
隧有空大谷維此良人作爲式穀維彼不順征以
中垢○大風有隧貪人敗類聽言則對誦言如醉

職[illegible]原讀爲[illegible]也 回遹猶邪僻也 戾定也

昭光也

匪用其良覆俾我悖○嗟爾朋友予豈不知而作如彼飛蟲時亦弋獲既之陰女反予來赫○民之罔極職涼善背爲民不利如云不克民之回遹職競用力○民之未戾職盜爲寇涼曰不可覆背善詈雖曰匪予既作爾歌

桑柔十六章八章章八句八章章六句

倬彼雲漢昭回于天王曰於乎何辜今之人天降喪亂饑饉薦臻靡神不舉靡愛斯牲圭璧既卒寧莫我聽○旱既大甚蘊隆蟲蟲不殄禋祀自郊徂

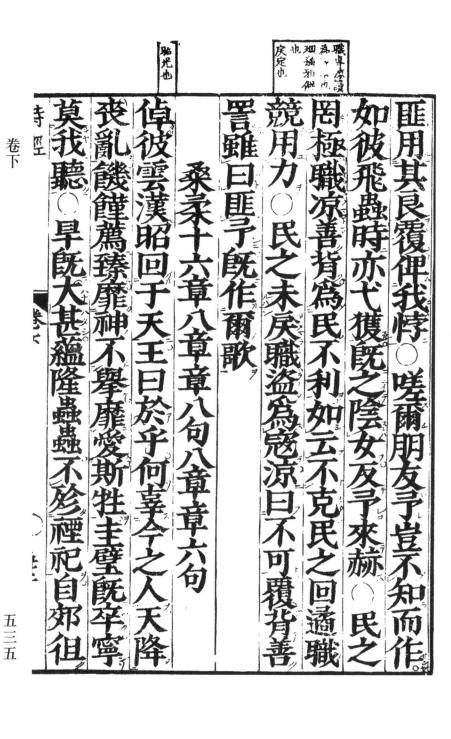

斁音妒敗也

丁當也

摧滅也

魃旱神惔燎之也

宮上下奠瘞靡神不宗后稷不克上帝不臨耗斁
下土寧丁我躬○旱既大甚則不可推兢兢業業
如霆如雷周餘黎民靡有孑遺昊天上帝則不我
遺胡不相畏先祖于摧○旱既大甚則不可沮赫
赫炎炎云我無所大命近止靡瞻靡顧群公先生
則不我助父母先祖胡寧忍予○旱既大甚滌滌
山川旱魃爲虐如惔如焚我心憚暑憂心如熏群
公先正則不我聞昊天上帝寧俾我遯○旱既大
甚黽勉畏去胡寧瘨我以旱憯不知其故祈年孔

周救也
卬音仰
里憂也

假至贏餘也

夙方社不莫昊天上帝則不我虞敬恭明神宜無悔怒○旱旣大甚散無友紀鞫哉庶正疚哉冢宰趣馬師氏膳夫左右靡人不周無不能止瞻卬昊天云如何里○瞻卬昊天有嘒其星大夫君子昭假無贏大命近止無棄爾成何求爲我以戾庶正瞻卬昊天曷惠其寧

雲漢八章章十句

崧高維嶽駿極于天維嶽降神生甫及申維申及甫維周之翰四國于蕃四方于宣○亹亹申伯王

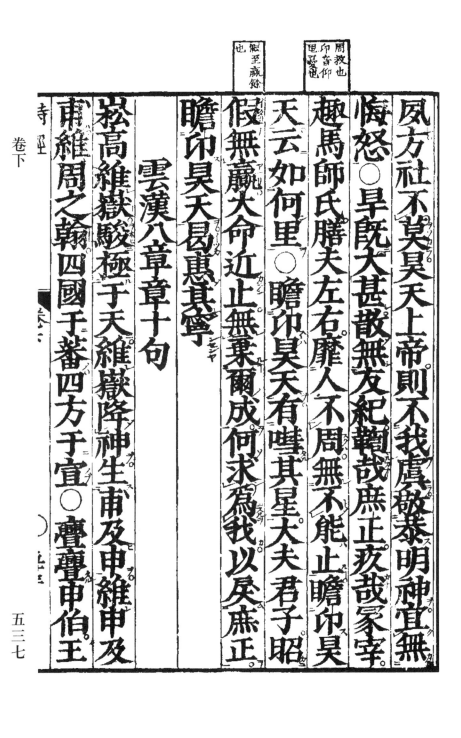

登成也　庸城也　近辭也

纘之事于邑于謝南國是式王命召伯定申伯之
宅登是南邦世執其功○王命申伯式是南邦因
是謝人以作爾庸王命召伯徹申伯土田王命傅
御遷其私人○申伯之功召伯是營有俶其城寢
廟既成既成藐藐王錫申伯四牡蹻蹻鉤膺濯濯
○王遣申伯路車乘馬我圖爾居莫如南土錫爾
介圭以作爾寶往近王舅南土是保○申伯信邁
王餞于郿申伯還南謝于誠歸王命召伯徹申伯
土疆以峙其粻式遄其行○申伯番番既入于謝

徒御嘽嘽周邦咸喜戎有良翰不顯申伯王之元
舅文武是憲○申伯之德柔惠且直揉此萬邦聞
于四國吉甫作誦其詩孔碩其風肆好以贈申伯

崧高八章章八句

天生烝民有物有則民之秉彝好是懿德天監有
周昭假于下保茲天子生仲山甫○仲山甫之德
柔嘉維則令儀令色小心翼翼古訓是式威儀是
力天子是若明命使賦○王命仲山甫式是百辟
纘戎祖考王躬是保出納王命王之喉舌賦政于

輶輕也儀度也

袞職王職也

外四方爰發○肅肅王命。仲山甫將之。邦國若否。
仲山甫明之。既明且哲。以保其身。夙夜匪解。以事
一人○人亦有言。柔則茹之。剛則吐之。維仲山甫。
柔亦不茹。剛亦不吐。不侮矜寡。不畏彊禦○人亦
有言。德輶如毛。民鮮克舉之。我儀圖之。維仲山甫
舉之。愛莫助之。袞職有闕。維仲山甫補之○仲山
甫出祖。四牡業業。征夫捷捷。每懷靡及。四牡彭彭。
八鸞鏘鏘。王命仲山甫。城彼東方○四牡騤騤。八
鸞喈喈。仲山甫徂齊。式遄其歸。吉甫作誦。穆如清

榦正也 修長張大也

蔌菜殽也

風仲山甫永懷以慰其心

烝民八章章八句

奕奕梁山維禹甸之有倬其道韓侯受命王親命之纘戎祖考無廢朕命夙夜匪解虔共爾位朕命不易榦不庭方以佐戎辟○四牡奕奕孔修且張韓侯入覲以其介圭入覲于王王錫韓侯淑旂綏章簟茀錯衡玄袞赤舄鉤膺鏤錫鞹鞃淺幭鞗革金厄○韓侯出祖出宿于屠顯父餞之清酒百壺其殽維何炰鼈鮮魚其蔌維何維筍及蒲其贈維

墉城壑池也

何乘馬路車籩豆有且侯氏燕胥○韓侯取妻汾
王之甥蹶父之子韓侯迎止于蹶之里百兩彭彭
八鸞鏘鏘不顯其光諸娣從之祁祁如雲韓侯顧
之爛其盈門○蹶父孔武靡國不到爲韓姞相攸
莫如韓樂孔樂韓土川澤訏訏魴鱮甫甫麀鹿噳
噳有熊有羆有貓有虎慶既令居韓姞燕譽○溥
彼韓城燕師所完以先祖受命因時百蠻王錫韓
侯其追其貊奄受北國因以其伯實墉實壑實畝
實籍獻其貔皮赤豹黃羆

韓奕六章章十二句

江漢浮浮武夫滔滔匪安匪遊淮夷來求既出我

車既設我旟匪安匪舒淮夷來鋪○江漢湯湯武

夫洸洸經營四方告成于王四方既平王國庶定

時靡有爭王心載寧○江漢之滸王命召虎式辟

極中之表也

四方徹我疆土匪疚匪棘王國來極于疆于理至

于南海○王命召虎來旬來宣文武受命召公維

肇開戎汝公功也

翰無曰予小子召公是似肇敏戎公用錫爾祉○

釐爾圭瓚秬鬯一卣告于文人錫山土田于周受

命。自召祖命。虎拜稽首。天子萬年。○虎拜稽首。對揚王休。作召公考。天子萬壽。明明天子。令聞不已。矢其文德。洽此四國。

江漢六章章八句

赫赫明明。王命卿士。南仲大祖。大師皇父。整我六師。以修我戎。既敬既戒。惠此南國。○王謂尹氏。命程伯休父。左右陳行。戒我師旅。率彼淮浦。省此徐土。不留不處。三事就緒。○赫赫業業。有嚴天子。王舒保作。匪紹匪遊。徐方繹騷。震驚徐方。如雷如霆。

虓音哮虎之自怒也鋪敍布厚也仍就也

濯大也

填久也

瘵病屆極也

徐方震驚○王奮厥武如震如怒進厥虎臣闞如虓虎鋪敦淮濆仍執醜虜截彼淮浦王師之所○王旅嘽嘽如飛如翰如江如漢如山之苞如川之流緜緜翼翼不測不克濯征徐國○王猶允塞徐方既來徐方既同天子之功四方既平徐方來庭徐方不回王曰還歸

常武六章章八句

瞻卬昊天則不我惠孔填不寧降此大厲邦靡有定士民其瘵蟊賊蟊疾靡有夷屆罪罟不收靡有

鞫窮 忮害 忒變也 譖不信也

刺責也

夷瘳。人有土田。女反有之。人有民人。女覆奪之。此宜無罪。女反收之。彼宜有罪。女覆說之。○哲夫成城。哲婦傾城。懿厥哲婦。為梟為鴟。婦有長舌。維厲之階。亂匪降自天。生自婦人。匪教匪誨。時維婦寺。○鞫人忮忒。譖始竟背。豈曰不極。伊胡為慝。如賈三倍。君子是識。婦無公事。休其蠶織。○天何以刺。何神不富。舍爾介狄。維予胥忌。不弔不祥。威儀不類。人之云亡。邦國殄瘁。○天之降罔。維其優矣。人之云亡。心之憂矣。天之降罔。維其幾矣。人之云

鞏固也

瘨病也　居國中圉邊陲也　訌潰也　昬椓昬亂椓喪之人

塡久也　潰遂也　潰亂也

亡心之悲矣。觱沸檻泉、維其深矣。心之憂矣、寧自今矣。不自我先、不自我後。藐藐昊天、無不克鞏。無忝皇祖、式救爾後。

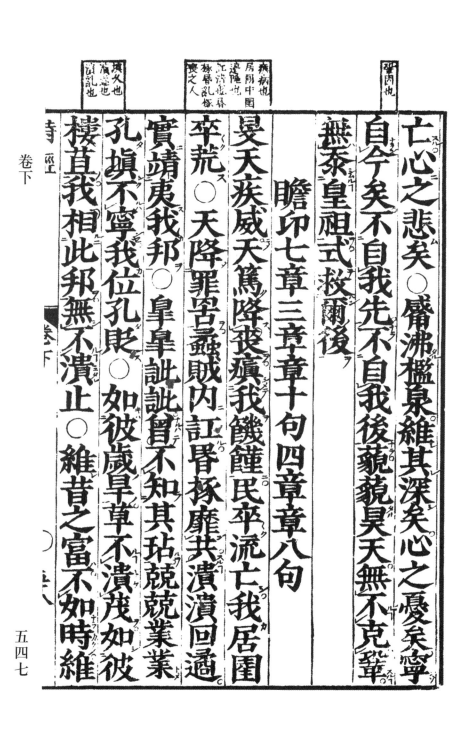

瞻卬七章、三章章十句、四章章八句

旻天疾威、天篤降喪。瘨我饑饉、民卒流亡。我居圉卒荒。天降罪罟、蟊賊内訌。昬椓靡共、潰潰回遹。實靖夷我邦。皋皋訿訿、曾不知其玷。兢兢業業、孔塡不寧、我位孔貶。如彼歲旱、草不潰茂。如彼棲苴。我相此邦、無不潰止。維昔之富、不如時。維

疏麤粺精也
引長也
頻厓也

相助也

今之疚不如茲彼疏斯粺胡不自替職兄斯引池之竭矣不云自頻泉之竭矣不云自中溥斯害矣職兄斯弘不烖我躬　昔先王受命有如召公日辟國百里今也日蹙國百里於乎哀哉維今之人不尚有舊

召旻七章四章章五句三章章七句

頌四

周頌清廟之什四之一

於穆清廟肅雝顯相濟濟多士秉文之德對越在

駿大而疾迅

溢恤字之訛也

天駿奔走在廟不顯不承無射於人斯

清廟一章八句

維天之命於穆不已於乎不顯文王之德之純假

以溢我我其收之駿惠我文王曾孫篤之

維天之命一章八句

維清緝熙文王之典肇禋迄用有成維周之禎

維清一章五句

烈文辟公錫茲祉福惠我無疆子孫保之無封靡

于爾邦維王其崇之念茲戎功繼序其皇之無競

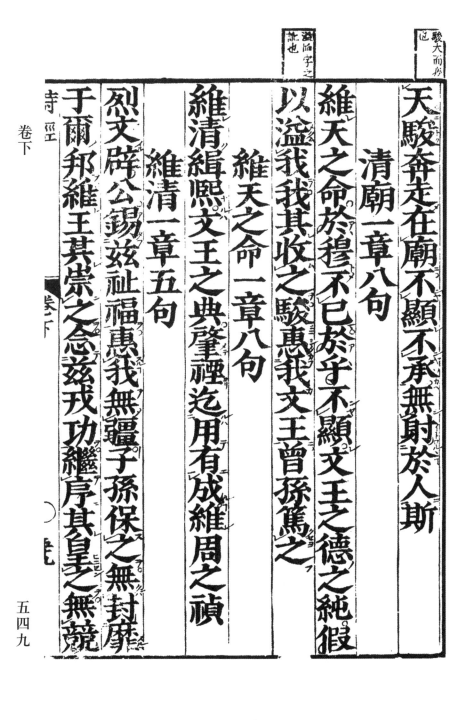

維人四方其訓之不顯維德百辟其刑之於乎前
王不忘
烈文一章十三句

荒治也

天作高山大王荒之彼作矣文王康之彼徂矣岐
有夷之行子孫保之
天作一章七句

昊天有成命二后受之成王不敢康夙夜基命宥
密於緝熙單厥心肆其靖之
昊天有成命一章七句

將奉享獻右饗也

我將我享維羊維牛維天其右之儀式刑文王之典日靖四方伊嘏文王既右享之我其夙夜畏天之威于時保之

我將一章十句

戢聚櫜韜也

時邁其邦昊天其子之實右序有周薄言震之莫不震疊懷柔百神及河喬嶽允王維后明昭有周式序在位載戢干戈載櫜弓矢我求懿德肆于時夏允王保之

時邁一章十五句

競彊也

立粒通

臣工群臣百工也嗟勅之也

執競武王無競維烈不顯成康上帝是皇自彼成
康奄有四方斤斤其明鐘鼓喤喤磬筦將將降福穰
穰降福簡簡威儀反反既醉既飽福祿來反

執競一章十四句

思文后稷克配彼天立我烝民莫匪爾極貽我來
牟帝命率育無此疆爾界陳常于時夏

思文一章八句

周頌臣工之什四之二

嗟嗟臣工敬爾在公王釐爾成來咨來茹嗟嗟保

畬三歲田也庤具也錢鎛銍艾皆野具也

介維莫之春亦又何求如何新畬於皇來牟將受厥明明昭上帝迄用康年命我衆人庤乃錢鎛奄觀銍艾

臣工一章十五句

私私田也

噫嘻成王既昭假爾率時農夫播厥百穀駿發爾私終三十里亦服爾耕十千維耦

噫嘻一章八句

振鷺于飛于彼西雝我客戾止亦有斯容在彼無惡在此無斁庶幾夙夜以永終譽

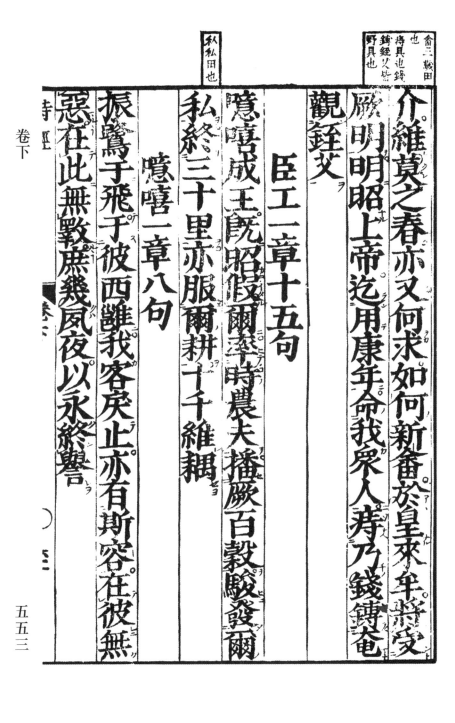

瞽樂官無目者

潛糝也箇積柴養魚使隱藏避寒因以薄圍取之也

振鷺一章八句

豐年多黍多稌亦有高廩萬億及秭為酒為醴烝畀祖妣以洽百禮降福孔皆

豐年一章七句

有瞽有瞽在周之庭設業設虡崇牙樹羽應田縣鼓鞉磬柷圉既備乃奏簫管備舉喤喤厥聲肅雝和鳴先祖是聽我客戾止永觀厥成

有瞽一章十三句

猗與漆沮潛有多魚有鱣有鮪鰷鱨鰋鯉以享以

廣牡大牡也

祀以介景福

潛一章六句

有來雝雝至止肅肅相維辟公天子穆穆於薦廣牡相予肆祀假哉皇考綏予孝子宣哲維人文武維后燕及皇天克昌厥後綏我眉壽介以繁祉既右烈考亦右文母

雝一章十六句

載見辟王曰求厥章龍旂陽陽和鈴央央鞗革有鶬休有烈光率見昭考以孝以享以介眉壽永言保

敦琢選擇也

一宿曰宿再宿曰信夷易也大也

遏止劉殺也

之思皇多祜烈文辟公綏以多福俾緝熙于純嘏

載見一章十四句

有客有客亦白其馬有萋有且敦琢其旅有客宿

宿有客信信言授之縶以縶其馬薄言追之左右

綏之旣有淫威降福孔夷

有客一章十二句

於皇武王無競惟烈允文文王克開厥後嗣武受

之勝殷遏劉耆定爾功

武一章七句

閔病也造成也

訪問落始艾如夜未艾之艾判分渙散也

周頌閔予小子之什四之三

閔予小子遭家不造嬛嬛在疚於乎皇考永世克孝念茲皇祖陟降庭止維予小子夙夜敬止於乎皇王繼序思不忘

閔予小子一章十一句

訪予落止率時昭考於乎悠哉朕未有艾將予就之繼猶判渙維予小子未堪家多難紹庭上下陟降厥家休矣皇考以保明其身

訪落一章十二句

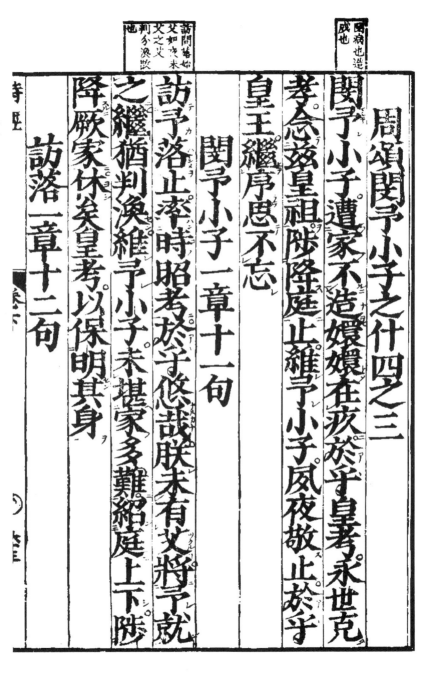

士事也

佛弼通仔肩任也

毖慎、荓使也

芟除草柞除木也嗿衆飲食之聲媚順依愛士夫也

敬之敬之天維顯思命不易哉無曰高高在上陟
降厥士日監在茲維予小子不聰敬止日就月將
學有緝熙于光明佛時仔肩示我顯德行

敬之一章十二句

予其懲而毖後患莫予荓蜂自求辛螫肇允彼桃
蟲拚飛維鳥未堪家多難予又集于蓼

小毖一章八句

載芟載柞其耕澤澤千耦其耘徂隰徂畛侯主侯
伯侯亞侯旅侯彊侯以有嗿其饁思媚其婦有依

略利俶始函含活生也達出土也麃耘也

其士有略其耜俶載南畝播厥百穀實函斯活驛驛其達有厭其傑厭厭其苗緜緜其麃載穫濟濟有實其積萬億及秭為酒為醴烝畀祖妣以洽百禮有飶其香邦家之光有椒其馨胡考之寧匪且有且匪今斯今振古如茲

載芟一章三十一句

糾笠之軽舉也趙刺也薅去也

畟畟良耜俶載南畝播厥百穀實函斯活或來瞻女載筐及筥其饟伊黍其笠伊糾其鎛斯趙以薅荼蓼荼蓼朽止黍稷茂止穫之挃挃積之栗栗其

黃牛黑脣曰犉

吳譁也

鑠盛伐也 龍寵也 造爲公事也

崇如墉其比如櫛以開百室百室盈止婦子寧止
殺時犉牡有捄其角以似以續續古之人

良耜一章二十三句

絲衣其紑載弁俅俅自堂徂基自羊徂牛鼐鼎及
鼒兕觥其觩旨酒思柔不吳不敖胡考之休

絲衣一章九句

於鑠王師遵養時晦時純熙矣是用大介我龍受
之蹻蹻王之造載用有嗣實維爾公允師

酌一章八句

傳曰間代也

綏萬邦婁豐年天命匪解桓桓武王保有厥士于以四方克定厥家於昭于天皇以間之

桓一章九句

應當敷布繹思承繹而思念也

文王既勤止我應受之敷時繹思我徂維求定時周之命於繹思

賚一章六句

翕音吸翕而不爲暴也裒聚也

於皇時周陟其高山嶞山喬嶽允猶翕河敷天之下裒時之對時周之命

般一章七句

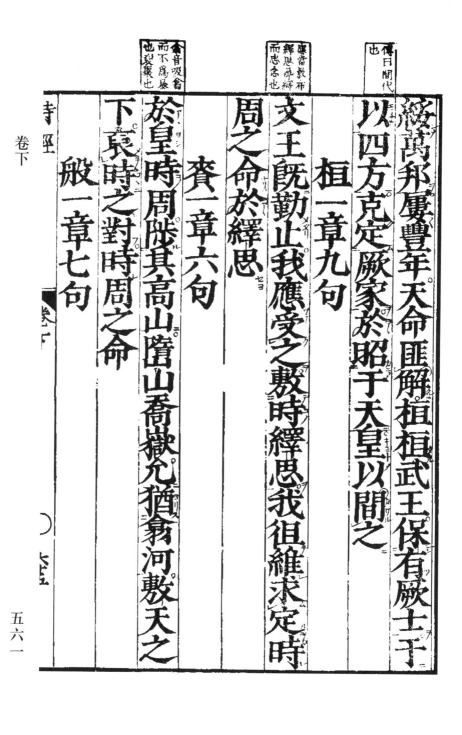

才材力也

魯頌四之四

駉駉牡馬。在坰之野。薄言駉者。有驈有皇。有驪有黃。以車彭彭。思無疆。思馬斯臧。

○駉駉牡馬。在坰之野。薄言駉者。有騅有駓。有騂有騏。以車伾伾。思無期。思馬斯才。

○駉駉牡馬。在坰之野。薄言駉者。有驒有駱。有駵有雒。以車繹繹。思無斁。思馬斯作。

○駉駉牡馬。在坰之野。薄言駉者。有駰有騢。有驔有魚。以車祛祛。思無邪。思馬斯徂。

駉四章章八句

有駜有駜駜彼乘黃夙夜在公在公明明振振鷺
鷺于下鼓咽咽醉言舞于胥樂兮○有駜有駜駜
彼乘牡夙夜在公在公飲酒振振鷺鷺于飛鼓咽
咽醉言歸于胥樂兮○有駜有駜駜彼乘駽夙夜
在公在公載燕自今以始歲其有君子有穀詒孫
子于胥樂兮

有駜三章章九句

思樂泮水薄采其芹魯侯戾止言觀其旂其旂茷
茷鸞聲噦噦無小無大從公于邁○思樂泮水薄

采其藻魯侯戾止其馬蹻蹻其馬蹻蹻其音昭昭
載色載笑匪怒伊教○思樂泮水薄采其茆魯侯
戾止在泮飲酒既飲旨酒永錫難老順彼長道屈
此群醜○穆穆魯侯敬明其德敬慎威儀維民之
則允文允武昭假烈祖靡有不孝自求伊祜○明
明魯侯克明其德既作泮宮淮夷攸服矯矯虎臣
在泮獻馘淑問如皋陶在泮獻囚○濟濟多士克
廣德心桓桓于征狄彼東南烝烝皇皇不吳不揚
不告于訩在泮獻功○角弓其觩束矢其搜戎車

黮音甚桑實也

憬覺悟也

閟深閉也 侐清淨也

孔博徒御無斁既克淮夷孔淑不逆式固爾猶淮夷卒獲○翩彼飛鴞集于泮林食我桑黮懷我好音憬彼淮夷來獻其琛元龜象齒大賂南金

泮水八章章八句

閟宮有侐實實枚枚赫赫姜嫄其德不回上帝是依無災無害彌月不遲是生后稷降之百福黍稷重穋稙穉菽麥奄有下國俾民稼穡有稷有黍有稻有秬奄有下土纘禹之緒○后稷之孫實維大王居岐之陽實始翦商至于文武纘大王之緒致

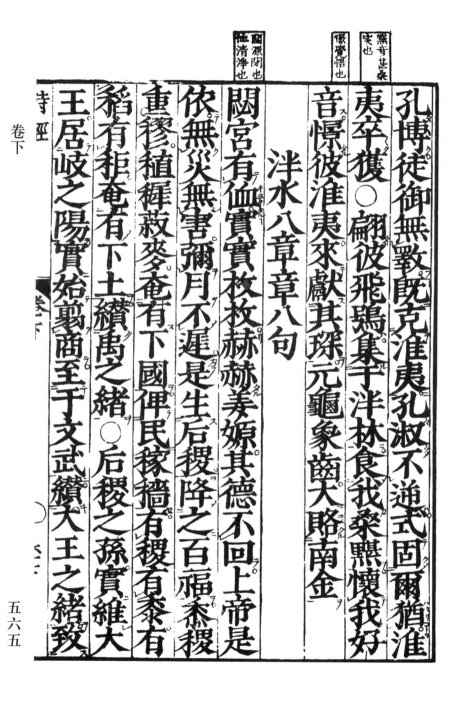

敦音堆治之也

咸同也

楅衡施於牛角所以止觸也

天之屆于牧之野無貳無虞上帝臨女敦商之旅
克咸厥功王曰叔父建爾元子俾侯于魯大啓爾
宇爲周室輔○乃命魯公俾侯于東錫之山川土
田附庸周公之孫莊公之子龍旂承祀六轡耳耳
春秋匪解享祀不忒皇皇后帝皇祖后稷享以騂
犧是饗是宜降福既多周公皇祖亦其福女○秋
而載嘗夏而楅衡白牡騂剛犧尊將將毛炰胾羮
籩豆大房萬舞洋洋孝孫有慶俾爾熾而昌俾爾
壽而臧保彼東方魯邦是常不虧不崩不震不騰

縢所以約弓

綅所以綴也膺當也

承禦也

詹與瞻同

荒奄也

三壽作朋如岡如陵○公車千乘朱英綠縢二矛
重弓○公徒三萬貝胄朱綅烝徒增增戎狄是膺荊
舒是懲則莫我敢承俾爾昌而熾俾爾壽而富黃
髮台背壽胥與試俾爾昌而大俾爾耆而艾萬有
千歲眉壽無有害○泰山巖巖魯邦所詹奄有龜
蒙遂荒大東至于海邦淮夷來同莫不率從魯侯
之功○保有鳧繹遂荒徐宅至于海邦淮夷蠻貊
及彼南夷莫不率從莫敢不諾魯侯是若○天錫
公純嘏眉壽保魯居常與許復周公之宇魯侯燕

那多同　衎樂也

喜令妻壽母宜大夫庶士邦國是有既多受祉黃髮兒齒◯徂來之松新甫之柏是斷是度是尋是尺松桷有舄路寢孔碩新廟奕奕奚斯所作孔曼且碩萬民是若

閟宮九章五章章十七句二章章八句二章章十句

商頌之什四之五

猗與那與置我鞉鼓奏鼓簡簡衎我烈祖湯孫奏假綏我思成鞉鼓淵淵嘒嘒管聲既和且平依我

秩常也

鬷音奏　假音格

磬聲。於赫湯孫。穆穆厥聲。庸鼓有斁。萬舞有奕。我有嘉客。亦不夷懌。自古在昔。先民有作。溫恭朝夕。執事有恪。顧予烝嘗。湯孫之將。

那一章二十二句

嗟嗟烈祖。有秩斯祜。申錫無疆。及爾斯所。既載清酤。賚我思成。亦有和羹。既戒既平。鬷假無言。時靡有爭。綏我眉壽。黃耇無疆。約軝錯衡。八鸞鶬鶬。以假以享。我受命溥將。自天降康。豐年穰穰。來假來饗。降福無疆。顧予烝嘗。湯孫之將。

烈祖一章二十二句

天命玄鳥降而生商宅殷土芒芒古帝命武湯正
域彼四方方命厥后奄有九有商之先后受命不
殆在武丁孫子武丁孫子武王靡不勝龍旂十乘
大糦是承邦畿千里維民所止肇域彼四海四海
來假來假祁祁景員維河殷受命咸宜百祿是何

玄鳥一章二十二句

濬哲維商長發其祥洪水芒芒禹敷下土方外大
國是疆幅隕既長有娀方將帝立子生商○玄王

競強也絿緩也

傳曰駿大厖厚也龍寵也

戁音赧恐也

曷遏通苞本也

業危也

桓撥受小國是達受大國是達率履不越遂視既發相土烈烈海外有截○帝命不違至于湯湯齊降不遲聖敬日躋昭假遲遲上帝是祗帝命式于九圍○受小球大球為下國綴旒何天之休不競不絿不剛不柔敷政優優百祿是遒○受小共大共為下國駿厖何天之龍敷奏其勇不震不動不戁不竦百祿是總○武王載旆有虔秉鉞如火烈烈則莫我敢曷苞有三蘖莫遂莫達九有有截韋顧既伐昆吾夏桀○昔在中葉有震且業允也天

冞冐裒聚也

子降于卿士實維阿衡實左右商王

長發七章一章八句四章章七句一章章九句一章章六句

撻彼殷武奮伐荆楚冞入其阻裒荆之旅有截其所湯孫之緒○維女荆楚居國南鄉昔有成湯自彼氐羌莫敢不來享莫敢不來王曰商是常○天命多辟設都于禹之績歲事來辟勿予禍適稼穡匪解○天命降監下民有嚴不僭不濫不敢怠遑命于下國封建厥福○商邑翼翼四方之極赫赫

厥聲濯濯厥靈壽考且寧以保我後生◯陟彼景山松柏丸丸是斷是遷方斲是虔松桷有梴旅楹有閑寢成孔安

殷武六章三章章六句二章章七句一章五句

詩經終

春秋訓點

[日]林羅山 撰

春秋胡氏傳序

古者列國各有史官。掌記時事。春秋魯史爾。仲尼就加筆削。乃史外傳心之要典也。而孟氏發明宗旨。目爲天子之事者。周道衰微。乾綱解紐。亂臣賊子。接迹當世。人欲肆而天理滅矣。仲尼天理之所在。不以爲己任而誰可。五典不惇。己所當叙。五禮弗庸。己所當秩。五服弗章。己所當命。五刑弗用。己所當討。故曰文王既沒文不在茲乎天之將喪斯文也後死者不得與於斯文也天之未喪斯文也匡人其如予何聖人以天自處斯文之興喪在已而由人乎哉故曰我欲載之空言不如見諸行事之深切著明也空言獨能載其理行事然後見其用是故假魯史以寓王法撥亂世反之正敘先後之倫而典自此可惇秩上下之分而禮自此可庸有德者必褒而善自

此可勸有罪者必貶而惡自此可懲其志存乎經世其功配於抑洪水膺戎狄放龍蛇驅虎豹其大要則皆天子之事也故曰知我者其惟春秋乎罪我者其惟春秋乎知孔子者謂此書遏人欲於橫流存天理於旣滅爲後世慮至深遠也罪孔子者謂無其位而託二百四十二年南面之權使亂臣賊子禁其欲而不得肆則戚矣是故春秋見諸行事非

空言比也公好惡則發乎詩之情酌今古則貫乎書之事興常典則體乎禮之經本忠恕則導乎樂之和著權制則盡乎易之變百王之法度萬世之準繩皆在此書故君子以謂五經之有春秋猶法律之有斷例也學是經者信窮理之要矣不學是經而處大事決大疑能不惑者鮮矣自先聖門人以文學名科如游夏尚不能贊一辭蓋立義之精如此

去聖既遠欲因遺經窺測聖人之用豈易能乎然世有先後人心之所同然一爾苟得其所同然者雖越宇宙若見聖人親炙之也而春秋之權度在我矣近世推隆王氏所說撥爲國是獨於春秋貢舉不以取士庠序不以設官經筵不以進讀斷國論者無所折衷天下不知所適人欲日長天理日消其效使夷狄亂華莫之遏也噫至此極矣仲尼親手

筆削撥亂反正之書亦可以行矣。天縱聖學崇信是經廼於斯時奉承詔旨輒不自揆謹述所聞爲之說以獻雖微辭奧義或未貫通然尊君父討亂賊闢邪說正人心用夏變夷大法略具庶幾聖王經世之志小有補云。

春秋

隱公

元年春王正月　三月公及邾儀父盟于蔑　夏
五月鄭伯克段于鄢○秋七月天王使宰咺來歸
惠公仲子之賵　九月及宋人盟于宿○冬十有
二月祭伯來　公子益師卒
二年春公會戎于潛○夏五月莒人入向　無駭
帥師入極○秋八月庚辰公及戎盟于唐　九月
紀履緰來逆女○冬十月伯姬歸于紀　紀子伯

莒子盟于密　十有二月乙卯夫人子氏薨　鄭
人伐衛
三年春王二月己巳日有食之　三月庚戌天王
崩○夏四月辛卯尹氏卒○秋武氏子來求賻
八月庚辰宋公和卒○冬十有二月齊侯鄭伯盟
于石門　癸未葬宋穆公
四年春王二月莒人伐杞取牟婁　戊申衛州吁
弑其君完○夏公及宋公遇于清　宋公陳侯蔡
人衛人伐鄭○秋翬帥師會宋公陳侯蔡人衛人

伐鄭　九月衛人殺州吁于濮○冬十有二月衛
人立晉
五年春公觀魚于棠○夏四月葬衛桓公○秋衛
師入郕　九月考仲子之宮　初獻六羽　邾人
鄭人伐宋　螟○冬十有二月辛巳公子彄卒
宋人伐鄭圍長葛
六年春鄭人來輸平○夏五月辛酉公會齊侯盟
于艾　秋七月○冬宋人取長葛
七年春王三月叔姬歸于紀　滕侯卒○夏城中

丘○齊侯使其弟年來聘○秋公伐邾○冬天王
使凡伯來聘　戎伐凡伯于楚丘以歸
八年春宋公衞侯遇于垂　三月鄭伯使宛來歸
祊　庚寅我入祊○夏六月己亥蔡侯考父卒
辛亥宿男卒○秋七月庚午宋公齊侯衞侯盟于
瓦屋　八月葬蔡宣公　九月辛卯公及莒人盟
于浮來　螟○冬十有二月無駭卒
九年春天王使南季來聘　三月癸酉大雨震電
庚辰大雨雪　俠卒○夏城郎○秋七月○冬公

會齊侯于防

十年春王二月公會齊侯鄭伯于中丘○夏翬帥師會齊人鄭人伐宋六月壬戌公敗宋師于菅辛未取郜辛巳取防○秋宋人衛人入鄭宋人蔡人衛人伐戴鄭伯伐取之○冬十月壬午齊人鄭人入郕

十有一年春滕侯薛侯來朝○夏公會鄭伯于時來○秋七月壬午公及齊侯鄭伯入許○冬十有一月壬辰公薨

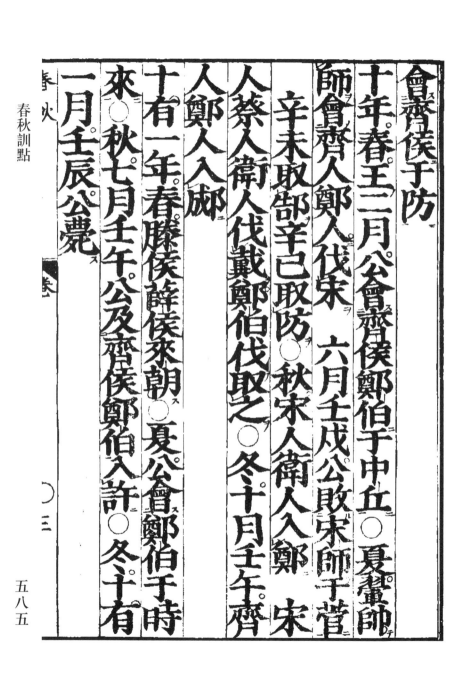

桓公

元年春王正月公即位　三月公會鄭伯于垂
鄭伯以璧假許田○夏四月丁未公及鄭伯盟于
越○秋大水○冬十月
二年春王正月戊申宋督弑其君與夷及其大夫
孔父　滕子來朝　三月公會齊侯陳侯鄭伯于
稷以成宋亂○夏四月取郜大鼎于宋戊申納于
大廟○秋七月杞侯來朝　蔡侯鄭伯會于鄧
九月入杞　公及戎盟于唐○冬公至自唐

三年春正月公會齊侯于嬴○夏齊侯衛侯胥命
于蒲　六月公會杞侯于郕○秋七月壬辰朔日
有食之既　公子翬如齊逆女　九月齊侯送姜
氏于讙　公會齊侯于讙　夫人姜氏至自齊○
冬齊侯使其弟年來聘　有年
四年春正月公狩于郎○夏天王使宰渠伯糾來
聘
五年春正月甲戌己丑陳侯鮑卒○夏齊侯鄭伯
如紀　天王使仍叔之子來聘　葬陳桓公　城

祝丘○秋蔡人衛人陳人從王伐鄭○大雩○螽
○冬州公如曹
六年春正月寔來○夏四月公會紀侯于郕○秋
八月壬午大閱　蔡人殺陳佗　九月丁卯子同
生○冬紀侯來朝
七年春二月己亥焚咸丘○夏穀伯綏來朝鄧侯
吾離來朝
八年春正月己卯烝　天王使家父來聘○夏五
月丁丑烝○秋伐邾○冬十月雨雪　祭公來遂

逆王后于紀

九年春紀季姜歸于京師　夏四月　秋七月

冬曹伯使其世子射姑來朝

十年春王正月庚申曹伯終生卒　夏五月葬曹

桓公　秋公會衛侯于桃丘弗遇　冬十有二月

丙午齊侯衛侯鄭伯來戰于郎

十有一年春正月齊人衛人鄭人盟于惡曹　夏

五月癸未鄭伯寤生卒　秋七月葬鄭莊公　九

月宋人執鄭祭仲　突歸于鄭　鄭忽出奔衛　柔

會宋公陳侯蔡叔盟于折　公會宋公于夫鍾○
冬十有二月公會宋公于闞
十有二年春正月○夏六月壬寅公會杞侯莒子
盟于曲池○秋七月丁亥公會宋公燕人盟于穀
丘　八月壬辰陳侯躍卒　公會宋公于虛○冬
十有一月公會宋公于龜　丙戌公會鄭伯盟于
武父　丙戌衛侯晉卒　十有二月及鄭師伐宋
丁未戰于宋
十有三年春二月公會紀侯鄭伯己巳及齊侯宋

公衛侯燕人戰齊師宋師衛師燕師敗績 三月
葬衛宣公○夏大水○秋七月○冬十月
十有四年春正月公會鄭伯于曹 無冰○夏五
月鄭伯使其弟語來盟○秋八月壬申御廩災
乙亥嘗○冬十有二月丁巳齊侯祿父卒 宋人
以齊人蔡人衛人陳人伐鄭
十有五年春二月天王使家父來求車 三月乙
未天王崩○夏四月己巳葬齊僖公 五月鄭伯
突出奔蔡 鄭世子忽復歸于鄭 許叔入于許

公會齊侯于艾　邾人牟人葛人來朝○秋九
月鄭伯突入于櫟○冬十有一月公會宋公衛侯
陳侯于袲伐鄭
十有六年春正月公會宋公蔡侯衛侯于曹○夏
四月公會宋公衛侯陳侯蔡侯伐鄭○秋七月公
至自伐鄭○冬城向　十有一月衛侯朔出奔齊
十有七年春正月丙辰公會齊侯紀侯盟于黃
二月丙午公會邾儀父盟于趡○夏五月丙午及
齊師戰于奚　六月丁丑蔡侯封人卒○秋八月

蔡季自陳歸于蔡 癸巳葬蔡桓侯 及宋人衛
人伐邾 冬十月朔日有食之
十有八年春王正月公會齊侯于濼公與夫人姜
氏遂如齊 夏四月丙子公薨于齊 丁酉公之喪
至自齊 秋七月 冬十有二月己丑葬我君桓公

莊公

元年春王正月 三月夫人孫于齊 夏單伯逆
王姬 秋築王姬之館于外 冬十月乙亥陳侯
林卒 王使榮叔來錫桓公命 王姬歸于齊

齊師遷紀郱鄑郚
二年春王二月葬陳莊公○夏公子慶父帥師伐於餘丘○秋七月齊王姬卒○冬十有二月夫人姜氏會齊侯于禚　乙酉宋公馮卒
三年春王正月溺會齊師伐衛○夏四月葬宋莊公○五月葬桓王○秋紀季以酅入于齊○冬公次于滑
四年春王二月夫人姜氏享齊侯于祝丘　三月紀伯姬卒○夏齊侯陳侯鄭伯遇于垂　紀侯大

去其國○六月乙丑齊侯葬紀伯姬○秋七月○
冬公及齊人狩于禚
五年春王正月○夏夫人姜氏如齊師○秋郳黎
來來朝○冬公會齊人宋人陳人蔡人伐衞
六年春王正月○王人子突救衞○夏六月衞侯朔
入于衞○秋公至自伐衞○螟○冬齊人來歸衞俘
七年春夫人姜氏會齊侯于防○夏四月辛卯夜
恒星不見夜中星隕如雨○秋大水無麥苗○冬
夫人姜氏會齊侯于穀

八年春王正月師次于郎以俟陳人蔡人　甲午
治兵○夏師及齊師圍郕郕降于齊師○秋師還
○冬十有一月癸未齊無知弑其君諸兒
九年春齊人殺無知　公及齊大夫盟于蔇○夏
公伐齊納糾齊小白入于齊○秋七月丁酉葬齊
襄公八月庚申及齊師戰于乾時我師敗績　九
月齊人取子糾殺之○冬浚洙
十年春王正月公敗齊師于長勺　二月公侵宋
三月宋人遷宿○夏六月齊師宋師次于郎公敗

宋師于乘丘○秋九月荆敗蔡師于莘以蔡公獻舞歸○冬十月齊師滅譚譚子奔莒

十有一年春王正月○夏五月戊寅公敗宋師于鄑○秋宋大水○冬王姬歸于齊

十有二年春王三月紀叔姬歸于酅○夏四月秋八月甲午宋萬弑其君捷及其大夫仇牧○冬十月宋萬出奔陳

十有三年春齊侯宋人陳人蔡人邾人會于北杏○夏六月齊人滅遂○秋七月○冬公會齊侯盟

于柯
十有四年春齊人陳人曹人伐宋○夏單伯會伐
宋○秋七月荊入蔡○冬單伯會齊侯宋公衞侯
鄭伯于鄄
十有五年春齊侯宋公陳侯衞侯鄭伯會于鄄○
夏夫人姜氏如齊○秋宋人齊人邾人伐郳 鄭
人侵宋○冬十月
十有六年春王正月○夏宋人齊人衞人伐鄭○
秋荊伐鄭○冬十有二月會齊侯宋公陳侯衞侯

鄭伯許男滑伯滕子同盟于幽　邾子克卒
十有七年春齊人執鄭詹○夏齊人殲于遂○秋
鄭詹自齊逃來○冬多麋
十有八年春王三月日有食之○夏公追戎于濟
西○秋有蜮○冬十月
十有九年春王正月○夏四月○秋公子結媵陳
人之婦于鄄遂及齊侯宋公盟夫人姜氏如莒
冬齊人宋人伐我西鄙
二十年春王二月夫人姜氏如莒○夏齊大災○

秋七月○冬齊人伐戎
二十有一年春王正月○夏五月辛酉鄭伯突卒
○秋七月戊戌夫人姜氏薨○冬十有二月葬鄭
厲公
二十有二年春王正月肆大眚　癸丑葬我小君
文姜　陳人殺其公子御寇○夏五月○秋七月
丙申及齊高傒盟于防○冬公如齊納幣
二十有三年春公至自齊　祭叔來聘○夏公如
齊觀社　公至自齊　荊人來聘　公及齊侯遇

于穀　蕭叔朝公　秋丹桓宮楹　冬十有一月
曹伯射姑卒　十有二月甲寅公會齊侯盟于扈
二十有四年春王三月刻桓宮桷　葬曹莊公
夏公如齊逆女　秋公至自齊　八月丁丑夫人
姜氏入　戊寅大夫宗婦覿用幣　大水　冬戎
侵曹曹羈出奔陳　赤歸于曹　郭公
二十有五年春陳侯使女叔來聘　夏五月癸丑
衛侯朔卒　六月辛未朔日有食之鼓用牲于社
伯姬歸于杞　秋大水鼓用牲于社于門　冬

公子友如陳

二十有六年春公伐戎夏公至自伐戎　曹殺其大夫秋公會宋人齊人伐徐冬十有二月癸亥朔日有食之

二十有七年春公會杞伯姬于洮夏六月公會齊侯宋公陳侯鄭伯同盟于幽秋公子友如陳葬原仲冬杞伯姬來　莒慶來逆叔姬杞伯來朝公會齊侯于城濮

二十有八年春王三月甲寅齊人伐衛衛人及齊

人戰衛人敗績○夏四月丁未邾子瓊卒○秋荊
伐鄭公會齊人宋人救鄭○冬築郿大無麥
禾臧孫辰告糴于齊
二十有九年春新延廐○夏鄭人侵許○秋有蜚
○冬十有二月紀叔姬卒城諸及防
三十年春王正月○夏師次于成○秋七月齊人
降鄣八月癸亥葬紀叔姬九月庚午朔日有
食之鼓用牲于社○冬公及齊侯遇于魯濟齊
人伐山戎

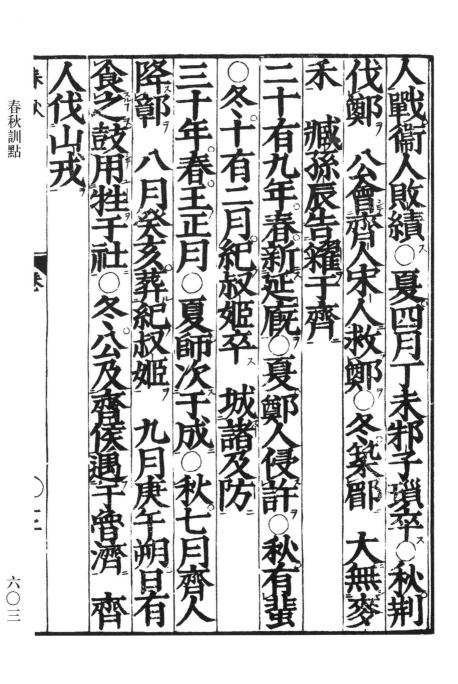

三十有一年春築臺于郎○夏四月薛伯卒　築臺于薛　六月齊侯來獻戎捷○秋築臺于秦○冬不雨

三十有二年春城小穀○夏宋公齊侯遇于梁丘○秋七月癸巳公子牙卒　八月癸亥公薨于路寢○冬十月己未子般卒　公子慶父如齊　狄伐邢

閔公

元年春王正月齊人救邢○夏六月辛酉葬我君

莊公○秋八月公及齊侯盟于落姑 季子來歸
○冬齊仲孫來
二年春王正月齊人遷陽○夏五月乙酉吉禘于
莊公○秋八月辛丑公薨 九月夫人姜氏孫于
邾 公子慶父出奔莒○冬齊高子來盟 十有
二月狄入衛 鄭棄其師

僖公

元年春王正月齊師宋師曹師次于聶北救邢○
夏六月邢遷于夷儀 齊師宋師曹師城邢○秋

七月戊辰夫人姜氏薨于夷齊人以歸　楚人伐
鄭　八月公會齊侯宋公鄭伯曹伯邾人于檉
九月公敗邾師于偃○冬十月壬午公子友帥師
敗莒師于酈獲莒挐　十有二月丁巳夫人氏之
喪至自齊
二年春王正月城楚丘○夏五月辛巳葬我小君
哀姜　虞師晉師滅下陽○秋九月齊侯宋公江
人黃人盟于貫○冬十月不雨　楚人侵鄭
三年春王正月不雨○夏四月不雨　徐人取舒

六月雨○秋齊侯宋公江人黃人會于陽穀○
冬公子友如齊涖盟　楚人伐鄭
四年春王正月公會齊侯宋公陳侯衞侯鄭伯許
男曹伯侵蔡蔡潰遂伐楚次于陘○夏許男新臣
卒　楚屈完來盟于師盟于召陵　齊人執陳轅
濤塗○秋及江人黃人伐陳　八月公至自伐楚
葬許穆公○冬十有二月公孫茲帥師會齊人宋
人衞人鄭人許人曹人侵陳
五年春晉侯殺其世子申生　杞伯姬來朝其子

○夏公孫茲如牟　公及齊侯宋公陳侯衛侯鄭伯許男曹伯會王世子于首止○秋八月諸侯盟于首止　鄭伯逃歸不盟　楚人滅弦弦子奔黃

九月戊申朔日有食之○冬晉人執虞公

六年春王正月○夏公會齊侯宋公陳侯衛侯曹伯伐鄭圍新城○秋楚人圍許諸侯遂救許○冬公至自伐鄭

七年春齊人伐鄭○夏小邾子來朝　鄭殺其大夫申侯○秋七月公會齊侯宋公陳世子款鄭世

子華盟于寗母 曹伯班卒 公子友如齊○冬
葬曹昭公
八年春王正月公會王人齊侯宋公衛侯許男曹
伯陳世子款盟于洮鄭伯乞盟○夏狄伐晉○秋
七月禘于大廟用致夫人○冬十有二月丁未天
王崩
九年春王正月丁丑宋公御說卒○夏公會宰周
公齊侯宋子衛侯鄭伯許男曹伯于葵丘○秋七
月乙酉伯姬卒 九月戊辰諸侯盟于葵丘 甲

子晉侯佹諸卒○冬晉里克殺其君之子奚齊
十年春王正月公如齊　狄滅溫溫子奔衛　晉
里克弒其君卓及其大夫荀息○夏齊侯許男伐
北戎　晉殺其大夫里克○秋七月○冬大雨雪
十有一年春晉殺其大夫丕鄭父○夏公及夫人
姜氏會齊侯于陽穀○秋八月大雩○冬楚人
伐黄
十有二年春王三月庚午日有食之○夏楚人滅
黄○秋七月○冬十有二月丁丑陳侯杵臼卒

十有三年春狄侵衛○夏四月葬陳宣公○公會齊侯宋公陳侯鄭伯許男曹伯于鹹○秋九月大雩○冬公子友如齊

十有四年春諸侯城緣陵○夏六月季姬及鄫子遇于防使鄫子來朝○秋八月辛卯沙鹿崩　狄侵鄭○冬蔡侯肸卒

十有五年春王正月公如齊　楚人伐徐　三月公會齊侯宋公陳侯衛侯鄭伯許男曹伯盟于牡丘遂次于匡公孫敖帥師及諸侯之大夫救徐○

夏五月日有食之○秋七月齊師曹師伐厲八
月螽　九月公至自會　季姬歸于鄫　己卯晦
震夷伯之廟○冬宋人伐曹　楚人敗徐于婁林
十有一月壬戌晉侯及秦伯戰于韓獲晉侯
十有六年春王正月戊申朔隕石于宋五是月六
鷁退飛過宋都　三月壬申公子季友卒○夏四
月丙申鄫季姬卒○秋七月甲子公孫茲卒○冬
十有二月公會齊侯宋公陳侯衛侯鄭伯許男邢
侯曹伯于淮

十有七年。春。齊人徐人伐英氏。夏滅項。秋。夫人姜氏會齊侯于卞。九月公至自會。冬十有二月乙亥齊侯小白卒

十有八年。春王正月。宋公曹伯衛人邾人伐齊。夏師救齊。五月戊寅宋師及齊師戰于甗齊師敗績。狄救齊。秋八月丁亥葬齊桓公。冬。邢人狄人伐衛

十有九年春王三月。宋人執滕子嬰齊。夏六月。宋公曹人邾人盟于曹南鄫子會盟于邾已酉邾

人執鄫子用之○秋。宋人圍曹 衛人伐邢○冬。
會陳人蔡人楚人鄭人盟于齊 梁亡
二十年春新作南門○夏郜子來朝 五月乙巳。
西宮災 鄭人入滑○秋齊人狄人盟于邢○冬。
楚人伐隨
二十有一年。春狄侵衛 宋人齊人楚人盟于鹿
上○夏大旱○秋宋公楚子陳侯蔡侯鄭伯許男
曹伯會于盂。執宋公以伐宋○冬。公伐邾 楚人
使宜申來獻捷 十有二月癸丑。公會諸侯盟于

薄釋宋公
二十有二年春公伐邾取須句○夏宋公衛侯許男滕子伐鄭○秋八月丁未及邾人戰于升陘○冬十有一月己巳朔宋公及楚人戰于泓宋師敗績
二十有三年春齊侯伐宋圍緡○夏五月庚寅宋公茲父卒○秋楚人伐陳○冬十有一月杞子卒
二十有四年春王正月○夏狄伐鄭○秋七月○冬天王出居于鄭　晉侯夷吾卒

二十有五年春王正月丙午衞侯燬滅邢○夏四
月癸酉衞侯燬卒　宋蕩伯姬來逆婦　宋殺其
大夫○秋楚人圍陳納頓子于頓　葬衞文公○
冬十有二月癸亥公會衞子莒慶盟于洮
二十有六年春王正月己未公會莒子衞甯速盟
于向　齊人侵我西鄙公追齊師至酅弗及○夏
齊人伐我北鄙　衞人伐齊　公子遂如楚乞師
○秋楚人滅夔以夔子歸○冬楚人伐宋圍緡
公以楚師伐齊取穀公至自伐齊

二十有七年春杞子來朝○夏六月庚寅齊侯昭
卒○秋八月乙未葬齊孝公　乙巳公子遂帥師
入杞○冬楚人陳侯蔡侯鄭伯許男圍宋　十有
二月甲戌公會諸侯盟于宋
二十有八年春晉侯侵曹晉侯伐衛　公子買戍
衛不卒戍刺之　楚人救衛　三月丙午晉侯入
曹執曹伯畀宋人○夏四月己巳晉侯齊師宋師
秦師及楚人戰于城濮楚師敗績　楚殺其大夫
得臣　衛侯出奔楚　五月癸丑公會晉侯齊侯

宋公蔡侯鄭伯衛子莒子盟于踐土　陳侯如會
公朝于王所　六月衛侯鄭自楚復歸于衛
衛元咺出奔晉　陳侯款卒○秋杞伯姬來　公
子遂如齊○冬公會晉侯齊侯宋公蔡侯鄭伯陳
子莒子邾子秦人于溫　天王狩河陽　壬申公
朝于王所　晉人執衛侯歸之于京師　衛元咺
自晉復歸于衛　諸侯遂圍許　曹伯襄復歸于
曹遂會諸侯圍許
二十有九年春介葛盧來　公至自圍許○夏六

月會王人晉人宋人齊人陳人蔡人秦人盟于翟
泉○秋大雨雹○冬介葛盧來
三十年春王正月○夏狄侵齊○秋衛殺其大夫
元咺及公子瑕　衛侯鄭歸于衛　晉人秦人圍
鄭　介人侵蕭○冬天王使宰周公來聘公子遂
如京師遂如晉
三十有一年春取濟西田　公子遂如晉○夏四
月四卜郊不從乃免牲猶三望○秋七月○冬杞
伯姬來求婦　狄圍衛　十有二月衛遷于帝丘

三十有二年春王正月○夏四月己丑鄭伯捷卒
衛人侵狄○秋衛人及狄盟○冬十有二月己
卯晉侯重耳卒
三十有三年春王二月秦人入滑　齊侯使國歸
父來聘○夏四月辛巳晉人及姜戎敗秦于殽
癸巳葬晉文公　狄侵齊　公伐邾取訾婁○秋
公子遂帥師伐邾　晉人敗狄于箕○冬十月公
如齊　十有二月公至自齊　乙巳公薨于小寢
隕霜不殺草李梅實　晉人陳人鄭人伐許

文公

元年春王正月公即位　二月癸亥日有食之

天王使叔服來會葬　夏四月丁巳葬我君僖公

天王使毛伯來錫公命　晉侯伐衛　叔孫得臣如京師　衛人伐晉　秋公孫敖會晉侯于戚

冬十月丁未楚世子商臣弒其君頵　公孫敖如齊

二年春王二月甲子晉侯及秦師戰于彭衙秦師敗績　丁丑作僖公主　三月乙巳及晉處父盟

○夏六月公孫敖會宋公陳侯鄭伯晉士縠盟于垂隴 自十有二月不雨至于秋七月 八月丁卯大事于大廟躋僖公○冬晉人宋人陳人鄭人伐秦 公子遂如齊納幣

三年春王正月叔孫得臣會晉人宋人陳人衞人鄭人伐沈沈潰○夏五月王子虎卒 秦人伐晉○秋楚人圍江 雨螽于宋○冬公如晉十有二月己巳公及晉侯盟 晉陽處父帥師伐楚以救江

四年春公至自晉○夏逆婦姜于齊 狄侵齊○
秋楚人滅江 晉侯伐秦 衛侯使甯俞來聘○
冬十有一月壬寅夫人風氏薨
五年春王正月王使榮叔歸含且賵 三月辛亥○
葬我小君成風 王使召伯來會葬○夏公孫敖
如晉 秦人入鄀○秋楚人滅六○冬十月甲申
許男業卒
六年春葬許僖公○夏季孫行父如陳○秋季孫
行父如晉 八月乙亥晉侯驩卒○冬十月公子

遂如晉　葬晉襄公　晉殺其大夫陽處父晉狐
射姑出奔狄　閏月不告月猶朝于廟
七年春公伐邾　三月甲戌取須句遂城郚○夏
四月宋公王臣卒　宋人殺其大夫　戊子晉人
及秦人戰于令狐晉先蔑奔秦　狄侵我西鄙○
秋八月公會諸侯晉大夫盟于扈○冬徐伐莒
公孫敖如莒涖盟
八年春王正月○夏四月○秋八月戊申天王崩
冬十月壬午公子遂會晉趙盾盟于衡雍　乙

酉公子遂會雒戎盟于暴　公孫敖如京師不至
而復丙戌奔莒　螽　宋人殺其大夫司馬宋司
城來奔
九年春毛伯來求金　夫人姜氏如齊　二月叔
孫得臣如京師　辛丑葬襄王　晉人殺其大夫
先都　三月夫人姜氏至自齊　晉人殺其大夫
士穀及箕鄭父　楚人伐鄭公子遂會晉人宋人
衞人許人救鄭　夏狄侵齊　秋八月曹伯襄卒
九月癸酉地震　冬楚子使椒來聘　秦人來

歸僖公成風之襚　葬曹共公
十年春王三月辛卯臧孫辰卒　○夏秦伐晉　楚
殺其大夫宜申　自正月不雨至于秋七月　及
蘇子盟于女栗　○冬狄侵宋　楚子蔡侯次于厥
貉
十有一年春楚子伐麇　○夏叔仲彭生會晉郤缺
于承筐　○秋曹伯來朝　公子遂如宋　狄侵齊
○冬十月甲午叔孫得臣敗狄于鹹
十有二年春王正月郕伯來奔　杞伯來朝　二

月庚子子叔姬卒○夏楚人圍巢○秋滕子來朝
秦伯使術來聘○冬十有二月戊午晉人秦人
戰于河曲　季孫行父帥師城諸及鄆
十有三年春王正月○夏五月壬午陳侯朔卒
邾子蘧蒢卒　自正月不雨至于秋七月　世室
屋壞○冬公如晉衞侯會公于沓　狄侵衞　十
有二月己丑公及晉侯盟公還自晉鄭伯會公于
棐

十有四年春王正月公至自晉　邾人伐我南鄙

叔彭生帥師伐邾○夏五月乙亥齊侯潘卒　六
月公會宋公陳侯衞侯鄭伯許男曹伯晉趙盾癸
酉同盟于新城○秋七月有星孛入于北斗　公
至自會　晉人納捷菑于邾弗克納　九月甲申
公孫敖卒于齊　齊公子商人弑其君舍　宋子
哀來奔○冬單伯如齊　齊人執單伯　齊人執子
叔姬
十有五年春季孫行父如晉　三月宋司馬華孫
來盟○夏曹伯來朝　齊人歸公孫敖之喪　六

月辛丑朔日有食之鼓用牲于社　單伯至自齊
晉郤缺帥師伐蔡戊申入蔡　秋齊人侵我西
鄙　季孫行父如晉　冬十有一月諸侯盟于扈
十有二月齊人來歸子叔姬　齊侯侵我西鄙
遂伐曹入其郛
十有六年春季孫行父會齊侯于陽穀齊侯弗及
盟　夏五月公四不視朔　六月戊辰公子遂及
齊侯盟于郪丘　秋八月辛未夫人姜氏薨　毀
泉臺　楚人秦人巴人滅庸　冬十有一月宋人

弑其君杵臼

十有七年。春晉人衞人陳人鄭人伐宋○夏四月癸亥葬我小君聲姜　齊侯伐我西鄙　六月癸未公及齊侯盟于穀　諸侯會于扈○秋公至自穀○冬公子遂如齊

十有八年。春王二月丁丑公薨于臺下　秦伯罃卒○夏五月戊戌齊人弑其君商人　六月癸酉葬我君文公○秋公子遂叔孫得臣如齊○冬十月子卒　夫人姜氏歸于齊　季孫行父如齊

莒弑其君庶其

宣公

元年春王正月公即位　公子遂如齊逆女　三
月遂以夫人婦姜至自齊○夏季孫行父如齊
晉放其大夫胥甲父于衞　公會齊侯于平州
公子遂如齊　六月齊人取濟西田○秋邾子來
朝　楚子鄭人侵陳遂侵宋　晉趙盾帥師救陳
宋公陳侯衞侯曹伯會晉師于棐林伐鄭○冬
晉趙穿帥師侵崇　晉人宋人伐鄭

春秋　三八

二年春。王二月壬子。宋華元帥師及鄭公子歸生帥師戰于大棘。宋師敗績。獲宋華元。秦師伐晉。○夏。晉人宋人衛人陳人侵鄭。○秋九月乙丑。晉趙盾弒其君夷皋。○冬十月乙亥。天王崩。

三年春。王正月。郊牛之口傷。改卜牛。牛死。乃不郊。猶三望。葬匡王。楚子伐陸渾之戎。○夏。楚人侵鄭。○秋。赤狄侵齊。宋師圍曹。○冬十月丙戌。鄭伯蘭卒。葬鄭穆公。

四年春。王正月。公及齊侯平莒及郯。莒人不肯。公

伐莒取向　秦伯稻卒○夏六月乙酉鄭公子歸
生弒其君夷　赤狄侵齊○秋公如齊公至自齊
○冬楚子伐鄭
五年春公如齊○夏公至自齊○秋九月齊高固
來逆子叔姬　叔孫得臣卒○冬齊高固及子叔
姬來　楚人伐鄭
六年春晉趙盾衞孫免侵陳○夏四月○秋八月○
螽○冬十月
七年春衞侯使孫良夫來盟○夏公會齊侯伐萊

○秋公至自伐萊　大旱○冬公會晉侯宋公衛
侯鄭伯曹伯于黑壤
八年春公至自會○夏六月公子遂如齊至黃乃
復　辛巳有事于大廟仲遂卒于垂　壬午猶繹
萬入去籥　戊子夫人嬴氏薨　晉師白狄伐秦
楚人滅舒蓼○秋七月甲子日有食之既○冬
十月己丑葬我小君敬嬴雨不克葬庚寅日中而
克葬　城平陽　楚師伐陳
九年春王正月公如齊公至自齊○夏仲孫蔑如

京師　齊侯伐萊○秋取根牟　八月滕子卒
九月晉侯宋公衛侯鄭伯曹伯會于扈晉荀林父
帥師伐陳　辛酉晉侯黑臀卒于扈○冬十月癸
酉衛侯鄭卒　宋人圍滕　楚子伐鄭晉郤缺帥
師救鄭　陳殺其大夫洩冶
十年春公如齊公至自齊　齊人歸我濟西田○
夏四月丙辰日有食之　己巳齊侯元卒　齊崔
氏出奔衛　公如齊　五月公至自齊　癸巳陳
夏徵舒弑其君平國　六月宋師伐滕　公孫歸

父如齊葬齊惠公　晉人宋人衛人曹人伐鄭○
秋天王使王季子來聘　公孫歸父帥師伐邾取
繹　大水　季孫行父如齊○冬公孫歸父如齊
齊侯使國佐來聘　饑　楚子伐鄭
十有一年春王正月○夏楚子陳侯鄭伯盟于辰
陵　公孫歸父會齊人伐莒○秋晉侯會狄于欑
函○冬十月楚人殺陳夏徵舒　丁亥楚子入陳
納公孫寧儀行父于陳
十有二年春葬陳靈公　楚子圍鄭○夏六月乙

卯晉荀林父帥師及楚子戰于邲晉師敗績○秋
七月○冬十有二月戊寅楚子滅蕭　晉人宋人
衛人曹人同盟于淸丘　宋師伐陳衛人救陳
十有三年春齊師伐莒○夏楚子伐宋○秋螽○
冬晉殺其大夫先縠
十有四年春衛殺其大夫孔達○夏五月壬申曹
伯壽卒　晉侯伐鄭○秋九月楚子圍宋　葬曹
文公○冬公孫歸父會齊侯于穀
十有五年春公孫歸父會楚子于宋○夏五月宋

人及楚人平　六月癸卯晉師滅赤狄潞氏以潞子嬰兒歸　秦人伐晉　王札子殺召伯毛伯○秋螽　仲孫蔑會齊高固于無婁　初稅畝○冬蝝生　饑

十有六年春王正月晉人滅赤狄甲氏及留吁○夏成周宣榭火　秋郯伯姬來歸○冬大有年

十有七年春王正月庚子許男錫我卒　丁未蔡侯申卒○夏葬許昭公　葬蔡文公　六月癸卯○日有食之　己未公會晉侯衞侯曹伯邾子同盟

于斷道○秋公至自會○冬十有一月壬午公弟
叔肸卒
十有八年春晉侯衛世子臧伐齊　公伐杞○夏
四月○秋七月邾人戕鄫子于鄫　甲戌楚子旅
卒　公孫歸父如晉○冬十月壬戌公薨于路寢
歸父還自晉至笙遂奔齊

成公

元年春王正月公卽位　二月辛酉葬我君宣公
無冰　三月作丘甲○夏臧孫許及晉侯盟于

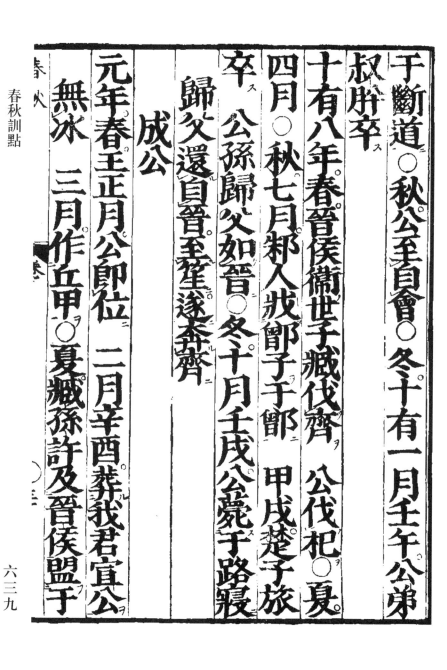

赤棘○秋王師敗績于茅戎○冬十月
二年春齊侯伐我北鄙○夏四月丙戌衛孫良夫
帥師及齊師戰于新築衛師敗績　六月癸酉季
孫行父臧孫許叔孫僑如公孫嬰齊帥師會晉郤
克衛孫良夫曹公子首及齊侯戰于鞌齊師敗績
○秋七月齊侯使國佐如師己酉及國佐盟于袁
婁　八月壬午宋公鮑卒　庚寅衛侯速卒　取
汶陽田○冬楚師侵衛　十有一月公會楚公子
嬰齊于蜀　丙申公及楚人秦人宋人陳人衛人

鄭人齊人曹人邾人薛人鄫人盟于蜀

三年春王正月公會晉侯宋公衞侯曹伯伐鄭

辛亥葬衞穆公　二月公至自伐鄭　甲子新宮

災三日哭　乙亥葬宋文公○夏公如晉　鄭公

子去疾帥師伐許　公至自晉○秋叔孫僑如帥

師圍棘　大雩　晉郤克衞孫良夫伐廧咎如○

冬十有一月晉侯使荀庚來聘　衞侯使孫良夫

來聘丙午及荀庚盟丁未及孫良夫盟　鄭伐許

四年春宋公使華元來聘　三月壬申鄭伯堅卒

杞伯來朝○夏四月甲寅臧孫許卒 公如晉
葬鄭襄公○秋公至自晉○冬城鄆 鄭伯伐
許

五年春王正月杞叔姬來歸 仲孫蔑如宋○夏
叔孫僑如會晉荀首于穀 梁山崩○秋大水○
冬十有一月己酉天王崩 十有二月己丑公會
晉侯齊侯宋公衞侯鄭伯曹伯邾子杞伯同盟于
蟲牢

六年春王正月公至自會 二月辛巳立武宮

取鄟　衛孫良夫帥師侵宋○夏六月邾子來朝
公孫嬰齊如晉　壬申鄭伯費卒○秋仲孫蔑
叔孫僑如帥師侵宋　楚公子嬰齊帥師伐鄭○
冬季孫行父如晉　晉欒書帥師救鄭
七年春王正月鼷鼠食郊牛角改卜牛鼷鼠又食
其角乃免牛　吳伐郯○夏五月曹伯來朝　不
郊猶三望○秋楚公子嬰齊帥師伐鄭公會晉侯
齊侯宋公衛侯曹伯莒子邾子杞伯救鄭　八月
戊辰同盟于馬陵　公至自會　吳入州來○冬

大雩 衞孫林父出奔晉
八年春晉侯使韓穿來言汶陽之田歸之于齊
晉欒書帥師侵蔡 公孫嬰齊如莒 宋公使華
元來聘○夏宋公使公孫壽來納幣 晉殺其大
夫趙同趙括○秋七月天子使召伯來賜公命○
冬十月癸卯杞叔姬卒 晉侯使士燮來聘叔孫
僑如會晉士燮齊人邾人伐郯 衞人來媵
九年春王正月杞伯來逆叔姬之喪以歸 公會
晉侯齊侯宋公衞侯鄭伯曹伯莒子杞伯同盟于

蒲 公至自會 二月伯姬歸于宋○夏季孫行
父如宋致女 晉人來媵○秋七月丙子齊侯無
野卒 晉人執鄭伯 晉欒書帥師伐鄭○冬十
有一月葬齊頃公 楚公子嬰齊帥師伐莒庚申
莒潰楚人入鄆 秦人白狄伐晉 鄭人圍許
城中城

十年春衛侯之弟黑背帥師侵鄭○夏四月五卜
郊不從乃不郊 五月公會晉侯齊侯宋公衛侯
曹伯伐鄭 齊人來媵 丙午晉侯獳卒○秋七

月公如晉○冬十月
十有一年春王三月公至自晉　晉侯使郤犨來聘己丑及郤犨盟○夏季孫行父如晉○秋叔孫僑如如齊○冬十月
十有二年春周公出奔晉○夏公會晉侯衞侯于瑣澤○秋晉人敗狄于交剛○冬十月
十有三年春晉侯使郤錡來乞師　三月公如京師○夏五月公自京師遂會晉侯齊侯宋公衞侯鄭伯曹伯邾人滕人伐秦　曹伯廬卒于師○秋

七月公至自伐秦 冬葬曹宣公
十有四年春王正月莒子朱卒○夏衛孫林父自晉歸于衛○秋叔孫僑如如齊逆女 鄭公子喜帥師伐許 九月僑如以夫人婦姜氏至自齊○冬十月庚寅衛侯臧卒 秦伯卒
十有五年春王二月葬衛定公 三月乙巳仲嬰齊卒 癸丑公會晉侯衛侯鄭伯曹伯宋世子成齊國佐邾人同盟于戚晉侯執曹伯歸于京師公至自會○夏六月宋公固卒 楚子伐鄭○秋

八月庚辰葬宋共公 宋華元出奔晉宋華元自晉歸于宋宋殺其大夫山宋魚石出奔楚○冬十有一月叔孫僑如會晉士燮齊高無咎宋華元衞孫林父鄭公子鰌邾人會吳于鍾離 許遷于葉

十有六年春王正月雨木冰○夏四月辛未滕子卒 鄭公子喜帥師侵宋 六月丙寅朔日有食之 晉侯使欒黶來乞師 甲午晦晉侯及楚子鄭伯戰于鄢陵楚子鄭師敗績 楚殺其大夫公子側○秋公會晉侯齊侯衞侯宋華元邾人于沙

隨不見公 公至自會 公會尹子晉侯齊國佐
邾人伐鄭 曹伯歸自京師 九月晉人執季孫
行父舍之于苕丘○冬十月乙亥叔孫僑如出奔
齊 十有二月乙丑季孫行父及晉郤犫盟于扈
公至自會 乙酉刺公子偃
十有七年春衞北宮括帥師侵鄭○夏公會尹子
單子晉侯齊侯宋公衞侯曹伯邾人伐鄭 六月
乙酉同盟于柯陵○秋公至自會 齊高無咎出
奔莒 九月辛丑用郊 晉侯使荀罃來乞師○

冬公會單子晉侯宋公衛侯曹伯齊人邾人伐鄭
十有一月公至自伐鄭 壬申公孫嬰齊卒于
貍脤 十有二月丁巳朔日有食之 邾子貜且
卒 晉殺其大夫郤錡郤犫郤至 楚人滅舒庸
十有八年春王正月晉殺其大夫胥童 庚申晉
弒其君州蒲 齊殺其大夫國佐 公如晉○夏
楚子鄭伯伐宋 宋魚石復入于彭城 公至自
晉 晉侯使士匄來聘○秋杞伯來朝 八月邾
子來朝 築鹿囿 己丑公薨于路寢○冬楚人

鄭人侵宋 晉侯使士魴來乞師 十有二月仲
孫蔑會晉侯宋公衛侯邾子齊崔杼同盟于虛朾
丁未葬我君成公

襄公

元年春王正月公卽位 仲孫蔑會晉欒黶宋華
元衛甯殖曹人莒人邾人滕人薛人圍宋彭城○
夏晉韓厥帥師伐鄭仲孫蔑會齊崔杼曹人邾人
杞人次于鄫○秋楚公子壬夫帥師侵宋 九月
辛酉天王崩 邾子來朝○冬衛侯使公孫剽來

聘晉侯使荀罃來聘
二年。春。王正月葬簡王。鄭師伐宋○夏五月庚
寅夫人姜氏薨。六月庚辰鄭伯睔卒。晉師宋
師衛甯殖侵鄭○秋。七月。仲孫蔑會晉荀罃宋華
元衛孫林父曹人邾人于戚。己丑葬我小君齊
姜。叔孫豹如宋○冬。仲孫蔑會晉荀罃齊崔杼
宋華元衛孫林父曹人邾人滕人薛人小邾人于
戚。遂城虎牢。楚殺其大夫公子申
三年。春。楚公子嬰齊帥師伐吳。公如晉○夏四

月壬戌公及晉侯盟于長樗 公至自晉 六月
公會單子晉侯宋公衞侯鄭伯莒子邾子齊世子
光己未同盟于雞澤 陳侯使袁僑如會 戊寅
叔孫豹及諸侯之大夫及陳袁僑盟○秋公至自
會○冬晉荀罃帥師伐許
四年春王三月己酉陳侯午卒○夏叔孫豹如晉
○秋七月戊子夫人姒氏薨 葬陳成公 八月
辛亥葬我小君定姒○冬公如晉 陳人圍頓
五年春公至自晉○夏鄭伯使公子發來聘 叔

孫豹鄫世子巫如晉　仲孫蔑衛孫林父會吳于善道○秋大雩　楚殺其大夫公子壬夫　公會晉侯宋公陳侯衛侯鄭伯曹伯莒子邾子滕子薛伯齊世子光吳人鄫人于戚　公至自會○冬戍陳　楚公子貞帥師伐陳　公會晉侯宋公衛侯鄭伯曹伯齊世子光救陳　十有二月公至自救陳　辛未季孫行父卒

六年春王三月壬午杞伯姑容卒○夏宋華弱來奔○秋葬杞桓公　滕子來朝　莒人滅鄫○冬

叔孫豹如邾　季孫宿如晉　十有二月齊侯滅萊

七年春郯子來朝○夏四月三卜郊不從乃免牲　小邾子來朝　城費○秋季孫宿如衛　八月螽○冬十月衛侯使孫林父來聘壬戌及孫林父盟　楚公子貞帥師圍陳　十有二月公會晉侯宋公陳侯衛侯曹伯莒子邾子于鄬　鄭伯髡頑如會未見諸侯丙戌卒于鄵　陳侯逃歸

八年春王正月公如晉○夏葬鄭僖公　鄭人侵

蔡獲蔡公子燮　季孫宿會晉侯鄭伯齊人宋人
衞人邾人于邢丘　公至自晉　莒人伐我東鄙
○秋九月大雩○冬楚公子貞帥師伐鄭　晉侯
使士匄來聘
九年春宋災　夏季孫宿如晉　五月辛酉夫人
姜氏薨○秋八月癸未葬我小君穆姜○冬公會
晉侯宋公衞侯曹伯莒子邾子滕子薛伯杞伯小
邾子齊世子光伐鄭十有二月己亥同盟于戲
楚子伐鄭

十年。春。公會晉侯宋公衛侯曹伯莒子邾子滕子薛伯杞伯小邾子齊世子光會吳于柤○夏五月甲午。遂滅偪陽　公至自會　楚公子貞鄭公孫輒帥師伐宋　晉師伐秦○秋莒人伐我東鄙　公會晉侯宋公衛侯曹伯莒子邾子齊世子光滕子薛伯杞伯小邾子伐鄭○冬盜殺鄭公子騑公子發公孫輒　戍鄭虎牢　楚公子貞帥師救鄭

公至自伐鄭

十有一年。春。王正月。作三軍○夏四月。四卜郊不

從乃不郊　鄭公孫舍之帥師侵宋　公會晉侯宋公衞侯曹伯齊世子光莒子邾子滕子薛伯小邾子伐鄭○秋七月己未同盟于亳城北　公至自伐鄭　楚子鄭伯伐宋　公會晉侯宋公衞侯曹伯齊世子光莒子邾子滕子薛伯杞伯小邾子伐鄭會于蕭魚　公至自會　楚人執鄭行人良霄○冬秦人伐晉

十有二年春王三月莒人伐我東鄙圍台　季孫宿帥師救台遂入鄆○夏晉侯使士魴來聘○秋

九月吳子乘卒○冬楚公子貞帥師侵宋　公如晉

十有三年春公至自晉○夏取邿○秋九月庚辰楚子審卒　冬城防

十有四年春王正月季孫宿叔老會晉士匄齊人宋人衞人鄭公孫蠆曹人莒人邾人滕人薛人杞人小邾人會吳于向　二月乙未朔日有食之○夏四月叔孫豹會晉荀偃齊人宋人衞北宮括鄭公孫蠆曹人莒人邾人滕人薛人杞人小邾人伐

秦 己未衞侯出奔齊 莒人侵我東鄙○秋楚公子貞帥師伐吳○冬季孫宿會晉士匄宋華閱衞孫林父鄭公孫蠆莒人邾人于戚

十有五年春宋公使向戌來聘二月己亥及向戌盟于劉 劉夏逆王后于齊○夏齊侯伐我北鄙圍成 公救成至遇 季孫宿叔孫豹帥師城成郛○秋八月丁巳日有食之 邾人伐我南鄙○冬十有一月癸亥晉侯周卒

十有六年春王正月葬晉悼公 三月公會晉侯

宋公衞侯鄭伯曹伯莒子邾子薛伯杞伯小邾子
于溴梁戊寅大夫盟 晉人執莒子邾子以歸
齊侯伐我北鄙○夏公至自會 五月甲子地震
叔老會鄭伯晉荀偃衞甯殖宋人伐許○秋齊
侯伐我北鄙圍郕 大雩○冬叔孫豹如晉
十有七年春王二月庚午邾子牼卒 宋人伐陳
○夏衞石買帥師伐曹○秋齊侯伐我北鄙圍桃
齊高厚帥師伐我北鄙圍防 九月大雩 宋華
臣出奔陳○冬邾人伐我南鄙

十有八年春白狄來○夏晉人執衛行人石買○
秋齊師伐北鄙○冬十月公會晉侯宋公衛侯鄭
伯曹伯莒子邾子滕子薛伯杞伯小邾子同圍齊
曹伯負芻卒于師　楚公子午帥師伐鄭
十有九年春王正月諸侯盟于祝柯　晉人執邾
子　公至自伐齊　取邾田自漷水　季孫宿如
晉　葬曹成公○夏衛孫林父帥師伐齊○秋七
月辛卯齊侯環卒　晉士匄帥師侵齊至穀聞齊
侯卒乃還　八月丙辰仲孫蔑卒　齊殺其大夫

高厚　鄭殺其大夫公子嘉○冬葬齊靈公　城西郛　叔孫豹會晉士匄于柯　城武城

二十年春王正月辛亥仲孫速會莒人盟于向○夏六月庚申公會晉侯齊侯宋公衛侯鄭伯曹伯莒子邾子滕子薛伯杞伯小邾子盟于澶淵○秋公至自會　仲孫速帥師伐邾　蔡殺其大夫公子燮蔡公子履出奔楚　陳侯之弟黃出奔楚　叔老如齊○冬十月丙辰朔日有食之　季孫宿如宋

二十有一年春王正月公如晉　邾庶其以漆閭丘來奔○夏公至自晉○秋晉欒盈出奔楚　九月庚戌朔日有食之○冬十月庚辰朔日有食之

曹伯來朝　公會晉侯齊侯宋公衛侯鄭伯曹伯莒子邾子于商任

二十有二年春王正月公至自會○夏四月○秋七月辛酉叔老卒○冬公會晉侯齊侯宋公衛侯鄭伯曹伯莒子邾子薛伯杞伯小邾子于沙隨

公至自會　楚殺其大夫公子追舒

二十有三年春王二月癸酉朔日有食之　三月
己巳杞伯匄卒○夏邾畀我來奔　葬杞孝公
陳殺其大夫慶虎及慶寅　陳侯之弟黄自楚歸
于陳　晉欒盈復入于晉入于曲沃○秋齊侯伐
衞遂伐晉　八月叔孫豹帥師救晉次于雍楡
己卯仲孫速卒○冬十月乙亥臧孫紇出奔邾
晉人殺欒盈　齊侯襲莒
二十有四年春叔孫豹如晉　仲孫羯帥師侵齊
○夏楚子伐吳○秋七月甲子朔日有食之既

齊崔杼帥師伐莒　大水　八月癸巳朔日有食
之　公會晉侯宋公衞侯鄭伯曹伯莒子邾子滕
子薛伯杞伯小邾子于夷儀○冬楚子蔡侯陳侯
許男伐鄭　公至自會　陳鍼宜咎出奔楚　叔
孫豹如京師　大饑
二十有五年春齊崔杼帥師伐我北鄙○夏五月
乙亥齊崔杼弑其君光　公會晉侯宋公衞侯鄭
伯曹伯莒子邾子滕子薛伯杞伯小邾子于夷儀
六月壬子鄭公孫舍之帥師入陳○秋八月己巳

諸侯同盟于重丘 公至自會 衞侯入于夷儀
楚屈建帥師滅舒鳩○冬鄭公孫夏帥師伐陳
十有二月吳子遏伐楚門于巢卒
二十有六年春王二月辛卯衞甯喜弑其君剽
衞孫林父入于戚以叛 甲午衞侯衎復歸于衞
○夏晉侯使荀吳來聘 公會晉人鄭良霄宋人
曹人于澶淵○秋宋公殺其世子痤 晉人執衞
甯喜 八月壬午許男甯卒于楚○冬楚子蔡侯
陳侯伐鄭 葬許靈公

二十有七年春齊侯使慶封來聘○夏叔孫豹會晉趙武楚屈建蔡公孫歸生衞石惡陳孔奐鄭良霄許人曹人于宋　衞殺其大夫甯喜　衞侯之弟鱄出奔晉○秋七月辛巳豹及諸侯之大夫盟于宋○冬十有二月乙亥朔日有食之

二十有八年春無氷○夏衞石惡出奔晉　邾子來朝○秋八月大雩　仲孫羯如晉○冬齊慶封來奔　十有一月公如楚　十有二月甲寅天王崩　乙未楚子昭卒

二十有九年春王正月公在楚○夏五月公至自
楚　庚午衛侯衎卒　閽弒吳子餘祭　仲孫羯
會晉荀盈齊高止宋華定衛世叔儀鄭公孫段曹
人莒人滕人薛人小邾人城杞　晉侯使士鞅來
聘　杞子來盟　吳子使札來聘○秋九月葬衛
獻公　齊高止出奔北燕○冬仲孫羯如晉
三十年春王正月楚子使薳罷來聘○夏四月蔡
世子般弒其君固　五月甲午宋災宋伯姬卒
天王殺其弟佞夫　王子瑕奔晉○秋七月叔弓

如宋葬宋共姬　鄭良霄出奔許自許入于鄭鄭人殺良霄○冬十月葬蔡景公　晉人齊人宋人衛人鄭人曹人莒人邾人滕人薛人杞人小邾人會于澶淵宋災故

三十有一年春王正月○夏六月辛巳公薨于楚宮○秋九月癸巳子野卒　己亥仲孫羯卒○冬十月滕子來會葬　癸酉葬我君襄公　十有一月莒人弑其君密州

昭公

元年。春。王正月。公卽位　叔孫豹會晉趙武楚公子圍齊國弱宋向戌衛齊惡陳公子招蔡公孫歸生鄭罕虎許人曹人于虢　三月。取鄆○夏秦伯之弟鍼出奔晉　六月丁巳。邾子華卒　晉荀吳帥師敗狄于大鹵○秋。莒去疾自齊入于莒　莒展輿出奔吳　叔弓帥師疆鄆田　葬邾悼公○冬。十有一月己酉。楚子麇卒　楚公子比出奔晉

二年。春。晉侯使韓起來聘○夏。叔弓如晉○秋。鄭殺其大夫公孫黑○冬。公如晉至河乃復季孫宿

如晉
三年春王正月丁未滕子原卒○夏叔弓如滕
五月葬滕成公○秋小邾子來朝八月大雩
○冬大雨雹北燕伯款出奔齊
四年春王正月大雨雹○夏楚子蔡侯陳侯鄭伯
許男徐子滕子頓子胡子沈子小邾子宋世子佐
淮夷會于申楚人執徐子○秋七月楚子蔡侯
陳侯許男頓子胡子沈子淮夷伐吳執齊慶封
殺之遂滅賴九月取鄫○冬十有二月乙卯叔

孫豹卒
五年春王正月舍中軍楚殺其大夫屈申公
如晉夏莒牟夷以牟婁及防茲來奔秋七月
公至自晉戊辰叔弓帥師敗莒師于蚡泉秦
伯卒冬楚子蔡侯陳侯許男頓子沈子徐人越
人伐吳
六年春王正月杞伯益姑卒葬秦景公夏季
孫宿如晉葬杞文公宋華合比出奔衛秋
九月大雩楚薳罷帥師伐吳冬叔弓如楚

齊侯伐北燕
七年春王正月曁齊平　三月公如楚　叔孫舍
如齊涖盟○夏四月甲辰朔日有食之○秋八月
戊辰衛侯惡卒　九月公至自楚○冬十有一月
癸未季孫宿卒　十有二月癸亥葬衛襄公
八年春陳侯之弟招殺陳世子偃師○夏四月辛
丑陳侯溺卒　叔弓如晉　楚人執陳行人干徵
師殺之　陳公子留出奔鄭○秋蒐于紅　陳人
殺其大夫公子過　大雩○冬十月壬午楚師滅

陳執陳公子招放之于越殺陳孔奐　葬陳哀公
九年春叔弓會楚子于陳　許遷于夷○夏四月
陳災○秋仲孫貜如齊○冬築郎囿
十年春王正月○夏齊欒施來奔○秋七月季孫
意如叔弓仲孫貜帥師伐莒　戊子晉侯彪卒
九月叔孫婼如晉葬晉平公○冬十有二月甲子
宋公成卒
十有一年春王二月叔弓如宋葬宋平公○夏四
月丁巳楚子虔誘蔡侯般殺之于申楚公子棄疾

帥師圍蔡　五月甲申夫人歸氏薨　大蒐于比
蒲　仲孫貜會邾子盟于祲祥○秋季孫意如會
晉韓起齊國弱宋華亥衛北宮佗鄭罕虎曹人杞
人于厥憖　九月己亥葬我小君齊歸○冬十有
一月丁酉楚師滅蔡執蔡世子有以歸用之
十有二年春齊高偃帥師納北燕伯于陽　三月
壬申鄭伯嘉卒○夏宋公使華定來聘　公如晉
至河乃復　五月葬鄭簡公　楚殺其大夫成熊
○秋七月○冬十月公子憖出奔齊　楚子伐徐

晉伐鮮虞
十有三年春叔弓帥師圍費○夏四月楚公子比
自晉歸于楚弑其君虔于乾谿　楚公子棄疾殺
公子比○秋公會劉子晉侯齊侯宋公衛侯鄭伯
曹伯莒子邾子滕子薛伯杞伯小邾子于平丘
八月甲戌同盟于平丘　公不與盟　晉人執季
孫意如以歸　公至自會　蔡侯廬歸于蔡陳侯
吳歸于陳○冬十月葬蔡靈公　公如晉至河乃
復　吳滅州來

十有四年春意如至自晉　三月曹伯滕卒○夏
四月○秋葬曹武公　八月莒子去疾卒○冬莒
殺其公子意恢
十有五年春王正月吳子夷眜卒　二月癸酉有
事于武宮籥入叔弓卒去樂卒事○夏蔡朝吳出
奔鄭　六月丁巳朔日有食之○秋晉荀吳帥師
伐鮮虞○冬公如晉
十有六年春齊侯伐徐　楚子誘戎蠻子殺之○
夏公至自晉○秋八月己亥晉侯夷卒　九月大

雩　季孫意如如晉○冬十月葬晉昭公

十有七年春小邾子來朝○夏六月甲戌朔日有食之○秋郯子來朝　八月晉荀吳帥師滅陸渾之戎○冬有星孛于大辰　楚人及吳戰于長岸

十有八年春王三月曹伯須卒○夏五月壬午宋衛陳鄭災　六月邾人入鄅○秋葬曹平公○冬許遷于白羽

十有九年春宋公伐邾○夏五月戊辰許世子止弑其君買　己卯地震○秋齊高發帥師伐莒○

冬葬許悼公

二十年春王正月○夏曹公孫會自鄸出奔宋○

秋盜殺衛侯之兄縶○冬十月宋華亥向寧華定

出奔陳　十有一月辛卯蔡侯廬卒

二十有一年春王三月葬蔡平公○夏晉侯使士

鞅來聘　宋華亥向寧華定自陳入于宋南里以

叛○秋七月壬午朔日有食之　八月乙亥叔輒

卒○冬蔡侯朱出奔楚　公如晉至河乃復

二十有二年春齊侯伐莒　宋華亥向寧華定自

宋南里出奔楚　大蒐于昌間○夏四月乙丑天
王崩　六月叔鞅如京師　葬景王　王室亂
劉子單子以王猛居于皇○秋劉子單子以王猛
入于王城○冬十月王子猛卒　十有二月癸酉
朔日有食之
二十有三年春王正月叔孫舍如晉　癸丑叔鞅
卒　晉人執我行人叔孫舍　晉人圍郊○夏六
月蔡侯東國卒于楚○秋七月莒子庚輿來奔
戊辰吳敗頓胡沈蔡陳許之師于雞父胡子髡沈

子逞滅獲陳夏齧 天王居于狄泉 尹氏立王子朝 八月乙未地震○冬公如晉至河有疾乃復

二十有四年春王二月丙戌仲孫貜卒 叔孫舍至自晉○夏五月乙未朔日有食之○秋八月大雩 丁酉杞伯郁釐卒○冬吳滅巢 葬杞平公

二十有五年春叔孫舍如宋○夏叔詣會晉趙鞅宋樂大心衛北宮喜鄭游吉曹人邾人滕人薛人小邾人于黃父 有鸜鵒來巢○秋七月上辛大

雩季辛又雩　九月巳亥公孫于齊次于陽州
齊侯唁公于野井○冬十月戊辰叔孫舍卒　十
有一月巳亥宋公佐卒于曲棘　十有二月齊侯
取鄆
二十有六年春王正月葬宋元公　三月公至自
齊居于鄆○夏公圍成○秋公會齊侯莒子邾子
杞伯盟于鄟陵　公至自會居于鄆　九月庚申
楚子居卒○冬十月天王入于成周　尹氏召伯
毛伯以王子朝奔楚

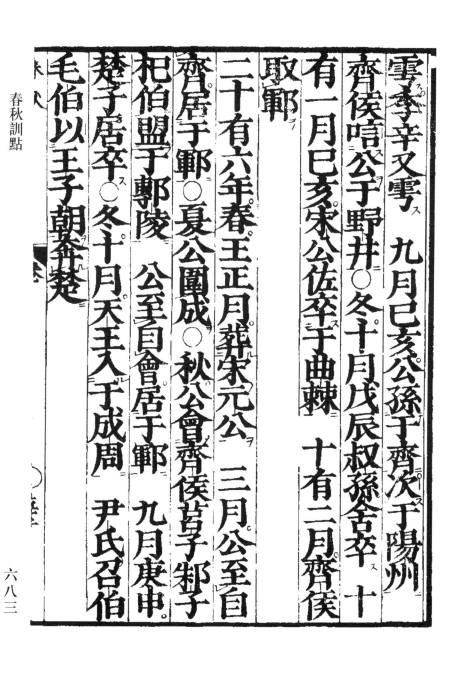

二十有七年春公如齊公至自齊居于鄆○夏四月吳弒其君僚　楚殺其大夫郤宛○秋晉士鞅宋樂祁犂衛北宮喜曹人邾人滕人會于扈　冬十月曹伯午卒　邾快來奔　公如齊公至自齊居于鄆

二十有八年春王三月葬曹悼公　公如晉次于乾侯○夏四月丙戌鄭伯寧卒　六月葬鄭定公○秋七月癸巳滕子寧卒○冬葬滕悼公

二十有九年春公至自乾侯居于鄆齊侯使高張

來唁公　公如晉次于乾侯○夏四月庚子叔詣
卒○秋七月○冬十月鄆潰
三十年春王正月公在乾侯○夏六月庚辰晉侯
去疾卒○秋八月葬晉頃公○冬十有二月吳滅
徐徐子章羽奔楚
三十有一年春王正月公在乾侯　季孫意如會
晉荀躒于適歷○夏四月丁巳薛伯穀卒　晉侯
使荀躒唁公于乾侯○秋葬薛獻公○冬黑肱以
濫來奔　十有二月辛亥朔日有食之

三十有二年春王正月公在乾侯 取闞 夏吳
伐越 秋七月 冬仲孫何忌會晉韓不信齊高
張宋仲幾衞世叔申鄭國參曹人莒人薛人杞人
小邾人城成周 十有二月己未公薨于乾侯

定公

元年春王三月晉人執宋仲幾于京師 夏六月
癸亥公之喪至自乾侯 戊辰公即位 秋七月
癸巳葬我君昭公 九月大雩 立煬宮 冬十
月隕霜殺菽

二年春王正月○夏五月壬辰雉門及兩觀災○
秋楚人伐吳○冬十月新作雉門及兩觀
三年春王正月公如晉至河乃復　二月辛卯邾
子穿卒○夏四月○秋葬邾莊公○冬仲孫何忌
及邾子盟于拔
四年春王二月癸巳陳侯吳卒　三月公會劉子
晉侯宋公蔡侯衛侯陳子鄭伯許男曹伯莒子邾
子頓子胡子滕子薛伯杞伯小邾子齊國夏于召
陵侵楚○夏四月庚辰蔡公孫姓帥師滅沈以沈

子嘉歸殺之 五月公及諸侯盟于皐鼬 杞伯
成卒于會 六月葬陳惠公 許遷于容城○秋
七月公至自會 劉卷卒 葬杞悼公 楚人圍
蔡 晉士鞅衛孔圄帥師伐鮮虞 葬劉文公○
冬十有一月庚午蔡侯以吳子及楚人戰于柏舉
楚師敗績 楚囊瓦出奔鄭 庚辰吳入郢
五年春王三月辛亥朔日有食之○夏歸粟于蔡
於越入吳 六月丙申季孫意如卒○秋七月
壬子叔孫不敢卒○冬晉士鞅帥師圍鮮虞

六年春王正月癸亥鄭游速帥師滅許以許男斯歸　二月公侵鄭　公至自侵鄭○夏季孫斯仲孫何忌如晉○秋晉人執宋行人樂祁犂　冬城中城　季孫斯仲孫忌帥師圍鄆

七年春王正月○夏四月○秋齊侯鄭伯盟于鹹　齊人執衛行人北宮結以侵衛　齊侯衛侯盟于沙　大雩　齊國夏帥師伐我西鄙　九月大雩○冬十月

八年春王正月公侵齊　公至自侵齊　二月公

侵齊　三月公至自侵齊　曹伯露卒〇夏齊國
夏帥師伐我西鄙　公會晉師于瓦　公至自瓦
〇秋七月戊辰陳侯柳卒　晉士鞅帥師侵鄭遂
侵衛　葬曹靖公　九月葬陳懷公　季孫斯仲
孫何忌帥師侵衛〇冬衛侯鄭伯盟于曲濮　從
祀先公　盜竊寶玉大弓
九年春王正月〇夏四月戊申鄭伯蠆卒　得寶
玉大弓　六月葬鄭獻公〇秋齊侯衛侯次于五
氏　秦伯卒〇冬葬秦哀公

十年春王三月及齊平○夏公會齊侯于夾谷
公至自夾谷　晉趙鞅帥師圍衛　齊人來歸鄆
讙龜陰田　叔孫州仇仲孫何忌帥師圍郈○秋
叔孫州仇仲孫何忌帥師圍郈　宋樂大心出奔
曹　宋公子地出奔陳○冬齊侯衛侯鄭游速會
于安甫　叔孫州仇如齊　宋公之弟辰暨仲佗
石彄出奔陳
十有一年春宋公之弟辰及仲佗石彄公子地自
陳入于蕭以叛○夏四月○秋宋樂大心自曹入

于蕭○冬及鄭平叔還如鄭涖盟
十有二年春薛伯定卒○夏葬薛襄公　叔孫州
仇帥師墮郈　衞公孟彄帥師伐曹　季孫斯仲
孫何忌帥師墮費○秋大雩○冬十月癸亥公會
齊侯盟于黃　十有一月丙寅朔日有食之　公
至自黃　十有二月公圍成公至自圍成
十有三年春齊侯衞侯次于垂葭○夏築蛇淵囿
大蒐于比蒲　衞公孟彄帥師伐曹○秋晉趙
鞅入于晉陽以叛○冬晉荀寅士吉射入于朝歌

以叛　晉趙鞅歸于晉　薛弑其君比
十有四年春衛公叔戍來奔　衛趙陽出奔宋
二月辛巳楚公子結陳公孫佗人帥師滅頓以頓
子牂歸○夏衛北宮結來奔　五月於越敗呉于
檇李呉子光卒　公會齊侯衛侯于牽　公至自
會○秋齊侯宋公會于洮　天王使石尚來歸脤
衛世子蒯聵出奔宋　衛公孟彄出奔鄭　宋
公之弟辰自蕭來奔　大蒐于比蒲　邾子來會
公　城莒父及霄

十有五年春王正月邾子來朝 鼷鼠食郊牛牛死改卜牛 二月辛丑楚子滅胡以胡子豹歸○夏五月辛亥郊 壬申公薨于高寢 鄭罕達帥師伐宋 齊侯衛侯次于渠蒢 邾子來奔喪○秋七月壬申姒氏卒 八月庚辰朔日有食之 九月滕子來會葬丁巳葬我君定公雨不克葬戊午日下昃乃克葬 辛巳葬定姒○冬城漆

哀公

元年春王正月公卽位 楚子陳侯隨侯許男圍

蔡　鼷鼠食郊牛改卜牛○夏四月辛巳郊○秋
齊侯衞侯伐晉○冬仲孫何忌帥師伐邾
二年春王二月季孫斯叔孫州仇仲孫何忌帥師
伐邾取漷東田及沂西田　癸巳叔孫州仇仲孫
何忌及邾子盟于句繹○夏四月丙子衞侯元卒
滕子來朝　晉趙鞅帥師納衞世子蒯聵于戚
○秋八月甲戌晉趙鞅帥師及鄭罕達帥師戰于
鐵鄭師敗績○冬十月葬衞靈公　十有一月蔡
遷于州來蔡殺其大夫公子駟

三年春齊國夏衛石曼姑帥師圍戚○夏四月甲午地震　五月辛卯桓宮僖宮災　季孫斯叔孫州仇帥師城啓陽　宋樂髡帥師伐曹○秋七月丙子季孫斯卒　蔡人放其大夫公孫獵于吳○冬十月癸卯秦伯卒　叔孫州仇仲孫何忌帥師圍邾

四年春王二月庚戌盜殺蔡侯申　蔡公孫辰出奔吳　葬秦惠公　宋人執小邾子○夏蔡殺其大夫公孫姓公孫霍　晉人執戎蠻子赤歸于楚

城西郛 六月辛丑亳社災 秋八月甲寅滕子結卒 冬十有二月葬蔡昭公 葬滕頃公

五年春城毗 夏齊侯伐宋 晉趙鞅帥師伐衛 秋九月癸酉齊侯杵臼卒 冬叔還如齊 閏月葬齊景公

六年春城邾瑕 晉趙鞅帥師伐鮮虞 吳伐陳 夏齊國夏及高張來奔 叔還會吳于柤 秋七月庚寅楚子軫卒 齊陽生入于齊 齊陳乞弑其君荼 冬仲孫何忌帥師伐邾 宋向巢帥師

伐曹
七年春宋皇瑗帥師侵鄭　晉魏曼多帥師侵衛
○夏公會吳于鄫　○秋公伐邾　八月己酉入邾
以邾子益來　宋人圍曹　○冬鄭駟弘帥師救曹
八年春王正月宋公入曹以曹伯陽歸　吳伐我
○夏齊人取讙及闡　歸邾子益于邾　○秋七月
○冬十有二月癸亥杞伯過卒　齊人歸讙及闡
九年春王二月葬杞僖公　宋皇瑗帥師取鄭師
于雍丘　夏楚人伐陳　秋宋公伐鄭　○冬十月

十年春王二月邾子益來奔　公會吳伐齊　三
月戊戌齊侯陽生卒○夏宋人伐鄭　晉趙鞅帥
師侵齊　五月公至自伐齊　葬齊悼公　衛公
孟彄自齊歸于衛　薛伯夷卒○秋葬薛惠公○
冬楚公子結帥師伐陳吳救陳
十有一年春齊國書帥師伐我○夏陳轅頗出奔
鄭　五月公會吳伐齊　甲戌齊國書帥師及吳
戰于艾陵齊師敗績獲齊國書○秋七月辛酉滕
子虞母卒○冬十有一月葬滕隱公　衛世叔齊

出奔宋
十有二年春用田賦○夏五月甲辰孟子卒　公
會吳于橐皋○秋公會衛侯宋皇瑗于鄖　宋向
巢帥師伐鄭○冬十有二月螽
十有三年春鄭罕達帥師取宋師于嵒○夏許男
成卒　公會晉侯及吳子于黃池　楚公子申帥
師伐陳　於越入吳○秋公至自會　晉魏曼多
帥師侵衛　葬許元公　九月螽○冬十有一月
有星孛于東方　盜殺陳夏區夫　十有二月螽

十有四年春西狩獲麟

春秋終

書工　田中本立

作者及版本

林羅山（一五八三—一六五七），一名信勝，又名忠，字子信。通稱又三郎，後來又以僧號「道春」稱呼。據説林羅山的名字是由他的儒學老師藤原惺窩根據宋代某學者在廣東羅浮山研學《春秋》的故事而命名的。羅山出生於京都，幼小就顯露其才藝，十三歲入建仁寺學禪未成，十五歲歸家讀書，二十二歲經人介紹入惺窩學門。當時提出已讀書目四百四十餘種，其中不乏中國諸子等典籍。慶長十六年（一六一一）隨德川家康出訪京都，後爲將軍家侍讀，專務調研古籍，出版《大藏一覽》《群書治要》，編纂《本朝編年録》等。思想上崇尚朱子學，反對王陽明之學。

《周易訓點》爲四孔線裝和刻本。書高二十六厘米。分乾、坤兩册。封面題簽「保定點訓　易經　道春點」字樣，内封印有「道春訓點　文化新刻　保定五經　珂雪堂梓」及「不許翻刻　千里必究」的版權説明。乾册正文之前，分别有《易序》和《易傳序》文。每頁九行，除序題各占一行以外，每行十五個字。序文後爲《周易》篇目，之後爲《周易》卦名（六十四卦）、卦象、卦變、卦歌及八卦取象的目録。乾册正文從《周易》上經《乾》上下卦開始到《離》上《坎》下卦爲止。坤册從《上彖傳》開始到《雜卦傳》爲止。正文每頁九行，每行除標題外十九個字。字跡清晰，無頭注，無蟲蛀，便於閱讀。

《尚書訓點》爲四孔線裝和刻本，書高二十六厘米。共兩册，分天、地兩册。封面題簽「保定點訓 書經 道春點」字樣，天册始於《書集傳序》，每頁九行，除序題外，每行十五個字。序文後正文，每頁九行，除標題外，每行十九個字。有小字頭注。天册正文從《虞書・堯典篇》開始，到《商書・微子篇》結束。地册始於《周書・泰誓上》，終止于《周書・秦誓》。少有蟲蛀，雖有訓點符號，但非常細小，不礙閱讀。字跡清晰，易於閱覽。

《詩經訓點》爲四孔線裝和式刻本。書高二十六厘米。分上下兩册。封面題簽「保定點訓詩經 道春點」字樣。上册始有朱熹《詩傳序》文，每頁九行，每行十五個中號漢字，清晰易認，漢字訓點符號十分細小，無礙閱讀。序文後爲《詩經》總目録，上册從《國風・周南》開始到《豳風狼跋》爲止。下册從《小雅・鹿鳴》開始到《商頌・殷武》結束。正文每頁九行，每行十九個字，字體略小於序文字。每章標題于正文低兩格占一行，有小字頭注，少有蟲蛀，字跡清楚易認。

《春秋訓點》爲四孔線裝和刻本。書高二十六厘米，全一册。封面題簽「保定點訓 春秋 道春點」字樣。正文前有《春秋胡氏傳序》文，每頁九行，每行除序文題外十五個字，共六頁。序文後無目録，即從春秋隱西元年春王正月開始，到哀公十有四年春西狩獲麟爲止。最後頁印有「書工 田中本立」字樣。正文每頁九行，每行十九個字。標題頂格，或空兩格下印，不論長短，各占一行。無頭注，無蟲蛀，字跡清楚，易於辨認，雖有訓點，無礙閱讀。